城市轨道交通风险管控系列丛书

城市轨道交通列车
关键部件状态监测与预警技术

王艳辉 贾利民 李宇杰 陈小英 著

人民交通出版社股份有限公司

北京

内 容 提 要

本书为城市轨道交通风险管控系列丛书之一。全书主要介绍了城市轨道交通列车系统中的风险点及其辨识方法,分析了运行过程中需监测(检测)的项点;针对性地提出了走行部关键部件状态车载实时监测技术、走行部关键部件状态地面定点扫描检测技术、城市轨道交通列车车载轨道状态检测技术;根据部件的采集数据,对城市轨道交通列车系统进行了可信性评估,并研制了信息传输及关键部件状态在线监测与评估预警系统,为城市轨道交通列车的安全、高效运营提供了强有力的技术支撑。

本书可供城市轨道交通行业从业人员参考,也可作为行业培训教材、城市轨道交通类专业拓展课教材。

图书在版编目(CIP)数据

城市轨道交通列车关键部件状态监测与预警技术/王艳辉等著. —北京:人民交通出版社股份有限公司,2023.11

ISBN 978-7-114-18878-7

Ⅰ.①城… Ⅱ.①王… Ⅲ.①城市铁路—轨道交通—列车—零部件—设备状态监测 Ⅳ.①U239.5

中国国家版本馆 CIP 数据核字(2023)第 123114 号

城市轨道交通风险管控系列丛书
Chengshi Guidao Jiaotong Lieche Guanjian Bujian Zhuangtai Jiance yu Yujing Jishu

书　　名:	城市轨道交通列车关键部件状态监测与预警技术
著 作 者:	王艳辉　贾利民　李宇杰　陈小英
责任编辑:	钱　堃
责任校对:	孙国靖　宋佳时
责任印制:	张　凯
出版发行:	人民交通出版社股份有限公司
地　　址:	(100011)北京市朝阳区安定门外外馆斜街 3 号
网　　址:	http://www.ccpcl.com.cn
销售电话:	(010)59757973
总 经 销:	人民交通出版社股份有限公司发行部
经　　销:	各地新华书店
印　　刷:	北京虎彩文化传播有限公司
开　　本:	720×960　1/16
印　　张:	14.25
字　　数:	240 千
版　　次:	2023 年 11 月　第 1 版
印　　次:	2023 年 11 月　第 1 次印刷
书　　号:	ISBN 978-7-114-18878-7
定　　价:	79.00 元

(有印刷、装订质量问题的图书,由本公司负责调换)

PREFACE 前言

  交通运输作为国民经济的重要组成部分,对于实现我国制造强国的战略目标有着重要意义。2019年,中共中央、国务院印发了《交通强国建设纲要》,详细地规划了综合交通运输体系发展规划各项任务。城市轨道交通因其运量大、速度快、时间准、污染少、安全性高等特点,能够在一定程度上缓解大城市拥堵的问题,因而成为综合交通运输体系的重要一环。我国城市轨道交通迈入规模化、网络化运营发展的新时代。

  虽然我国城市轨道交通取得了快速发展,但其列车的安全性水平仍需进一步提升,尤其是列车运营的安全性问题。在实际运营中,城市轨道交通列车(简称"城轨列车")的安全性、可靠性直接影响列车是否能够准点、高效地运输乘客。近年来,时有因城轨列车维护不当、故障检测不够及时而导致列车发生故障,降低了城市轨道交通的运营服务水平。城市轨道交通运营企业公开的多项故障数据表明,列车故障是引起城市轨道交通系统故障的主要因素之一。随着城轨列车智能化水平提升,其结构愈发复杂,运营速度不断提高,实时监测列车关键部件状态已成为保障列车安全高效运营的保障手段之一,同时对于制定合理的列车维修策略、提升列车关键装备寿命、降低运营成本以及优化城市轨道交通运营效率有着极为重要的作用。

  本书聚焦构建城轨列车关键部件状态监测与预警技术理论方法体系,在对城轨列车系统关键风险点辨识和列车运行过程监测(检测)项点分析基础上,对城轨列车运行过程关键部件状态信息实时在线监测(检测)技术、列车系统信息传输系统以及列车运行实时状态评估技术进行了全面深入的分析和介绍。全书共分为7章,第1章对城轨列车系统的风险点进行了辨识,用系统论和图论方法构建了城市轨道交通系统拓扑网络模型,并提出了关键部件辨识方法,为后续的关键部件状态监测提供了基础;第2章主要对城轨列车运行过程中关键部件的监测(检测)项点进行了分析;第3章主要介绍了城轨列车系统中走行部关键部件状态车载实时监测技术;第4章主要介绍了城轨列车运行过程中走行部关键部件状态定点扫描检测技术;第5章主要介绍了城轨列车车载轨道状态检测技术;第6章主要介绍了基于关键部件监测数据的城轨列车可信性评估;第7章主要介绍了城轨列车监测、检测信息可信传输技术以及城轨列车关键部件健康状态在线监测与评估预警系统。

  本书是作者团队承担的"十三五"国家重点研发计划"城市轨道系统安全保障技术"(课题编号:2016YFB1200402)的部分研究成果。王艳辉、贾利民负责第1章和第2章的撰写;李宇杰、陈小英负责第3章、第4章和第5章的撰写;王艳辉、李宇杰、陈小英负责第6章、第7章的撰写;王艳辉、贾利民负责完成全书内容组织、优化和统稿工作;夏志成、李曼、高一凡、郝羽成、赵盛盛、赵帆、张天格、吴铭涛、牛鹏骅、张宇等为本书的资料搜集整理、数据分析、图表编制提供了帮助。限于作者水平、眼界和能力,书中存在疏漏和不足之处在所难免,希望抛砖引玉,为我国城市轨道交通行业相关同仁提供启发和参考。

作 者

2023 年 2 月

CONTENTS 目录

第1章　城市轨道交通列车系统关键风险点辨识　/001

1.1　概述 ………………………………………………………………… 001
1.2　列车类型分析 ……………………………………………………… 002
1.3　基于拓扑的城市轨道交通列车网络模型构建 …………………… 008
1.4　列车运行过程关键风险点辨识 …………………………………… 012
1.5　列车系统关键风险点辨识结果 …………………………………… 018

第2章　城市轨道交通列车运行过程监测(检测)项点分析　/047

2.1　转向架系统运行过程监测(检测)项点分析 ……………………… 047
2.2　制动系统运行过程监测(检测)项点分析 ………………………… 054
2.3　牵引系统运行过程监测(检测)项点分析 ………………………… 055
2.4　辅助供电系统运行过程监测(检测)项点分析 …………………… 061
2.5　车体系统运行过程监测(检测)项点分析 ………………………… 065
2.6　轮轨系统运行过程监测(检测)项点分析 ………………………… 065

第3章　城市轨道交通列车走行部关键部件状态车载实时监测技术　/069

3.1　列车走行部关键部件状态监测原理 ……………………………… 069
3.2　列车走行部关键部件状态监测技术 ……………………………… 096
3.3　列车走行部关键部件状态监测装备 ……………………………… 100

第 4 章 城市轨道交通列车走行部关键部件状态地面定点扫描检测技术 /104

4.1 列车运行过程关键部件状态检测原理 …………………………… 104
4.2 列车运行过程关键部件走行部状态检测技术 …………………… 112
4.3 列车运行过程关键部件走行部状态检测装备 …………………… 127

第 5 章 城市轨道交通列车车载轨道状态检测技术 /131

5.1 列车车载轨道状态检测原理 …………………………………… 131
5.2 列车车载轨道状态检测装备 …………………………………… 145

第 6 章 城市轨道交通列车系统可信性评估 /160

6.1 列车系统拓扑网络建模 ………………………………………… 160
6.2 列车系统功能簇划分 …………………………………………… 163
6.3 故障传播模型 …………………………………………………… 174
6.4 列车系统故障传播分析 ………………………………………… 179
6.5 面向故障传播的列车系统可信性属性计算方法 ……………… 182
6.6 列车系统可信性评估 …………………………………………… 192

第 7 章 城市轨道交通列车信息传输及关键部件状态在线监测与评估预警系统 /197

7.1 列车信息传输系统 ……………………………………………… 197
7.2 列车关键部件健康状态在线监测与评估预警系统 …………… 205

附录 /213

参考文献 /217

第1章 城市轨道交通列车系统关键风险点辨识

1.1 概述

改革开放以来,我国的城市化进程不断加快,城市的地理规模、经济规模和人口规模持续增加。伴随着城市的快速发展,交通拥堵问题日益突出。缓解交通拥堵是保障和促进经济社会发展、改善民生的必然要求。在《交通强国建设纲要》的引领下,我国重点关注公共交通的建设。公共交通作为一种绿色的出行方式,能够极大程度缓解城市交通压力。此外,在全世界范围内,各国都加快了建设公共交通基础设施的脚步,大力发展公共交通事业。相较其他公共交通方式,城市轨道交通具有运量大、速度快、效率高、污染低、用地少、安全性较高、可靠性较高等特点,其对于缓解大城市的交通拥堵问题、降低交通所带来的污染具有不可替代的作用。城市轨道交通列车(简称"城轨列车")作为城市轨道交通系统的关键构成之一,其正常安全运行是保障城市轨道交通系统正常运转的关键。城轨列车作为城市轨道交通系统的核心移动装备,是一个集机、电于一体的高智能化复杂系统,主要包含转向架系统、制动系统、牵引系统、辅助供电系统、车体等子系统,并且各个子系统相对独立却又有机地结合在一起,共同实现了列车的平稳、可靠运行。因此,对城轨列车系统各子系统进行分析是保障城轨列车安全运行的前提。

本章从机械连接、电气连接以及信息连接的角度出发,探讨了各子系统的组成成分、网络模型划分层次和粒度,以最小可维护单元确定了拓扑网络模型的基本组分,构建了面向拓扑分析的城轨列车本构网络模型,形成了网络模型各组分的理论化表达方法;依据构建的城轨拓扑网络模型,结合网络结构属性及功能属性确定了风险点的拓扑结构特征参数和风险点的功能特征参数,对关键风险点进行了辨识,为列车关键部件的监测(检测)项点提供了理论方法支撑。

1.2 列车类型分析

我国城市轨道交通主要车辆类型有 A 型、B 型、As 型、Ah 型和 Lb 型等,其中轻轨列车通常使用 C 型和 LC 型车辆,市域快线(市域快轨、地铁快线)列车通常使用市域 A 型、市域 B 型和市域 D 型的车辆。

A 型车是城轨列车中宽度最大、载客量最大的车型,尤其适合人口密度、流量大的特大型城市使用;B 型车适用于中大运量的城市轨道交通系统,是目前城市轨道交通系统中应用最广泛的车型之一,按照受流方式不同还可分为 B1 型车和 B2 型车,B1 型车采用第三轨(接触轨)供电方式,B2 型车采用接触网供电方式;As 型车属国内首创,其是在标准 A(B)型车的基础上,为适应山地城市坡道多、转弯半径小、车站埋深大等实际情况,通过优化车辆参数和动力配置研制出的一种新车型,具备爬坡能力强、小曲线通过能力好、运量大等特点;Ah 型车是集合了 A 型、B 型车的特点,采用国际先进标准设计制造的车辆;C 型车一般指轻轨车型,鲜见于地铁线路,适用于中小运量的城市轨道交通系统;L 型车为直线电机驱动,轮轨导向,适用于中运量城市轨道交通系统;Lb 型车是跨座式单轨车辆(如重庆轻轨 3 号线车辆),适用于城区地上空间的中运量轨道交通系统,采用胶轮走行,爬坡能力强,转弯半径小,噪声与振动较小。

尽管城市轨道交通车辆有很多种型号,但不同型号的车辆所完成的功能和其内部组成系统大同小异,除去走行部非轮轨形式的车辆,其他车辆都主要由以下几个主要系统组成:

(1)转向架系统。

转向架系统(简称"转向架")是城轨车辆的走行装置,安装在车体与轨道之间,用来牵引和引导车辆沿轨道行驶,承受、传递车体与轨道之间的各种载荷并缓和其动力作用,是保证车辆运行品质的关键部件,如图 1-1 所示。

从图 1-1 中可以看出,转向架结构呈 H 形,主要起支撑车体和带动车辆运动的功能。转向架一般由构架、轮对轴箱装置、弹簧悬挂装置、制动装置等组成。城轨车辆转向架有动力转向架和非动力(拖车)转向架之分,动力转向架装置包括牵引电机及传动装置。

第1章 城市轨道交通列车系统关键风险点辨识

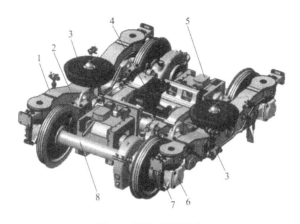

图 1-1　城轨列车转向架

1-构架；2-基础制动装置；3-二系悬挂装置；4-中央牵引装置；5-牵引传动装置；6-轴箱组成；7-一系悬挂装置；8-轮对

轮对由车轴和两个车轮组成，作为列车与轨道的接触部件，它承载列车重量，并将牵引力和制动力从列车传递到轨道，引导列车安全地沿轨道运行。轮对的踏面经常出现磨耗不一致以及磨损等情况，所以需要定时测量并进行修整。

每个轮对装配两个轴箱，轴箱内的轴承与轮对车轴直接接触，其作用主要是支撑构架、支撑人字簧、传递牵引力和制动力并承载车体重量。轴箱容易由于润滑不良或剧烈振动引起轴承滚子以及固定轴承滚子位置的保持架故障。

城轨列车通常采用一系和二系悬挂装置，分别安装于转向架的相应位置：一系悬挂装置采用金属橡胶叠层人字形弹簧，其安装位置位于轴箱的两侧；二系悬挂装置采用空气弹簧结构，安装于走行部构架的橡胶底座上。

一系悬挂装置的主要功能是安全、可靠地对轮对进行导向，它能传递从轮对到转向架构架的三个方向上的作用力，缓冲牵引力及制动力的冲击，从而减少车辆的纵向振动。二系悬挂装置主要由空气弹簧、辅助弹簧、高度阀、抗侧滚扭杆组成。每个转向架的二系悬挂装置装配两个空气弹簧，左右两侧各一个。空气弹簧的两侧各安装有垂向减振器，用于衰减车辆的垂向振动。在牵引装置与转向架之间安装有一个横向阻尼器，用于衰减车辆的水平方向的振动。牵引装置的两侧设有一个横向止挡，用于限制车体过大的横向位移。

每一个空气弹簧都串联了一个附加的辅助弹簧，当空气弹簧因故障导致漏气时，辅助弹簧可作为保护装置保证车辆能够继续前行，但是它的故障会严重降低乘坐舒适度。当车体负载变化时，空气弹簧可以通过高度阀调节进行充放气，确保车体地板高度限制在允许的范围内。抗侧滚扭杆可将车体相对于转向架构架的倾斜严格控制在扭杆的扭转弹性范围之内,但它不会影响二系悬挂装置的垂向弹性特性。空气弹簧内装有车辆载荷传感器,如果空气弹簧出现破损、漏气,将直接影响车辆载荷的测量精度,进而会影响制动系统的正常工作。当列车运行时,空气弹簧和横向阻尼器的故障会导致列车车体产生点头、横摆、沉浮和侧滚等多种运动状态,使乘客感到不适。空气弹簧的故障模式很多,无论是油性材料接触、异物摩擦接触,还是橡胶老化脱落和垂向阻尼器漏油,都容易导致空气弹簧损坏、漏气。横向阻尼器的工作模式与垂向阻尼器相比较而言,除了工作方向不同,其余特性均相同,它的故障一般为阻尼器腔体漏油。

(2)制动系统。

城轨列车的制动系统包括两个部分:制动控制部分(图 1-2)和制动执行部分。制动控制部分顾名思义,就是控制指令的发出与中断部分,由控制装置与信号传输装置组成,通常使用电或空气作为信号传递的媒介。制动执行部分是具体的实施设备,普遍使用的形式为摩擦制动和动力制动。摩擦制动就是利用物体相互摩擦使车辆的动能转变为热能,从而实现制动;动力制动是指车辆运行过程中根据被动发电机产生的感应作用生成制动力,使车辆运行中的动能转化为再生电能,并回馈给供电系统或通过发热电阻将能量消耗。根据制动原动力的不同,以电作为原动力的称为电制动,例如动力制动、磁轨制动;以空气作为原动力的被称为空气制动,例如闸瓦制动、盘形制动。为了保证列车制动控制信号冗余性,信号传递方式、制动方式并不使用单一结构,目前常采用电控制与空气控制相结合、摩擦制动与动力制动相配合的方式。

图 1-2 城轨列车制动控制部分

制动系统的主要装置如下:

①制动控制装置。

制动控制装置是制动系统的核心控制部件,主要由电子制动控制单元和空气制动执行单元组成,电子制动控制单元和空气制动执行单元都集成在制动机的机箱中。电子制动控制单元由开关输入/输出板卡、通信板卡、制动管理板卡、防滑控制板卡等组成,用于实现制动力的管理计算、与牵引系统的电气输入/输出接口,以及与网络系统的通信。空气制动执行单元主要由气路板及其上面电磁阀、中继阀等气动执行部件组成,易于维护和更换,与电子制动控制装置一起实现紧急制动、常用制动等功能。制动控制装置根据制动指令要求产生制动缸预控压力,再通过中继阀输出制动缸压力。

②辅助控制模块。

辅助控制模块的主要功能是把总风管路的压缩空气分配至制动控制装置、踏面单元停放缸、空气弹簧等部位。

③风源装置。

风源装置的空气压缩机组为制动系统提供干燥、清洁的气体,可满足列车30年的使用要求;压缩空气由空气压缩机排出后会进入双塔干燥器中的一个干燥塔进行干燥,通过干燥剂去除压缩空气中的水汽,小部分经过干燥的空气被分流出来,经反吹阀后被减压,通过另一个干燥塔用于干燥剂的再生。两个干燥塔由电磁阀控制交替进行工作,双塔间隔60s进行切换。

(3)牵引系统。

城轨列车牵引系统主要采用电气牵引系统,其是地铁正常运行的保障,主要负责运行期间所需的电能。

城轨列车电气牵引系统的构成部分主要有高压箱、制动电阻、牵引电阻器、牵引电动机及避雷器等。其中,高压箱主要由高速断路器、主隔离开关和充电设备构成。通常情况下,为了确保电气牵引系统中牵引和辅助逆变器的正常运转,城轨列车往往会配置两台受电弓,采用"一用一备"的形式为城轨列车的动力单元提供高压电源,从而为城轨列车的安全、稳定运行提供保障。电气牵引系统中牵引逆变器的输入端配有支撑电容,其主要起到缓冲的作用,从而保证电压的稳定性。同时,滤波电抗器也能起到保持电压稳定的作用,从而保证逆变器安全运行。牵引逆变器在逆变器控制箱和滤波箱控制器的作用下能将直流电转化为交流电,从而实现对牵引过程中频率和电压的合理调节与控制,保证牵引系统的正常运行。

(4)辅助供电系统。

目前我国大部分城轨列车都以电力作为能源。城轨列车的辅助供电系统非常重要,其不仅为城轨列车的运行供电,还同时为列车其他设备的用电提供支撑。从我国城轨列车的供电系统来看,我国大部分城轨列车辅助供电系统都是由输入电路、逆变器、输出电路、蓄电池、车体、列车控制和管理系统组成。

①输入电路。

输入电路主要包括电路熔断器、输入滤波器等。当城轨列车后极电路产生过载或者出现短路的情况下,熔断器可使其及时断电。滤波器的主要作用为控制以及过滤前极电路产生的共模高频干扰信号。

②逆变器。

城轨列车接触网电压要转变成为列车工作需要的三相交流电(380V),并且运用并联的方式进行电流输出,通常情况下逆变器采用固定的频率进行工作。受控三项电桥安装在一个具有散热功能的散热器上,散热器中装有开关、二极管以及驱动板等相应设备。主控制器产生的驱动信号接入驱动板,通过控制设备进行逆变器380V输出。二极管用来关断瞬间输出变压器自感电动势反加到直流环节造成电源污染。

③输出电路。

在城轨列车的辅助输出电路中,辅助输出电路由辅助输出变压器、正弦滤波器以及熔断器等相应设备组成。其供电的过程是列车接触网电压经过输出变压器后,将接触网电压转变成为列车使用电压,将输出电压经由正弦滤波器后,再经由输出接触器以及熔电器进行供电。通常情况下,城轨列车通常都是将滤波器固定在变频器与电机之间,当系统检测到逆变器的输出电压同列车所用的380V电压在同一频率之后,输出电路中的接触器将会闭合。而熔断器主要负责电压过高以及过流等的保护工作。

④蓄电池。

城轨列车的蓄电池一般安装在车头部位,其关键作用就是当列车出现供电事故时,向逆变器提供必要的启动能量。另外,蓄电池也需要对城轨列车的其他用电设备进行供电,例如列车照明设备等。当城轨列车处于正常行进过程中,蓄电池是以浮充电的形式工作。只有当列车供电设备出现故障以及辅助电源出现无法供电情形时,蓄电池才会进行相应的供电活动。同时,蓄电池也是一种应急电源,当出现紧急情况时,蓄电池要满足控制装置用电的需求。

(5)车体。

车体的主要作用是容纳乘客、为司机提供驾驶空间、安装其他显示(监控)设备。车体由车顶、底架、端墙、侧墙、车窗、车门等组成。城轨列车车体一般采用整体承载钢结构或铝合金、不锈钢等轻金属结构,以便在满足强度、刚度要求的同时最大限度地减轻自重。城轨列车的车体服务于市内公共交通,因此车内座位少,提供站立的空间相对大一些。驾驶室车门和紧急疏散门的操作方式为手动操作,虽然驾驶室车门也会出现故障,但其数量相对较少,且属于有人值守的监测对象,所以客室车门故障是重点监测对象。城轨列车(客室)车门结构如图1-3所示。

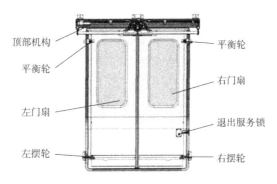

图 1-3 城轨列车(客室)车门结构

(6)列车控制和管理系统。

列车控制和管理系统(Train Control and Management System,TCMS)是对单车和整列车功能的控制系统,为分布式计算机系统,主要包含列车控制中央控制单元(Train Control Central Control Unit,TC CCU)、列车诊断系统中央控制单元(Train Diagnosis System Central Control Unit,TDS CCU)、自动列车保护中央控制单元(Automatic Train Protection Central Control Unit,ATP CCU)、牵引控制中央控制单元(Pinning Control Unit Central Control Unit,PCU CCU)、远程通信控制器(Remote Access Unit Central Control Unit,RAU CCU)。

列车控制和管理系统控制并监视整个列车,通过四级通信网络与各车辆系统接口进行通信并监测控制各系统的工作状态。

TCMS与制动系统交换的信息有制动子系统的控制和监视、制动力参考值、实际制动力的监视、牵引安全、紧急制动缓解、停放制动缓解信息等。

TCMS与牵引系统之间交换的信息有牵引变流器的控制和管理、辅助变流器的控制和管理、列车速度计算、速度校准、超速保护、空转滑行控制、冲击率、加速度和制动测试信息等。

TCMS与辅助系统交换的信息有辅助逆变器控制模块(Auxiliary Control Module,ACM)的启动、线路电流保护、绝缘栅双极型晶体管(Insulated Gate Bipolar Transistor,IGBT)过流保护、IGBT开关故障检测、IGBT过热保护、直流回路过压保护、辅助系统接地故障检测、辅助负载电压保护、蓄电池充电过流保护接触器监视信息等。

TCMS与车门交换的信息有门关闭并锁闭、门打开、门正在打开、门正在关闭、门操作无效、门故障、门状态未知、门防夹、紧急解锁装置被激活、门切除、门外部通信故障、门短路、车门指示灯常亮、门释放信号、门外部短路、关门无延迟信息等。

1.3 基于拓扑的城市轨道交通列车网络模型构建

城轨列车系统是由多个子系统组成的复杂机电系统,因而对城轨列车系统整体进行研究,需要从各子系统之间的联系和相互作用关系进行分析。本节将复杂网络理论引入城轨列车系统,构建了城轨列车系统网络模型,为城轨列车关键风险点辨识奠定了理论基础。

1.3.1 城市轨道交通列车系统物理结构关系分析

城轨列车系统物理结构关系由部件之间的机械、电气以及信息作用关系所构成,而城轨列车系统全局结构与行为是由城轨列车系统物理结构关系、耦合作用关系以及所涌现出的行为所决定的。依据城轨列车系统功能特点,可将系统划分为系统层、子系统层和部件层。城轨列车系统层次划分如图1-4所示。

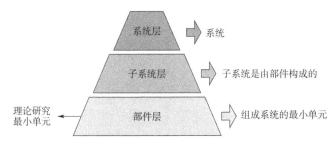

图1-4 城轨列车系统层次划分

为了使部件具有功能性、可计算性,以便对部件特征辨识以及系统可靠性与安全性进行评估,本书规定如下部件的提取规则:

(1)可计算:部件的表征参量是可获取或可计算的,例如故障频率、可靠度、平均无故障时间(Mean Time Between Failure,MTBF)等。

(2)功能性:部件作为一个不可分割的整体参与系统的运行过程,应具有特定功能。

(3)依据性:部件的划分可参考维修规程,如城轨列车系统一、二级维修规程等。

通过对城轨列车系统进行调研和分析,将部件间的连接关系划分为机械、电气和信息三种作用关系。

(1) 机械作用关系。

在系统中,机械连接利用紧固件将部件连接起来,可分为可拆卸连接和不可拆卸连接。可拆卸连接的主要方式有螺栓连接、螺柱连接、螺钉连接、螺纹紧固、销接等。不可拆卸连接主要有铆接、焊接和胶接等。

①螺栓连接。螺栓是由头部和螺杆(带有外螺纹的圆柱体)组成的一类紧固件,需与螺母配合,用于紧固连接两个带有通孔的部件。如把螺母从螺栓上旋下,可以使这两个部件分开,故螺栓连接是属于可拆卸连接。

②螺柱连接。螺柱是两端外带螺纹的一类紧固件。连接时,螺柱一端必须旋入带有内螺纹孔的部件中,另一端穿过带有通孔的部件中,然后旋上螺母,使这两个部件紧固连接成整体。螺柱连接也属于可拆卸连接。

③螺钉连接。螺钉是由头部和螺杆两部分构成的一类紧固件,按用途可以分为机器螺钉、紧定螺钉和特殊用途螺钉三类。机器螺钉主要用于一个紧定螺纹孔的部件,与一个带有通孔的元件之间的紧固连接,不需要螺母配合。螺钉连接属于可拆卸连接;也可以与螺母配合,用于两个带有通孔部件之间的紧固连接。

④螺纹连接。螺纹连接即螺纹件连接,螺纹件带有内螺纹孔,形状一般呈扁六角柱形,也有呈扁方柱形或扁圆柱形,配合螺栓、螺柱或机械螺纹紧箍件,用于紧固连接两个部件,使之成为一个整体。螺纹连接属于可拆卸连接。

⑤销连接。销连接主要为部件固定起作用,有的也可供部件连接、固定部件、传递动力或锁定其他紧固件之用,属于可拆卸连接。

⑥铆接。铆接即铆钉连接,是由头部和钉杆两部分构成的一类紧固件,用于紧固连接两个带通孔的部件(或构件),使之成为一个整体,属于不可拆卸连接。

⑦焊接。焊接是由光能和钉头(或无钉头)构成的异类紧固件,用焊接方法将其固定连接在一个部件(或构件)上面,以便再与其他部件进行连接,属于不可拆卸连接。

⑧胶接。胶接利用胶粘剂在连接面上产生的机械结合力、物理吸附力和化学键合力而使两个胶接件粘起来,属于不可拆卸连接。

(2) 电气作用关系。

电气作用关系是指利用电线、电缆等将电能由一个部件传送至另一个部件的连接方式,一般电气连接组件主要由电气连接部件(例如接线端子等)、电线电缆、电线固定装置和电线保护装置(例如单独的电线护套等)等部件组成。电气连接组件通过提供适当的机械作用力,将不同的导体部件可靠地固定在一起,实现电气连接。在城轨列车系统中,通过电气连接关系传送电能的电气设备包括发电机、变压器、母线、断路器、隔离刀闸、线路、传感器等。

(3)信息作用关系。

信息作用关系是设备元件通过不同传输(方式)将信息从一端将命令或状态信息经信道传送到另一端,并被对方所接收。传输方式分为有线和无线传输两种,有线传输是利用电话线或专用电缆进行信息传输;无线传输是利用电台、微波及卫星技术进行信息传输。

1.3.2 城市轨道交通列车系统本构拓扑网络模型构建方法

(1)系统基础拓扑网络模型构建方法。

系统基础拓扑网络模型构建方法的关键:一是定义网络的节点,二是定义网络中的连接边。依据部件提取规则以及部件间作用关系,给出基础拓扑网络模型构建的具体步骤如下:

步骤1:将系统中各部件抽象为基础拓扑网络模型中的一个节点。

步骤2:节点间的连接边表征了部件间的作用关系。若两部件间存在作用关系,则认为这两个部件间存在一条有向连接边。

步骤3:依据系统的功能结构,结合现场专家经验,确定基础拓扑网络中连接边的方向(表1-1)。

连接边方向　　　　　　　　　　　　　　　　　表1-1

部件间作用关系	连接边方向
机械作用关系	$v_1 \leftrightarrow v_2$ (双向)
电气作用关系、信息作用关系	$v_1 \rightarrow v_2$ (单向)

步骤4:删除不存在机械作用关系的孤立节点,形成系统机械拓扑网络模型 $G_m(V_m, E_m, A_m)$,其中$\{v_j\} \in V_m$为节点集,$\{e_{st}\} \in E_m$为边集,A_m为邻接矩阵且$a_{ij} \in A_m$。

步骤5:重复步骤2至步骤4,依次构建系统电气拓扑网络模型 $G_e(V_e, E_e, A_e)$以及信息拓扑网络模型 $G_i(V_i, E_i, A_i)$。

(2)节点与边融合方法。

基础拓扑网络模型涵盖了系统完整的结构特征,为普适化的全局系统建模提供了可能,同时也符合由局部到整体认知事物的客观规律。但是由于实际系统的非线性因素,在基础拓扑网络模型基础上构建本构拓扑网络模型时,节点和边应遵循如下规则:

①节点融合方法。

若一个节点存在于两种或两种以上的基础拓扑网络模型中,则在本构拓扑网络模型建模时可将该节点合并。如图 1-5 所示,节点 v_i、v_j、v_k 同时存在于机械和电气拓扑网络中。在实际系统中,节点 v_i 对应同一部件,因此,可将其融合。

②边融合方法。

若两个节点间存在两条或两条以上连接边,则将其合并为一条边。如图 1-6 所示,节点 v_i 和节点 v_j 之间既存在机械作用关系又存在电气作用关系,对于系统全局结构而言,更多的是关注部件间是否存在耦合作用关系,因此,可将其合并成为一条边。合并后的边实际上是一条表示多种作用关系的边。

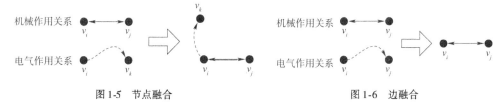

图 1-5　节点融合　　　　　　　　图 1-6　边融合

(3) 系统本构拓扑网络模型构建方法。

依据上述节点和边的融合规则,利用逻辑运算融合基础拓扑网络模型 $G_m(V_m, E_m, A_m)$、$G_e(V_e, E_e, A_e)$ 和 $G_i(V_i, E_i, A_i)$,构建系统网络模型 $G(V, E, A)$:

$$G(V, E, A) = \begin{cases} V = V_i \cup V_m \cup V_e & v_i \in V \\ E = E_i \cup E_m \cup E_e & e_{ij} \in E \\ A = A_i \cup A_m \cup A_e & a_{ij} \in A \end{cases} \quad (1\text{-}1)$$

式中:V——网络的节点集合,$v_i \in V$,其中 V_i 是信息拓扑网络的节点集合,V_m 是机械拓扑网络的节点集合,E_e 是电气拓扑网络的节点集合;

E——网络的边集合,$e_{ij} \in E$,其中 E_i 是信息拓扑网络的边集合,E_m 是机械拓扑网络的边集合,E_e 是电气拓扑网络的边集合;

A——网络的邻接矩阵,$a_{ij} \in A$,其中 A_i 是信息拓扑网络的邻接矩阵,A_m 是机械拓扑网络的邻接矩阵,A_e 是电气拓扑网络的邻接矩阵。

作为复杂的机电系统,城轨列车系统中部件(节点)以及部件间的作用关系(边)都具有自身属性。但是式(1-1)将系统中的部件和部件间作用关系命名并用网络的形式表征,而且相应的属性特征并未体现。因此,考虑节点和连接边的属

性,改进式(1-1),构建能够反映系统拓扑以及相关属性特征的本构拓扑网络模型:

$$\mathrm{HTN}=G(V,E,A,F_v,F_e)=\begin{cases} V=V_i\cup V_m\cup V_e & v_i\in V \\ E=E_i\cup E_m\cup E_e & e_{ij}\in E \\ A=A_i\cup A_m\cup A_e & a_{ij}\in A \\ F_v=\{F_{v_1},F_{v_2},\cdots,F_{v_N}\} \\ F_{v_i}=\{f_{v_i}(1),f_{v_i}(2),\cdots,f_{v_i}(t),\cdots\} \\ F_e=\{F_{e_{ij}},\cdots\} \\ F_{e_{ij}}=\{f_{e_{ij}}(1),f_{e_{ij}}(2),\cdots,f_{e_{ij}}(t),\cdots\} \\ A=\begin{pmatrix} a_{11} & \cdots & a_{1N} \\ \vdots & \ddots & \vdots \\ a_{N1} & \cdots & a_{NN} \end{pmatrix} & i\leqslant N,j\leqslant N \end{cases} \quad (1\text{-}2)$$

式中: F_v——节点属性集合;

F_e——边属性集合;

F_{v_i}——节点 v_i 的属性集合,其包括多个节点测度;

$f_{v_i}(t)$——节点 v_i 的第 t 个测度,可能是度、介数等拓扑测度,也可能是可靠度、MTBF 等功能测度;

$F_{e_{ij}}$——边 e_{ij} 的属性集合,由多个边测度组成;

$f_{e_{ij}}(t)$——边 e_{ij} 的第 t 个测度,可能是连接强度等;

N——本构拓扑网络中节点的数量。

城轨列车系统
本构拓扑网络

1.4 列车运行过程关键风险点辨识

1.4.1 基于网络模型的关键风险点辨识

城轨列车系统由大量部件组成,而由于外界环境以及部件自身性能退化,因而在运行过程中存在一定风险。在本节中,对列车中的关键风险点进行辨识,即对关键部件重要性进行判别。部件的结构重要性是由该部件在城轨列车本构网络中的拓扑特征决定的,一般用网络指标来反映。尽管城轨列车系统具有其特定的系统功能和目标,网络拓扑结构仍能在一定程度上反映列车部件的重要性。基于城轨列车系统作用关系网络模型的拓扑结构来研究城轨列车系统部件的结构重要度，即只关注网络的结构，忽略网络中连接边的实际意义和节点的属性。

节点的结构重要度与其相邻节点密切相关。两个节点之间一旦连接，节点的度、最短路径及网络的效率值等特征参数便会发生变化。此外，即使两个节点的度值相同，若其相邻节点的性质不同或者在网络中的位置不同，这两个节点的重要程度也不相同。也就是说，节点的结构重要性与节点近邻的局域信息与节点在网络中的位置信息有关。其中，节点近邻的局域信息用相邻节点的重要度贡献来表征，节点在网络中的位置信息用节点效率来表征。以十节点网络为例，其示意图如图1-7所示。

由图1-7可知，当仅考虑节点的度值时，由于节点 v_2 与节点 v_4 的度值相等，因此，从这个角度讲，两者的重要性是相同的，然而节点 v_2 与 v_4 的重要程度并不相同，这是由于两个节点的近邻节点度值不同及相邻节点之间的紧密程度不同造成的。因此，除了节点的度值，其近邻节

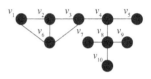

图1-7 十节点网络示意图

点的度值也对节点的重要程度有影响，另外还需要结合集聚系数刻画相邻节点的连接情况。

基于上述部件结构重要度的影响因素，结合节点的k-邻近域信息与集聚系数，提出基于节点局域信息的节点结构重要度贡献系数 P_i，如式(1-3)所示：

$$P_i = \alpha L_i + \beta C_i \tag{1-3}$$

式中：L_i、C_i——节点 v_i 的k-近邻中心性指标 l_i 和节点 v_i 的集聚系数 c_i 进行归一化和同趋化后的结果。

由于 l_i 和 c_i 从不同侧面反映了节点的邻近域信息，因此采用归一化和同趋化解决不同性质数据的可比性问题，具体过程如下：

(1) 对 l_i 和 c_i 进行归一化处理，如式(1-4)和式(1-5)所示：

$$l_i' = \frac{l_i - \min_{j=1}^{N}\{l_j\}}{\max_{j=1}^{N}\{l_j\} - \min_{j=1}^{N}\{l_j\}} \tag{1-4}$$

$$c_i' = \frac{c_i - \min_{j=1}^{N}\{c_j\}}{\max_{j=1}^{N}\{c_j\} - \min_{j=1}^{N}\{c_j\}} \tag{1-5}$$

(2) 对 l_i 和 c_i 进行同趋化处理，如式(1-6)和式(1-7)所示：

$$L_i = \frac{l_i'}{\sqrt{\sum_{j=1}^{N}(l_j')^2}} \tag{1-6}$$

$$C_i = \frac{l'_i}{\sqrt{\sum_{j=1}^{N}(c'_j)^2}} \tag{1-7}$$

l_i 反映的是节点 v_i 的 k-邻近域中节点的度值信息，c_i 反映的是与 v_i 相邻的节点间的紧密程度，P_i 则反映了 l_i 和 c_i 不同影响因素的综合结果。α 和 β 为 L_i 和 C_i 的权重系数。为了减少主观因素对指标权重确定的影响，使其能够客观地反映评价对象之间的真实关系，可结合专家经验采用熵权法来确定。

(3) 基于重要度评价矩阵的节点结构重要度计算方法。

利用节点效率表征节点在网络中的位置信息，体现节点在网络的连通中所起的作用，然后结合 k-邻近域的节点结构重要度贡献，构建节点结构重要度评价矩阵，从而对节点的结构重要度进行评估。

网络中的节点一旦相连，节点的结构重要度便会发生变化，通过节点之间的连接关系构成一个表示相邻节点间结构重要度贡献关系的拓扑结构，是实际网络拓扑的映射，因此，可以用网络邻接矩阵的一个映射矩阵来表达。基于上述考虑，相关文献构建了节点重要度评价矩阵来评价节点的重要度，但只考虑了该节点一阶相邻节点的信息，忽略了节点的 k-邻近域中节点的信息以及节点之间的紧密程度。下文对节点的重要度评价矩阵进行改进。

上文提出的节点的结构重要度贡献系数 P_i，根据节点间的结构重要度贡献关系，节点 v_i 将自身的 P_i/σ^2 贡献给它的每一个节点，其中 σ 为网络的平均度值。节点的结构重要度与节点的位置信息、局域信息密切相关，分别用节点效率 I_i 和结构重要度贡献系数 P_i 来定量表示，得到改进的节点结构重要度评价矩阵：

$$H = \begin{pmatrix} I_1 & \frac{\delta_{12}P_2I_2}{\sigma^2} & \cdots & \frac{\delta_{1n}P_nI_n}{\sigma^2} \\ \frac{\delta_{21}P_1I_1}{\sigma^2} & I_2 & \cdots & \frac{\delta_{2n}P_nI_n}{\sigma^2} \\ \cdots & \cdots & \cdots & \cdots \\ \frac{\delta_{n1}P_1I_1}{\sigma^2} & \frac{\delta_{n2}P_2I_2}{\sigma^2} & \cdots & I_n \end{pmatrix} \tag{1-8}$$

式中：n——节点的数目；

δ_{ij}——取值与网络的邻接矩阵对应，若 v_i 和 v_j 相连，δ_{ij} 取 1，否则取 0。

该矩阵中对角线上的值为节点本身的效率。

结构重要度评价矩阵充分利用了邻接矩阵的信息，便于计算机实现，因此，运用该矩阵综合 k-邻近域中节点的结构重要度贡献和节点的效率值,将节点 v_i 的结构重要度 HC_i 定义如下:

$$HC_i = \frac{I_i \sum_{j=1, j \neq i}^{n} \delta_{ij} P_j I_j}{\sigma^2} \qquad (1-9)$$

HC_i 表示节点 v_i 的效率值与节点 v_i 相邻的节点结构重要度贡献总和的乘积。也就是说,一个节点的结构重要度是由自身的效率值、k-邻近域节点的度值和紧密程度的大小决定的。此方法综合考虑了节点的局域信息和位置信息,提高了节点结构重要度的评估精度。

1.4.2 基于功能的关键风险点辨识

上文从网络的结构特性方面对节点的结构重要度进行了探讨,提出了节点的结构重要性指标,但只从拓扑特征参数来判断一个节点的重要程度是不全面的,例如,某些节点发生故障或异常时会严重影响系统的性能,但这些节点的拓扑特征参数值却较小,如此便会造成较大的偏差。也就是说,在城轨列车系统作用关系网络模型中,节点是部件的网络化表达,只考虑节点的拓扑结构特征参数是不全面的,应该考虑节点功能特性对节点重要程度的影响。因此,本小节基于城轨列车系统的作用关系网络模型,分析节点和连接边的功能特征参数并进行定量计算,在此基础上利用改进的 PageRank 算法进行节点功能重要度的评估。

作为特征向量中心性变体的应用,PageRank 算法(简称"PR 算法")是网页排序领域中最著名的算法。PR 算法以一个简单的求和公式作为入手点。记某个页面 P_i 的 PR 值记为 PR_i,它是所有指向 P_i 的页面的 PR 值之和。

$$PR_i = \sum_{P_j \in B_{P_i}} \frac{PR_j}{|P_j|} \qquad (1-10)$$

式中:B_{P_i}——指向 P_i 的页面集合;

$|P_j|$——由 P_j 发出的出链数量。

在式(1-10)中,入链页面的 PR_j 被 P_j 所做的推荐的数量 $|P_j|$ 加以调整。式(1-10)的问题在于,入链至页面 P_i 的那些页面的 PR 值 PR_j 都是未知的。这个问题可用迭代过程来解决,假设在开始时,所有页面都具有相等的 PR 值(即 $1/n$,其中 n 为页面数量)。连续应用式(1-11),将前一次循环中的值代入 PR_j。令 PR_i^{k+1} 为页面 P_i 在第 $k+1$ 次循环时的 PR 值,则有:

$$\mathrm{PR}_i^{k+1} = \sum_{P_j \in B_{P_i}} \frac{\mathrm{PR}_i^k}{|P_j|} \tag{1-11}$$

这一过程从所有页面 P_i 均具有 $\mathrm{PR}_i^0 = 1/n$ 开始,并一直重复进行,直到 PR 评分最终收敛到某些稳定值。PageRank 算法的原理如图 1-8 所示,图中 Page 指页面。

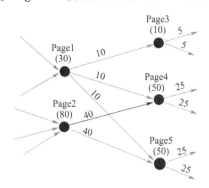

图 1-8　PR 算法的原理
注:箭头表示指向某页面;数字表示评分。

借鉴 PR 算法的思想,提出适用于有向加权网络的节点重要度评估指标——IPR,引入节点和节点间连接边的功能特征参数,分别采用节点的使用可靠度与连接边的功能依赖强度来定量描述。提出如下假设:

(1)数量假设:在城轨列车系统作用关系网络模型中,指向这个节点的节点个数越多,说明该节点的重要度越高。也就是说,决定一个节点重要程度的是与之存在功能依赖的节点的数量。这个属性可以看作是节点的重要性。

(2)质量假设:质量高的节点会通过连接向其他节点传递更多的权重,因此,节点的连接源节点越重要,则此节点的重要度越高。IPR 指标对这个概念进行了扩展,不仅将功能依赖的数量和相邻部件的重要性标准化,也对功能依赖进行了赋权。

(3)阻尼系数:若一个节点的使用可靠性较低,那么其更易传播故障。因此,这里定义故障传播概率 $k(v_i)$:

$$k(v_i) = \frac{1 - \mathrm{UR}(v_i)}{\sum_{j \in B_i^+} 1 - \mathrm{UR}(v_j)} \tag{1-12}$$

式中:$\mathrm{UR}(v_i)$——节点 v_i 的使用可靠度;

B_i^+——节点 v_i 的所有相邻节点,包括 v_i。

故障传播阻尼为 $d(v_i) = 1 - k(v_i)$。

IPR 指标考虑网络中节点和连接边的功能特征,即节点的使用可靠性和节点

之间功能依赖的强度,同时考虑了系统结构。以下为计算 IPR 指标的迭代过程:

$$\mathrm{IPR}(v_i) = \frac{1-d(v_i)}{n} + d(v_i)\left[\frac{w(e_{1i})}{c(v_1)}\mathrm{IPR}(v_1) + \frac{w(e_{2i})}{c(v_2)}\mathrm{IPR}(v_2) + \cdots + \frac{w(e_{ni})}{c(v_n)}\mathrm{IPR}(v_n)\right]$$

$$= \frac{1-d(v_i)}{n} + d(v_i)\sum_{j=1}^{n}\frac{w(e_{ji})}{c(v_j)}\mathrm{IPR}(v_j) \tag{1-13}$$

式中:n——节点的数目;

$w(e_{ji})$——节点间的功能依赖强度。

IPR 指标可改进经典 PR 算法中 PR 值平均分配的缺陷,对重要性不同的节点间的连接赋予对应的权重,增大重要节点的 IPR 指标值,减小不重要节点的 IPR 指标值。

引入考虑故障传播的阻尼系数时,计算节点功能重要度 $\mathrm{IPR}(v_i)$ 的公式如下:

$$\mathrm{IPR}(v_i) = \frac{k(v_i)}{n} + [1-k(v_i)]\sum_{v_j\in B_i}\frac{w(e_{ji})}{c(v_j)}\mathrm{IPR}(v_j) \tag{1-14}$$

改进的 PR 算法步骤如图 1-9 所示。

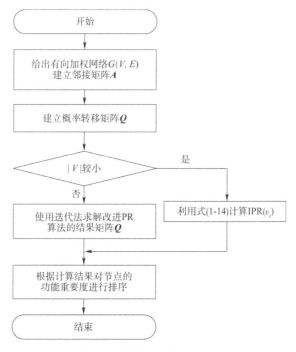

图 1-9　改进的 PR 算法流程图

（1）利用邻接矩阵 A 来描述具有 n 个节点的关系网络,若节点 v_i 与节点 v_j 间有连接,则用两个节点之间的权值——功能依赖强度来表示对应的矩阵元素,否则,该元素则为 0,表示如下：

$$A = (a_{ij})_{n \times n} = \begin{cases} \omega(e_{ij}) & (v_i, v_j) \in E \\ 0 & 其他 \end{cases} \quad (1-15)$$

（2）对邻接矩阵 A 进行归一化处理得到概率转移矩阵 B,该矩阵中的元素表示节点 v_i 到达节点 v_j 的概率,公式如下：

$$B = \left(\frac{a_{ij}}{\sum_{j=1}^{n} a_{ij}} \right)_{n \times n} \quad (1-16)$$

（3）由式(1-16),得到改进 PageRank 算法的结果矩阵：

$$Q = \Phi \times B^T + \frac{(I - \Phi) \times E^T}{n} \quad (1-17)$$

可得：

$$Q = \Phi \times B^T + \frac{(I - \Phi) \times e \times e^T}{n} \quad (1-18)$$

其中,$\Phi = (d(v_1), d(v_2), \cdots, d(v_n))$ 为阻尼系数；B^T 为概率转移矩阵 B 的转置矩阵；$E^T = e \times e^T$,为全 1 的行列式。

在城轨列车系统网络模型中,节点的重要程度是由节点的结构重要度和节点的功能重要度两个因素共同决定的。基于贝叶斯理论对城轨列车系统节点综合重要度的计算方法进行研究,可得到具有实用意义的节点综合重要度的计算方法,可使对节点重要程度的评定结果更加合理可靠。对节点的结构重要度和功能重要度两个参数进行归一化处理,得到节点综合重要度评估的信息源。将各参数分别除以其最大值,然后对节点的综合重要度进行求解。

1.5 列车系统关键风险点辨识结果

故障（事故）统计分析方法为预防事故发生指明了方向。通过对大量的、偶然发生事故的综合分析,就可以从中找出必然的规律和总的趋势,从而达到对事故进行预测、预防的目的。通过大量故障事故统计分析方法,明确围绕城轨列车本构安全研究的典型场景。对 1903—2019 年不同场景下列车事故类型进行调查汇总分析（具体见附录）,部分内容见表 1-2。

第1章 城市轨道交通列车系统关键风险点辨识

列车事故统计结果（部分数据） 表1-2

发生时间	发生国家	事故原因简述	伤亡或损失	事故场景
1903	法国	列车火灾	84人死亡	火灾
1953	澳大利亚	一列电动载客列车与前列车相撞	5人死亡,748人受伤	碰撞
1962	日本	一列货物列车追撞前面脱轨通勤列车,随后与对向列车再冲撞	160人死亡,296人受伤	碰撞
1971	加拿大	列车与隧道端头相撞引起电路短路,造成座椅起火	36辆车被毁,司机死亡	碰撞/火灾
1972	德国	列车起火	车站和4辆车被毁	火灾
1973	法国	列车起火	列车被毁	火灾
1975	美国	隧道照明线路被拉断,列车起火	列车被毁	火灾
1975	英国	列车制动系统失灵,列车撞向隧道尽头	43人死亡	碰撞

编写组统计了1903—2019年不同场景下列车事故,其中火灾事故占52.2%,脱轨事故占21.7%,碰撞事故占17.4%;特别重大事故(造成20人以上死亡)共计30起,重大事故、较大事故和一般事故共计113起,200人以上死亡或受伤达到了9起。对事故原因进行分析统计可得到如图1-10所示的统计结果。

通过对国内外既有列车事故进行调查,可以发现列车事故主要涵盖火灾、碰撞以及脱轨等,这三种情况占到了事故的绝大部分。因此,对于火灾、碰撞以及脱轨情况的分析对于城轨列车运营安全具有重要意义。

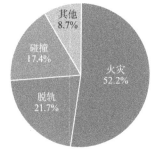

图1-10 列车事故原因统计分布图

1.5.1 火灾场景下关键风险点辨识结果

由于城轨列车电气设备繁多,车体内饰材料采用大量高分子非金属材料,在很大程度上增加了列车的可燃性。构建防火场景下城轨列车本构拓扑网络模型对进一步研究并优化列车防火设计、提高城轨列车系统可靠性和安全性具有重要的指导意义。通过大量的文献调研可知,列车起火通常可分为两类,一类是因乘客、车站等原因导致起火;另外一类是由于列车自身原因而引起火灾,如电气设备积热、短路等原因。防火场景下城轨列车本构拓扑网络模型如图1-11所示。

由图1-11可知,火灾场景下的城轨列车子系统主要包括可燃物、灭火器箱。

对于列车端部,可燃材料通常位于底板下面、电气柜及地板布等所在的位置,而列车车厢内部的可燃材料则主要是车辆的内装材料、座椅、地板等。

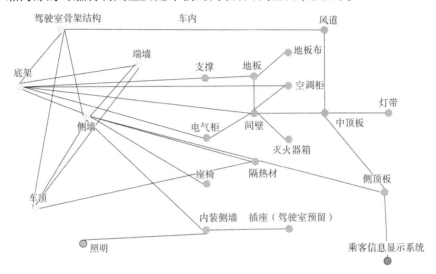

图 1-11　防火场景下城轨列车本构拓扑网络模型

下文以所构建的火灾场景下城轨列车拓扑网络模型为基础,进行火灾场景下城轨列车拓扑网络节点结构重要度的计算。首先对火灾场景下城轨列车拓扑网络进行简化,将节点间的连接边看作是无向无权的,由此,可计算网络中节点的拓扑结构特征参数。

(1)火灾场景下城轨列车拓扑网络节点结构重要度计算。

首先计算节点 v_i 的 k-近邻中心性指标 l_i 和集聚系数 c_i,对其进行无量纲化和同趋化处理,并结合熵权法,进而得到节点的结构重要度贡献系数 P_i,结果见表 1-3。然后基于节点的信息进行节点结构重要度的计算。计算的节点效率和结构重要度见表 1-4。火灾场景下城轨列车拓扑网络中节点的平均度为 2.7。由此可以得到节点结构重要度的评价矩阵及节点的结构重要度值。图 1-12～图 1-14 为节点结构重要度、节点度值、节点介数的分布图。

节点的结构重要度贡献系数计算结果　表 1-3

节点编号	k-近邻中心性指标 l_i	集聚系数 c_i	结构重要度贡献系数 P_i	节点编号	k-近邻中心性指标 l_i	集聚系数 c_i	结构重要度贡献系数 P_i
v_1	21	0.190	5.003	v_3	20	0.2	4.779
v_2	11	0.667	3.056	v_4	9	0	2.081

续上表

节点编号	k-近邻中心性指标 l_i	集聚系数 c_i	结构重要度贡献系数 P_i	节点编号	k-近邻中心性指标 l_i	集聚系数 c_i	结构重要度贡献系数 P_i
v_5	16	0.333	3.956	v_{15}	5	0	1.156
v_6	8	0	1.850	v_{16}	9	1	2.850
v_7	14	0	3.237	v_{17}	7	0	1.619
v_8	3	0	0.694	v_{18}	16	0.1	3.777
v_9	10	0	2.312	v_{19}	4	0	0.925
v_{10}	11	1	3.312	v_{20}	6	0	1.387
v_{11}	17	0.133	4.034	v_{21}	3	0	0.694
v_{12}	12	0.333	3.031	v_{22}	4	0	0.925
v_{13}	13	0.167	3.134	v_{23}	4	0	0.925
v_{14}	5	0	1.156				

节点效率和结构重要度计算结果　　　　表1-4

节点编号	节点效率 I_i	节点的结构重要度 HC_i	节点编号	节点效率 I_i	节点的结构重要度 HC_i
v_1	0.304	0.168	v_{13}	0.174	0.058
v_2	0.130	0.035	v_{14}	0.043	0.005
v_3	0.261	0.145	v_{15}	0.043	0.005
v_4	0.087	0.019	v_{16}	0.087	0.023
v_5	0.174	0.080	v_{17}	0.043	0.009
v_6	0.087	0.015	v_{18}	0.217	0.082
v_7	0.174	0.050	v_{19}	0.043	0.003
v_8	0.043	0.002	v_{20}	0.043	0.006
v_9	0.130	0.023	v_{21}	0.043	0.002
v_{10}	0.087	0.028	v_{22}	0.043	0.003
v_{11}	0.261	0.102	v_{23}	0.043	0.003
v_{12}	0.130	0.042			

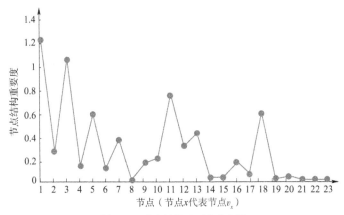

图1-12　节点结构重要度分布图

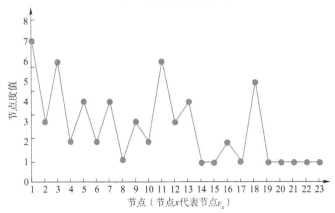

图1-13　节点度值分布图

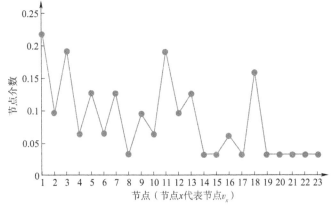

图1-14　节点介数分布图

上文所提出的节点结构重要度计算方法综合考虑了节点的局域信息(节点的k-近邻中心性和集聚系数)和节点的位置信息,给出了较合理的评价结果。将节点的结构重要度与经典的节点值重要度度量指标——节点的度值和介数进行对比,分析结果如下。

首先,节点 v_1 为最重要的节点,三种指标的计算结果都是最高的。v_3 为次重要节点。节点的 k-近邻中心性与集聚系数,与单一的度指标相比可更全面反映周围节点的紧密程度。度指标无法区分度相同的节点的重要度差异。对比节点 v_5、v_7,其度值和介数都相同,用这两个指标无法区分哪个节点更加重要,而节点 v_5 的 k-近邻中心性和节点效率都高于节点 v_7,因此,利用节点的结构重要度可以明显区分出节点 v_5 比节点 v_7 的重要度更高。

(2)正常运行条件下火灾场景中城轨列车拓扑网络节点功能重要度计算。

根据火灾场景下城轨列车拓扑网络中各节点在正常运行条件下的拟合结果,对节点的可靠度进行预测,由于节点的可靠度是随时间变化的函数,因此表 1-5 列出了系统运行 100 万 km 时,各节点的使用可靠度。

运行 100 万 km 时各节点的使用可靠度　　　　表 1-5

节点 v_i	使用可靠度	节点 v_i	使用可靠度	节点 v_i	使用可靠度
v_1	0.932	v_9	0.932	v_{17}	0.932
v_2	0.932	v_{10}	0.987	v_{18}	0.932
v_3	0.932	v_{11}	0.996	v_{19}	0.932
v_4	0.932	v_{12}	0.923	v_{20}	0.932
v_5	0.932	v_{13}	0.932	v_{21}	0.987
v_6	0.932	v_{14}	0.905	v_{22}	0.987
v_7	0.932	v_{15}	0.987	v_{23}	0.987
v_8	0.932	v_{16}	0.932		

下面计算连接边的功能特征参数——功能依赖强度。节点的独立故障率以部件在设计阶段的固有可靠度来确定,部件的固有可靠度可由系统说明手册得到。

根据功能依赖强度的计算方法,将火灾场景下城轨列车拓扑网络中节点间的连接关系分为单部件相关、多部件单向相关、多部件复杂相关三类。以节点 v_8 为例,其只受到 v_9 的影响,因此 $\omega(e_{8,9})$ 由公式计算得出。由此可计算得到每个连接边 $e_{i,j}$ 的功能依赖强度 $\omega(e_{i,j})$,结果见表 1-6。

连接边的功能依赖强度　　　　　　　　　　　　　　　　表1-6

连接边 $e_{i,j}$	功能依赖强度 $w(e_{i,j})$	连接边 $e_{i,j}$	功能依赖强度 $w(e_{i,j})$	连接边 $e_{i,j}$	功能依赖强度 $w(e_{i,j})$
$e_{1,2}$	0.856	$e_{3,10}$	0.840	$e_{9,11}$	0.856
$e_{1,3}$	0.856	$e_{3,11}$	0.856	$e_{10,11}$	0.840
$e_{1,13}$	0.856	$e_{3,12}$	0.879	$e_{11,12}$	0.879
$e_{1,16}$	0.856	$e_{4,9}$	0.856	$e_{11,20}$	0.856
$e_{1,17}$	0.856	$e_{5,6}$	0.856	$e_{12,21}$	0.831
$e_{1,18}$	0.856	$e_{6,7}$	0.856	$e_{13,18}$	0.809
$e_{2,5}$	0.856	$e_{7,11}$	0.856	$e_{13,22}$	0.809
$e_{2,16}$	0.856	$e_{7,18}$	0.856	$e_{13,23}$	0.809
$e_{3,4}$	0.856	$e_{7,19}$	0.856	$e_{14,18}$	0.609
$e_{3,5}$	0.856	$e_{8,9}$	0.856	$e_{15,18}$	0.809

利用改进的 PageRank 算法将以上结果代入,即可得到节点的功能重要度。由于阻尼系数 d 是与节点的使用可靠度有关的值,而节点的使用可靠度又是关于时间的函数,因此,节点的功能重要度在系统不同的寿命阶段是有所变化的。图1-15 列出了火灾场景下运行公里为 $(0,10^6 \text{km}]$、$(10^6 \text{km}, 2 \times 10^6 \text{km}]$、$(2 \times 10^6 \text{km}, 3 \times 10^6 \text{km}]$ 时的节点功能重要度。

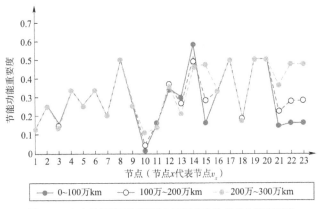

图1-15　火灾场景下不同运行公里所对应的节点功能重要度

为了研究节点间的功能依赖强度对节点功能重要度的影响,对比无权网络和加权网络(权重为功能依赖强度)的节点功能重要度排序。如图1-16 所示,无权网络中节点功能重要度较高的节点有 $v_1, v_3, v_{11}, v_{13}, v_{18}$。其中,节点 v_1 功能重要度最高。由于节点 v_{14} 与节点 v_{18} 的功能依赖强度较小,因此加权网络中节点 v_{14} 和节点

v_{18}的功能重要度均有所降低。

为了研究节点的使用可靠度对节点功能重要度的影响,对比阻尼系数为$d(v_i)=0.85$和阻尼系数为$d(v_i)=1-k(v_i)$时的节点功能重要度。如图1-17所示,$d(v_i)=0.85$时,节点功能重要度较高的节点有$v_1,v_3,v_{11},v_{13},v_{18}$。其中,节点$v_1$功能重要度最高。

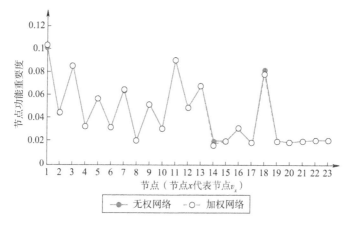

图1-16　功能依赖强度对节点功能重要度的影响

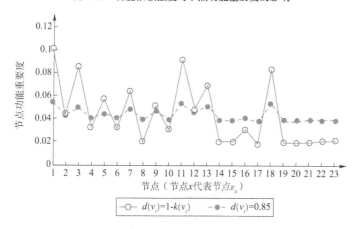

图1-17　节点使用可靠度对节点功能重要度的影响

（3）火灾场景下城轨列车拓扑网络节点综合重要度计算。

下面基于贝叶斯信息融合方法计算节点综合功能重要度(简称"节点综合重要度"),目的是将节点的结构重要度和功能重要度利用贝叶斯方法进行融合,得到节点的综合重要度,以实现对火灾场景下城轨列车拓扑网络节点综合重要度的评估。

首先用随机向量 $X=(x_1,x_2)^T$ 表示节点的结构重要度和功能重要度，需对其进行归一化处理，结果见表 1-7。节点综合重要度计算结果及其排序结果见表 1-8。

节点的结构重要度和功能重要度归一化结果　　　　　　　表 1-7

节点 v_i	结构重要度归一化值	功能重要度归一化值	节点 v_i	结构重要度归一化值	功能重要度归一化值
v_1	0.185	0.101	v_{13}	0.064	0.068
v_2	0.039	0.044	v_{14}	0.005	0.020
v_3	0.160	0.085	v_{15}	0.005	0.020
v_4	0.020	0.033	v_{16}	0.025	0.031
v_5	0.088	0.057	v_{17}	0.010	0.019
v_6	0.016	0.032	v_{18}	0.090	0.081
v_7	0.055	0.064	v_{19}	0.004	0.020
v_8	0.002	0.021	v_{20}	0.007	0.019
v_9	0.025	0.051	v_{21}	0.003	0.020
v_{10}	0.030	0.031	v_{22}	0.004	0.021
v_{11}	0.113	0.090	v_{23}	0.004	0.021
v_{12}	0.046	0.048			

节点综合重要度计算结果及其排序　　　　　　　表 1-8

节点 v_i	综合重要度	排序	节点 v_i	综合重要度	排序
v_1	0.898	1	v_{13}	0.240	6
v_2	0.191	9	v_{14}	0.130	17
v_3	0.840	2	v_{15}	0.130	17
v_4	0.170	13	v_{16}	0.184	11
v_5	0.266	5	v_{17}	0.160	15
v_6	0.165	14	v_{18}	0.293	4
v_7	0.204	7	v_{19}	0.126	19
v_8	0.056	23	v_{20}	0.145	16
v_9	0.177	12	v_{21}	0.077	22
v_{10}	0.188	10	v_{22}	0.105	20
v_{11}	0.692	3	v_{23}	0.105	20
v_{12}	0.193	8			

由于节点综合重要度是衡量网络中节点重要程度的综合指标,因此,将节点综合重要度与文献基于多重指标的节点重要度评估方法进行对比与分析,以验证本方法的正确性与合理性。文献分析节点度、PR 值、介数、k-核的相关性,提出基于这四个指标的综合度量指标,将此法应用于火灾场景下城轨列车拓扑网络中,得到基于多重指标的节点重要度排序结果,见表 1-9。可以看出,本方法的节点重要度排序结果与表 1-8 中节点综合重要度的排序结果基本一致。

基于多重指标的节点重要度排序　　　　　　　表 1-9

节点 v_i	重要度排序	节点 v_i	重要度排序	节点 v_i	重要度排序
v_1	1	v_9	12	v_{17}	15
v_2	9	v_{10}	10	v_{18}	4
v_3	2	v_{11}	3	v_{19}	19
v_4	13	v_{12}	8	v_{20}	16
v_5	5	v_{13}	6	v_{21}	22
v_6	14	v_{14}	17	v_{22}	20
v_7	7	v_{15}	17	v_{23}	20
v_8	23	v_{16}	11		

通过筛选综合重要度较高的节点可以发现,在火灾场景下侧墙、底架、间壁为最重要的节点。由于侧墙关联着许多其他部件,并且一旦发生火灾将会造成大规模扩散,因此,侧墙有着较高的结构重要度。此外,底架同样在火灾场景中有着较高的连接数,与车体的多个关键部件存在着作用关系,因而其综合重要度的值较高。间壁一方面连接底架,另外一方面作为中间节点,保持了空调柜、电器柜与地板等节点的连通性水平,因此,在火灾场景下也会有着较高的综合重要性水平。火灾场景下综合重要度排名前十位的节点见表 1-10。

火灾场景下综合重要度排名前十位的节点　　　　　表 1-10

综合重要度排序	节点名称	综合重要度排序	节点名称
1	侧墙	6	内装侧墙
2	底架	7	中顶板
3	间壁	8	电气柜
4	侧顶板	9	车顶
5	驾驶室骨架结构	10	空调柜

1.5.2 脱轨场景下关键风险点辨识结果

脱轨事件历来都是各国轨道交通领域的重点。国内外列车脱轨事件时有发生,脱轨事件不仅会造成线路运输中断,降低城轨列车系统运营效率,甚至导致车毁人亡。城轨列车系统由大量部件构成,由于部件间存在复杂的作用机理,因此,研究关于脱轨场景下的关键风险点,对于保障列车的安全运行有着极为重要的实际意义。

脱轨场景下的城轨列车拓扑网络模型

表1-11为脱轨场景下的城轨列车拓扑网格节点标号表。

脱轨场景下的城轨列车拓扑网格节点标号表   表1-11

节点标号	节点部位	节点标号	节点部位
节点1	高度调整阀杆组件	节点21	制动夹钳
节点2	空簧组成	节点22	制动缸
节点3	止挡结构(二系)	节点23	闸片
节点4	抗侧滚扭杆组成	节点24	轮盘
节点5	高度阀	节点25	车轮
节点6	牵引拉杆装置	节点26	制动速度传感器
节点7	二系横向减振器	节点27	轴箱盖
节点8	牵引中心销	节点28	车轴
节点9	差压阀	节点29	轮缘润滑控制装置
节点10	橡胶垫	节点30	踏面清扫控制装置
节点11	定位节点	节点31	踏面清扫装置
节点12	转臂轴箱体	节点32	车钩
节点13	轴箱弹簧	节点33	牵引梁
节点14	止挡结构(一系)	节点34	缓冲梁
节点15	一系垂向减振器	节点35	横梁
节点16	构架(组成)	节点36	底架
节点17	齿轮箱吊杆	节点37	贯通道
节点18	联轴节	节点38	防爬装置
节点19	轴箱轴承	节点39	吸能装置
节点20	齿轮箱主体	节点40	端墙

续上表

节点标号	节点部位	节点标号	节点部位
节点41	客室门	节点50	横向加速度传感器
节点42	车窗	节点51	齿轮箱速度传感器
节点43	车顶	节点52	轴端速度传感器
节点44	驾驶室门	节点53	测速齿轮
节点45	侧墙	节点54	轮缘润滑装置
节点46	驾驶室隔墙	节点55	踏面清扫研磨子
节点47	紧急逃生门	节点56	驾驶室电气柜
节点48	驾驶室骨架结构	节点57	前窗
节点49	枕梁	节点58	驾驶室操纵台

(1) 城轨列车拓扑网络节点结构重要度计算。

以构建的城轨列车拓扑网络模型为基础,计算城轨列车拓扑网络节点结构重要度。首先对城轨列车拓扑网络进行简化,将节点间的连接边看作是无向无权的,由此可计算网络中节点的拓扑结构特征参数。

然后计算节点 v_i 的 k-近邻中心性指标 l_i 和集聚系数 c_i,对其进行无量纲化和同趋化处理,并结合熵权法,进而得到节点的结构重要度贡献系数 P_i,结果见表1-12。

节点的结构重要度贡献系数计算结果　　　　表1-12

节点编号	k-近邻中心性指标 l_i	集聚系数 c_i	结构重要度贡献系数 P_i	节点编号	k-近邻中心性指标 l_i	集聚系数 c_i	结构重要度贡献系数 P_i
v_1	17	0	2.671	v_9	17	0	2.671
v_2	24	0	3.771	v_{10}	9	1	2.257
v_3	24	0	3.771	v_{11}	24	0	3.771
v_4	24	0	3.771	v_{12}	15	0.048	2.397
v_5	24	0	3.771	v_{13}	25	0.333	4.209
v_6	20	0	3.143	v_{14}	24	0	3.771
v_7	20	0	3.143	v_{15}	24	0	3.771
v_8	11	0	1.728	v_{16}	34	0	5.342

续上表

节点编号	k-近邻中心性指标 l_i	集聚系数 c_i	结构重要度贡献系数 P_i	节点编号	k-近邻中心性指标 l_i	集聚系数 c_i	结构重要度贡献系数 P_i
v_{17}	21	0	3.300	v_{38}	2	0	0.314
v_{18}	4	0	0.629	v_{39}	12	0	1.886
v_{19}	11	0	1.728	v_{40}	22	0.333	3.738
v_{20}	8	0.333	1.538	v_{41}	21	0.667	3.862
v_{21}	3	0	0.471	v_{42}	8	0	1.257
v_{22}	20	0	3.143	v_{43}	20	0.5	3.564
v_{23}	5	0	0.786	v_{44}	24	1	4.614
v_{24}	4	0	0.629	v_{45}	27	0.321	4.513
v_{25}	6	0	0.943	v_{46}	15	1	3.200
v_{26}	3	0	0.471	v_{47}	8	0	1.257
v_{27}	9	0	1.414	v_{48}	31	0.179	5.022
v_{28}	8	0	1.257	v_{49}	25	0.048	3.968
v_{29}	4	0	0.629	v_{50}	17	0	2.671
v_{30}	3	0	0.471	v_{51}	4	0	0.629
v_{31}	19	0	2.985	v_{52}	3	0	0.471
v_{32}	4	0	0.629	v_{53}	4	0	0.629
v_{33}	19	0.333	3.266	v_{54}	19	0	2.985
v_{34}	14	1	3.043	v_{55}	3	0	0.471
v_{35}	13	0	2.043	v_{56}	11	0	1.728
v_{36}	37	0.127	5.921	v_{57}	8	0	1.257
v_{37}	4	0	0.629	v_{58}	8	0	1.257

最后基于节点的信息进行节点结构重要度的计算。节点效率见表1-13，城轨列车拓扑网络中节点的平均度值为2.76，由此可以得到节点结构重要度的评价矩阵，计算得到节点的结构重要度值，结果见表1-13。图1-18～图1-20为节点结构重要度、节点介数、节点度值的分布图。

节点结构重要度计算结果 表 1-13

节点编号	节点效率 I_i	节点的结构重要度 HC_i	节点编号	节点效率 I_i	节点的结构重要度 HC_i
v_1	0.017	0.004	v_{30}	0.017	0.0003
v_2	0.034	0.009	v_{31}	0.052	0.011
v_3	0.034	0.009	v_{32}	0.017	0.001
v_4	0.034	0.009	v_{33}	0.069	0.016
v_5	0.034	0.009	v_{34}	0.034	0.006
v_6	0.034	0.008	v_{35}	0.034	0.005
v_7	0.0344	0.008	v_{36}	0.190	0.074
v_8	0.052	0.005	v_{37}	0.017	0.001
v_9	0.017	0.004	v_{38}	0.017	0.0001
v_{10}	0.034	0.002	v_{39}	0.034	0.005
v_{11}	0.034	0.008	v_{40}	0.069	0.018
v_{12}	0.121	0.013	v_{41}	0.052	0.014
v_{13}	0.052	0.013	v_{42}	0.017	0.001
v_{14}	0.034	0.008	v_{43}	0.069	0.016
v_{15}	0.034	0.008	v_{44}	0.052	0.017
v_{16}	0.293	0.078	v_{45}	0.138	0.052
v_{17}	0.034	0.008	v_{46}	0.034	0.006
v_{18}	0.017	0.0002	v_{47}	0.017	0.002
v_{19}	0.034	0.002	v_{48}	0.138	0.044
v_{20}	0.069	0.002	v_{49}	0.121	0.031
v_{21}	0.017	0.0004	v_{50}	0.017	0.004
v_{22}	0.052	0.011	v_{51}	0.017	0.0002
v_{23}	0.034	0.001	v_{52}	0.017	0.0002
v_{24}	0.034	0.0003	v_{53}	0.017	0.0002
v_{25}	0.034	0.0005	v_{54}	0.034	0.007
v_{26}	0.017	0.0002	v_{55}	0.017	0.0003
v_{27}	0.052	0.002	v_{56}	0.017	0.003
v_{28}	0.069	0.002	v_{57}	0.017	0.002
v_{29}	0.034	0.001	v_{58}	0.017	0.002

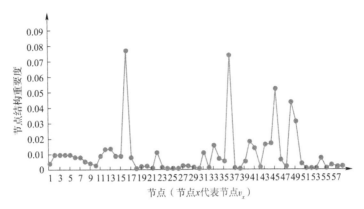

图1-18　节点结构重要度分布图

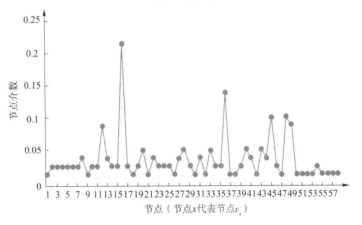

图1-19　节点介数分布图

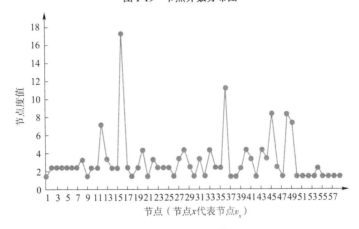

图1-20　节点度值分布图

将节点的结构重要度排序结果与节点的度值和介数进行对比,分析结果如下。首先,节点 v_{16} 为最重要节点,三种指标的计算结果都是最高的。v_{36} 为次重要节点。节点的 k-近邻中心性与集聚系数与单一的度指标相比,更全面地反映了周围节点的紧密程度。度指标无法区分度相同的节点的重要度差异。对比节点 v_{14} 和 v_{17},其度值和介数都相同,用这两个指标无法区分哪个节点更加重要,而节点 v_{14} 的 k-近邻中心性高于节点 v_{17},因此,利用节点的结构重要度可以明显区分出节点 v_{14} 的重要度更高。

(2)城轨列车拓扑网络节点功能重要度计算。

根据城轨列车拓扑网络中各节点的拟合结果,对节点的可靠度进行预测。由于节点的可靠度是随时间变化的函数,因此,表 1-14 列出了系统运行 100 万 km 时,各节点的使用可靠度。

运行 100 万 km 时各节点的使用可靠度　　　　表 1-14

节点 v_i	使用可靠度	节点 v_i	使用可靠度	节点 v_i	使用可靠度
v_1	0.932	v_{21}	0.639	v_{41}	0.932
v_2	0.932	v_{22}	0.639	v_{42}	0.932
v_3	0.639	v_{23}	0.639	v_{43}	0.932
v_4	0.932	v_{24}	0.932	v_{44}	0.932
v_5	0.932	v_{25}	0.932	v_{45}	0.932
v_6	0.639	v_{26}	0.905	v_{46}	0.932
v_7	0.639	v_{27}	0.932	v_{47}	0.932
v_8	0.932	v_{28}	0.932	v_{48}	0.932
v_9	0.932	v_{29}	0.639	v_{49}	0.932
v_{10}	0.932	v_{30}	0.639	v_{50}	0.932
v_{11}	0.932	v_{31}	0.932	v_{51}	0.932
v_{12}	0.932	v_{32}	0.639	v_{52}	0.932
v_{13}	0.932	v_{33}	0.639	v_{53}	0.639
v_{14}	0.639	v_{34}	0.932	v_{54}	0.932
v_{15}	0.639	v_{35}	0.932	v_{55}	0.932
v_{16}	0.932	v_{36}	0.932	v_{56}	0.923
v_{17}	0.932	v_{37}	0.932	v_{57}	0.932
v_{18}	0.639	v_{38}	0.932	v_{58}	0.932
v_{19}	0.639	v_{39}	0.932		
v_{20}	0.932	v_{40}	0.932		

下面计算连接边的功能特征参数——功能依赖强度。通过计算节点的综合故障率、节点的独立故障率及其相关节点的故障率,可得到每个连接边的功能依赖强度,结果见表1-15。

连接边的功能依赖强度 表1-15

连接边 $e_{i,j}$	功能依赖强度 $w(e_{i,j})$	连接边 $e_{i,j}$	功能依赖强度 $w(e_{i,j})$	连接边 $e_{i,j}$	功能依赖强度 $w(e_{i,j})$
$e_{1,16}$	0.856	$e_{16,17}$	0.856	$e_{35,36}$	0.856
$e_{2,16}$	0.856	$e_{16,22}$	0.892	$e_{36,39}$	0.856
$e_{2,49}$	0.856	$e_{16,31}$	0.856	$e_{36,40}$	0.856
$e_{3,16}$	0.918	$e_{16,50}$	0.856	$e_{36,41}$	0.567
$e_{3,49}$	0.918	$e_{16,54}$	0.856	$e_{36,44}$	0.389
$e_{4,16}$	0.856	$e_{17,20}$	0.856	$e_{36,45}$	0.608
$e_{4,49}$	0.856	$e_{18,20}$	0.732	$e_{36,48}$	0.497
$e_{5,16}$	0.856	$e_{19,28}$	0.904	$e_{36,49}$	0.226
$e_{5,49}$	0.856	$e_{20,28}$	0.856	$e_{36,56}$	0.055
$e_{6,8}$	0.732	$e_{20,51}$	0.856	$e_{37,40}$	0.856
$e_{6,16}$	0.732	$e_{21,22}$	0.930	$e_{38,39}$	0.856
$e_{7,8}$	0.918	$e_{22,23}$	0.763	$e_{40,43}$	0.856
$e_{7,16}$	0.918	$e_{23,24}$	0.732	$e_{40,45}$	0.856
$e_{8,49}$	0.856	$e_{24,25}$	0.856	$e_{41,43}$	0.648
$e_{9,16}$	0.856	$e_{25,28}$	0.856	$e_{41,45}$	0.648
$e_{10,12}$	0.856	$e_{26,27}$	0.892	$e_{42,45}$	0.856
$e_{10,13}$	0.856	$e_{27,52}$	0.856	$e_{43,45}$	0.856
$e_{11,12}$	0.856	$e_{28,53}$	0.732	$e_{43,48}$	0.856
$e_{11,16}$	0.856	$e_{29,35}$	0.732	$e_{44,45}$	0.648
$e_{12,13}$	0.856	$e_{29,54}$	0.732	$e_{44,48}$	0.648
$e_{12,14}$	0.916	$e_{30,31}$	0.732	$e_{45,46}$	0.856
$e_{12,15}$	0.916	$e_{31,55}$	0.856	$e_{45,48}$	0.856
$e_{12,19}$	0.904	$e_{32,33}$	0.627	$e_{46,48}$	0.856
$e_{12,27}$	0.856	$e_{33,34}$	0.732	$e_{47,48}$	0.648
$e_{13,16}$	0.856	$e_{33,36}$	0.732	$e_{48,57}$	0.856
$e_{14,16}$	0.916	$e_{33,49}$	0.732	$e_{48,58}$	0.856
$e_{15,16}$	0.916	$e_{34,36}$	0.856		

利用改进的 PageRank 算法得到功能依赖强度对节点功能重要度影响,如图 1-21 所示。运行公里数为 $(0, 10^6 \mathrm{km}]$、$(10^6 \mathrm{km}, 2 \times 10^6 \mathrm{km}]$、$(2 \times 10^6 \mathrm{km}, 3 \times 10^6 \mathrm{km}]$ 所对应的节点功能重要度可扫描二维码"不同运行公里数对应的节点功能重要度"查阅。

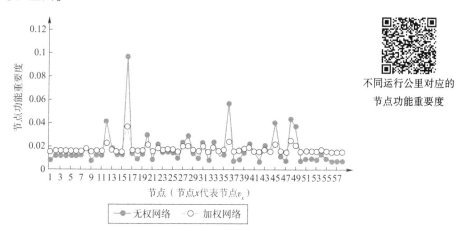

不同运行公里对应的节点功能重要度

图 1-21 功能依赖强度对节点功能重要度的影响

为了研究节点间的功能依赖强度对节点功能重要度的影响,对无权网络和加权网络(权重为功能依赖强度)下的节点功能重要度排序。如图 1-22 所示,无权网络中节点功能重要度较高的节点有 $v_{12}, v_{16}, v_{36}, v_{45}, v_{48}$。其中,节点 v_{16} 功能重要度最高。

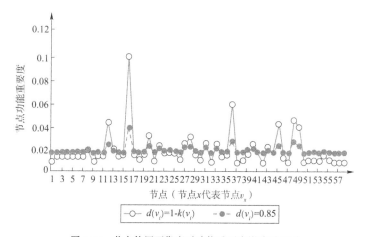

图 1-22 节点使用可靠度对功能重要度影响对比图

(3) 城轨列车拓扑网络节点综合重要度计算。

首先用随机向量 $X=(x_1,x_2)^T$ 表示节点的结构重要度和功能重要度,需将其进行归一化处理,结果见表 1-16。然后利用贝叶斯公式计算得到 $p(\theta_1|X)$, $p(\theta_2|X),\cdots,p(\theta_{27}|X)$。进一步可得到节点综合重要度及其排序分布情况,见表 1-17。

节点的结构重要度和功能重要度归一化结果　　　　表 1-16

节点 v_i	结构重要度归一化值	功能重要度归一化值	节点 v_i	结构重要度归一化值	功能重要度归一化值
v_1	0.006	0.007	v_{23}	0.001	0.015
v_2	0.017	0.012	v_{24}	0.0005	0.015
v_3	0.017	0.012	v_{25}	0.0009	0.015
v_4	0.017	0.012	v_{26}	0.0003	0.009
v_5	0.017	0.012	v_{27}	0.004	0.023
v_6	0.013	0.012	v_{28}	0.003	0.028
v_7	0.013	0.012	v_{29}	0.001	0.014
v_8	0.008	0.018	v_{30}	0.0006	0.009
v_9	0.006	0.007	v_{31}	0.019	0.023
v_{10}	0.004	0.013	v_{32}	0.0009	0.007
v_{11}	0.015	0.012	v_{33}	0.028	0.023
v_{12}	0.023	0.041	v_{34}	0.011	0.012
v_{13}	0.023	0.018	v_{35}	0.009	0.013
v_{14}	0.015	0.012	v_{36}	0.133	0.057
v_{15}	0.015	0.012	v_{37}	0.001	0.007
v_{16}	0.138	0.098	v_{38}	0.0003	0.009
v_{17}	0.014	0.014	v_{39}	0.009	0.014
v_{18}	0.0004	0.009	v_{40}	0.032	0.022
v_{19}	0.003	0.014	v_{41}	0.024	0.016
v_{20}	0.004	0.030	v_{42}	0.003	0.007
v_{21}	0.0007	0.009	v_{43}	0.029	0.020
v_{22}	0.019	0.021	v_{44}	0.030	0.016

续上表

节点 v_i	结构重要度归一化值	功能重要度归一化值	节点 v_i	结构重要度归一化值	功能重要度归一化值
v_{45}	0.093	0.040	v_{52}	0.0003	0.009
v_{46}	0.011	0.011	v_{53}	0.0004	0.009
v_{47}	0.003	0.007	v_{54}	0.013	0.013
v_{48}	0.078	0.043	v_{55}	0.0006	0.009
v_{49}	0.055	0.037	v_{56}	0.005	0.007
v_{50}	0.006	0.007	v_{57}	0.003	0.007
v_{51}	0.0004	0.009	v_{58}	0.003	0.007

节点综合重要度计算结果及其排序 表1-17

节点 v_i	综合重要度	排序	节点 v_i	综合重要度	排序
v_1	0.150	32	v_{18}	0.093	53
v_2	0.315	15	v_{19}	0.136	39
v_3	0.290	18	v_{20}	0.142	37
v_4	0.310	16	v_{21}	0.099	49
v_5	0.292	17	v_{22}	0.342	13
v_6	0.246	23	v_{23}	0.122	44
v_7	0.229	24	v_{24}	0.093	52
v_8	0.165	30	v_{25}	0.108	48
v_9	0.150	32	v_{26}	0.033	57
v_{10}	0.144	35	v_{27}	0.144	36
v_{11}	0.272	21	v_{28}	0.141	38
v_{12}	0.343	12	v_{29}	0.118	45
v_{13}	0.535	11	v_{30}	0.097	50
v_{14}	0.285	19	v_{31}	0.327	14
v_{15}	0.276	20	v_{32}	0.113	47
v_{16}	0.869	1	v_{33}	0.652	9
v_{17}	0.270	22	v_{34}	0.184	26

续上表

节点 v_i	综合重要度	排序	节点 v_i	综合重要度	排序
v_{35}	0.170	28	v_{47}	0.128	42
v_{36}	0.868	2	v_{48}	0.745	4
v_{37}	0.114	46	v_{49}	0.725	5
v_{38}	0.031	58	v_{50}	0.160	31
v_{39}	0.169	29	v_{51}	0.091	54
v_{40}	0.695	6	v_{52}	0.034	56
v_{41}	0.590	10	v_{53}	0.038	55
v_{42}	0.128	43	v_{54}	0.218	25
v_{43}	0.655	8	v_{55}	0.094	51
v_{44}	0.677	7	v_{56}	0.146	34
v_{45}	0.849	3	v_{57}	0.131	40
v_{46}	0.181	27	v_{58}	0.131	41

将基于节点度、PR值、介数、k-核的相关性四个指标的方法应用于城轨列车拓扑网络中,得到基于多重指标的节点重要度排序,见表1-18。可以看出,本方法计算得出的节点重要度排序结果与表1-17中节点综合重要度的排序结果基本一致。

基于多重指标的节点重要度排序　　　　　　　表1-18

节点 v_i	重要度排序	节点 v_i	重要度排序	节点 v_i	重要度排序
v_1	32	v_{14}	19	v_{27}	36
v_2	15	v_{15}	20	v_{28}	38
v_3	18	v_{16}	1	v_{29}	45
v_4	16	v_{17}	22	v_{30}	50
v_5	17	v_{18}	53	v_{31}	14
v_6	23	v_{19}	39	v_{32}	47
v_7	24	v_{20}	37	v_{33}	9
v_8	30	v_{21}	49	v_{34}	26
v_9	32	v_{22}	13	v_{35}	28
v_{10}	35	v_{23}	44	v_{36}	2
v_{11}	21	v_{24}	52	v_{37}	46
v_{12}	12	v_{25}	48	v_{38}	58
v_{13}	11	v_{26}	57	v_{39}	29

续上表

节点 v_i	重要度排序	节点 v_i	重要度排序	节点 v_i	重要度排序
v_{40}	6	v_{47}	42	v_{54}	25
v_{41}	10	v_{48}	4	v_{55}	51
v_{42}	43	v_{49}	5	v_{56}	34
v_{43}	8	v_{50}	31	v_{57}	40
v_{44}	7	v_{51}	54	v_{58}	41
v_{45}	3	v_{52}	56		
v_{46}	27	v_{53}	55		

综合重要度较高的节点中，构架（组成）、底架、侧墙的综合重要度排名靠前。由于构架（组成）连接了众多节点，构架（组成）的失效往往会导致其他节点失去功能，因此可以得出，构架（组成）为重要的节点。底架由于连接了转向架系统与车体结构，一旦该节点失效则会使得车体与转向架失去连接，具有较高的拓扑功能重要性，因此底架也是一个较为重要的节点。侧墙在车体中有着较多的连接，此外还连接了许多车体外的节点，具有较高的功能重要度，因此也是综合重要性较高的节点之一。

脱轨场景下综合重要度排名前十位的节点见表1-19。

脱轨场景下综合重要度排名前十位的节点 表1-19

重要度排序	节点名称	重要度排序	节点名称
1	构架（组成）	6	端墙
2	底架	7	驾驶室门
3	侧墙	8	车顶
4	驾驶室骨架结构	9	牵引梁
5	枕梁	10	客室门

1.5.3 碰撞场景下关键风险点辨识结果

尽管列车碰撞事故很少发生，但也不能绝对避免。一旦发生列车碰撞事故，其造成的财产损失和人员伤亡都将是巨大的。因此，对车体采取一定的防碰撞设计来避免或降低列车碰撞事故发生时所造成的严重危害是必要的。为满足防碰撞功能需求，城轨列车多采用能量吸收装置的防碰撞结构。防碰撞装置主要包括车钩、缓冲梁以及吸能装置等。防碰撞场景下城轨列车本构拓扑网络模型如图1-23所示。

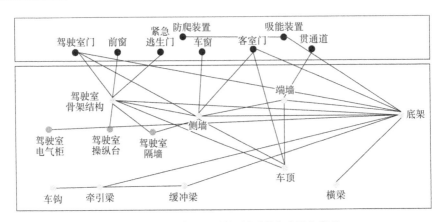

图 1-23　防碰撞场景下城轨列车本构拓扑网络模型

（1）碰撞场景下城轨列车拓扑网络节点结构重要度计算。

以构建的碰撞场景下城轨列车拓扑网络模型为基础，进行碰撞场景下城轨列车拓扑网络节点结构重要度的计算。首先对碰撞场景下城轨列车拓扑网络进行简化，将节点间的连接边看作是无向无权的，由此可计算网络中节点的拓扑结构特征参数。然后计算节点 v_i 的 k-近邻中心性指标 l_i 和集聚系数 c_i，对其进行无量纲化和同趋化处理并结合熵权法，进而得到节点的结构重要度贡献系数 P_i，结果见表 1-20。最后基于节点的信息进行节点结构重要度的计算，首先计算节点的效率。碰撞场景下城轨列车拓扑网络中节点的平均度为 2.9。由此可以得到节点结构重要度，见表 1-21。

节点结构重要度贡献系数　　　　　表 1-20

节点编号	k-近邻中心性指标 l_i	集聚系数 c_i	结构重要度贡献系数 P_i	节点编号	k-近邻中心性指标 l_i	集聚系数 c_i	结构重要度贡献系数 P_i
v_1	3	0	0.644	v_{11}	8	0	1.718
v_2	12	0.333	2.839	v_{12}	20	0.5	4.688
v_3	12	1	3.362	v_{13}	23	1	5.725
v_4	10	0	2.148	v_{14}	26	0.321	5.836
v_5	28	0.133	6.118	v_{15}	15	1	4.007
v_6	4	0	0.859	v_{16}	8	0	1.718
v_7	2	0	0.430	v_{17}	25	0.179	5.509
v_8	11	0	2.362	v_{18}	10	0	2.148
v_9	20	0.5	4.688	v_{19}	8	0	1.718
v_{10}	20	1.5	5.473	v_{20}	8	0	1.718

节点结构重要度 表 1-21

节点编号	节点效率 I_i	节点的结构重要度 HC_i	节点编号	节点效率 I_i	节点的结构重要度 HC_i
v_1	0.05	0.003	v_{11}	0.05	0.014
v_2	0.15	0.061	v_{12}	0.2	0.150
v_3	0.1	0.041	v_{13}	0.15	0.150
v_4	0.05	0.018	v_{14}	0.4	0.443
v_5	0.5	0.498	v_{15}	0.1	0.054
v_6	0.05	0.006	v_{16}	0.05	0.013
v_7	0.05	0.001	v_{17}	0.4	0.373
v_8	0.1	0.037	v_{18}	0.05	0.018
v_9	0.2	0.152	v_{19}	0.05	0.001
v_{10}	0.15	0.113	v_{20}	0.05	0.001

图 1-24～图 1-26 为节点结构重要度、节点度值、节点介数分布图。节点 v_5 为最重要节点,三种指标的计算结果都是最高的。v_{14} 为次重要节点。节点的 k-近邻中心性与集聚系数,与单一的度值相比更全面地反映了周围节点的紧密程度。度值无法区分度值相同的节点的重要度差异。对比节点 v_{14} 和 v_{17},其度值和介数都相同,用这两个指标无法区分哪个节点更加重要,而节点 v_{14} 的 k-近邻中心性高于节点 v_{17},因此,利用节点的结构重要度可以明显区分出节点 v_{14} 的重要度更高。

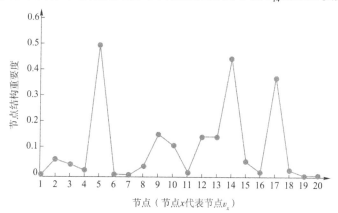

图 1-24 节点结构重要度分布图

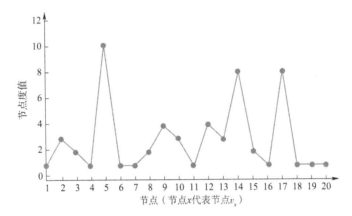

图 1-25　节点度值分布图

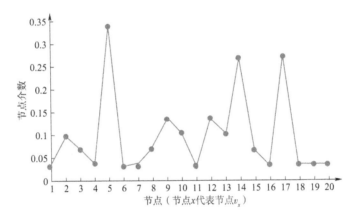

图 1-26　节点介数分布图

(2)正常运行条件下碰撞场景下城轨列车拓扑网络节点功能重要度计算。

根据碰撞场景下城轨列车拓扑网络中各节点正常运行条件下的拟合结果,对节点的可靠度进行预测。节点的可靠度是随时间变化的函数。表 1-22 列出了系统运行 100 万 km 时,各节点的使用可靠度。

运行 100 万 km 时各节点的使用可靠度　　　　表 1-22

节点 v_i	使用可靠度	节点 v_i	使用可靠度	节点 v_i	使用可靠度
v_1	0.932	v_5	0.932	v_9	0.932
v_2	0.639	v_6	0.932	v_{10}	0.932
v_3	0.932	v_7	0.932	v_{11}	0.932
v_4	0.932	v_8	0.932	v_{12}	0.932

续上表

节点 v_i	使用可靠度	节点 v_i	使用可靠度	节点 v_i	使用可靠度
v_{13}	0.932	v_{16}	0.932	v_{19}	0.932
v_{14}	0.932	v_{17}	0.932	v_{20}	0.932
v_{15}	0.932	v_{18}	0.923		

下面计算连接边的功能特征参数——功能依赖强度。通过计算节点的综合故障率、节点的独立故障率及其相关节点的故障率,可得到每个连接边的功能依赖强度,结果见表1-23。

连接边的功能依赖强度 表1-23

连接边 $e_{i,j}$	功能依赖强度 $w(e_{i,j})$	连接边 $e_{i,j}$	功能依赖强度 $w(e_{i,j})$	连接边 $e_{i,j}$	功能依赖强度 $w(e_{i,j})$
$e_{1,2}$	0.732	$e_{5,17}$	0.856	$e_{12,17}$	0.856
$e_{2,3}$	0.732	$e_{5,18}$	0.879	$e_{13,14}$	0.648
$e_{2,5}$	0.732	$e_{6,9}$	0.856	$e_{13,17}$	0.648
$e_{3,5}$	0.856	$e_{7,8}$	0.856	$e_{14,15}$	0.856
$e_{4,5}$	0.856	$e_{9,12}$	0.856	$e_{14,17}$	0.856
$e_{5,8}$	0.856	$e_{9,14}$	0.856	$e_{15,17}$	0.856
$e_{5,9}$	0.856	$e_{10,12}$	0.648	$e_{16,17}$	0.648
$e_{5,10}$	0.648	$e_{10,14}$	0.648	$e_{17,19}$	0.856
$e_{5,13}$	0.648	$e_{11,14}$	0.856	$e_{17,20}$	0.856
$e_{5,14}$	0.856	$e_{12,14}$	0.856		

利用改进的PageRank算法将以上结果代入,即可得到节点的功能重要度。图1-27列出了运行公里为$(0, 10^6 \text{km}]$、$(10^6 \text{km}, 2 \times 10^6 \text{km}]$、$(2 \times 10^6 \text{km}, 3 \times 10^6 \text{km}]$时的节点功能重要度。

为了研究节点间的功能依赖强度对节点功能重要度的影响,对比无权网络和加权网络(权重为功能依赖强度)的节点功能重要度(图1-28)。如图1-28所示,无权网络中节点功能重要度较高的节点有$v_5, v_9, v_{12}, v_{14}, v_{17}$。其中,节点$v_5$节点功能重要度最高。由于节点$v_5$与节点$v_{13}$的功能依赖强度较小,因此,节点$v_{13}$在有权网络中的重要度相比无权网络中的重要度有所降低。

节点使用可靠度对节点功能重要度的影响如图1-29所示。从图1-29可以看出,节点功能重要度较高的节点中节点v_5的节点重要度是最高的。

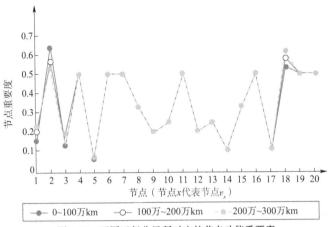

图1-27 不同运行公里所对应的节点功能重要度

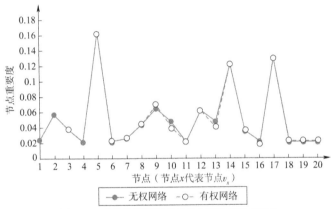

图1-28 功能依赖强度对节点功能重要度的影响

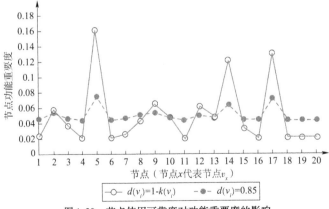

图1-29 节点使用可靠度对功能重要度的影响

(3)碰撞场景下城轨列车拓扑网络节点综合重要度计算。

首先用随机向量 $X=(x_1,x_2)^T$ 表示节点的结构重要度和功能重要度,需对其进行归一化处理,结果见表 1-24。然后利用贝叶斯公式计算得到 $p(\theta_1|X)$,$p(\theta_2|X)$,$\cdots$,$p(\theta_{27}|X)$。进一步得到节点综合重要度,其排序分布情况见表 1-25。

节点的结构重要度和功能重要度归一化结果　　　　　　表 1-24

节点 v_i	结构重要度归一化值	功能重要度归一化值	节点 v_i	结构重要度归一化值	功能重要度归一化值
v_1	0.001	0.024	v_{11}	0.006	0.020
v_2	0.029	0.057	v_{12}	0.070	0.061
v_3	0.019	0.037	v_{13}	0.070	0.048
v_4	0.008	0.021	v_{14}	0.206	0.120
v_5	0.232	0.161	v_{15}	0.025	0.034
v_6	0.003	0.021	v_{16}	0.006	0.021
v_7	0.001	0.026	v_{17}	0.174	0.129
v_8	0.017	0.043	v_{18}	0.008	0.021
v_9	0.071	0.065	v_{19}	0.0002	0.021
v_{10}	0.053	0.047	v_{20}	0.0002	0.021

节点综合重要度计算结果及其排序　　　　　　表 1-25

节点 v_i	综合重要度	排序	节点 v_i	综合重要度	排序
v_1	0.169	17	v_{11}	0.239	14
v_2	0.441	8	v_{12}	0.725	6
v_3	0.313	10	v_{13}	0.776	5
v_4	0.240	12	v_{14}	0.906	2
v_5	0.942	1	v_{15}	0.374	9
v_6	0.222	16	v_{16}	0.224	15
v_7	0.116	18	v_{17}	0.891	3
v_8	0.252	11	v_{18}	0.240	12
v_9	0.838	4	v_{19}	0.036	19
v_{10}	0.455	7	v_{20}	0.036	19

将基于节点度、PR 值、介数、k-核的相关性四个指标的方法应用于碰撞场景下城轨列车拓扑网络中,得到基于多重指标的节点重要度排序,见表 1-26。可以看出,本方法计算得到的节点重要度排序结果与表 1-25 中节点综合重要度的结果基本一致。

基于多重指标的节点重要度排序　　　　　　　　表 1-26

节点 v_i	重要度排序	节点 v_i	重要度排序	节点 v_i	重要度排序
v_1	17	v_8	11	v_{15}	9
v_2	8	v_9	4	v_{16}	15
v_3	10	v_{10}	7	v_{17}	3
v_4	12	v_{11}	14	v_{18}	12
v_5	1	v_{12}	6	v_{19}	19
v_6	16	v_{13}	5	v_{20}	19
v_7	18	v_{14}	2		

在碰撞场景中,可以发现转向架系统中的底架虽然不是直接的受力结构,但是由于其与其他节点有着大量的连接关系,因此,它仍然是最重要的节点。侧墙作为中间节点连通了底架与驾驶室骨架结构,因此,其在碰撞场景的网络中具有较高的结构重要度和综合重要度。驾驶室骨架结构作为驾驶室的主要组成部分,一方面与车辆的车体联系紧密,而且它连接了部分在碰撞场景下受力较大的节点,因此,它的综合重要度较高。

碰撞场景下综合重要度排名前十位的节点见表 1-27。

碰撞场景下综合重要度排名前十位的节点　　　　　　表 1-27

重要度排序	节点名称	重要度排序	节点名称
1	底架	6	车顶
2	侧墙	7	客室门
3	驾驶室骨架结构	8	牵引梁
4	端墙	9	驾驶室隔墙
5	驾驶室门	10	缓冲梁

第2章　城市轨道交通列车运行过程监测（检测）项点分析

车辆系统由转向架系统、制动系统、牵引系统、辅助供电系统、车体系统等子系统构成。为确保列车能够以良好状态完成运行过程，在列车运行过程中要对各子系统运行状态进行监测。在研究列车运行过程时，重点对车轮和轨道状态进行监测（检测）。轮轨系统由轮对和钢轨等组成。为确保钢轨能够保持平顺，在运行过程中需要对钢轨进行平顺程度检测，使列车高质量地完成运行过程。此外，轮对的状态也会影响列车运行过程质量。

在本书中，项点是指城轨列车中需要进行状态监测（检测）项点的部件。本章基于前文风险辨识方法辨识出的城轨列车在运行过程中的关键风险点状态进行分析，明确各风险点需要监测（检测）的内容和项点。其中，转向架系统的关键风险点为轴箱、齿轮箱、构架等；制动系统的关键风险点为空气压缩机等；牵引系统的关键风险点为牵引逆变器（Variable Voltage and Variable Frequency, VVVF）、牵引电机等；辅助供电系统的关键风险点为继电器、蓄电池等；车体系统的关键风险点为车门等；轮轨系统的关键风险点为轮对和轨道。

2.1　转向架系统运行过程监测（检测）项点分析

在城轨列车系统中存在着大量部件，然而受限于成本以及数据传输能力，只能对部分关键部件进行监测（检测），因而项点分析则为对上述被监测（检测）部件的分析。

2.1.1　轴箱状态监测项点分析

（1）轴箱结构。

轴箱是套在列车轴颈上联结轮对和转向架构架或二轴车车体的部件。城轨列车轴箱的主要作用是：①承受车辆的重量，传递各个方向的作用力；②保证轴颈良好的润滑性，减少磨耗，降低运行阻力；③保证良好的密封性，防止尘土、雨水等杂物侵入及甩油，从而保证油脂润滑。

轴箱装置按所采用的轴承类型，分为滑动轴承轴箱装置和滚动轴承轴箱装置两类。目前我国轨道交通电客车采用滚动轴承轴箱装置。

滚动轴承的构造如图 2-1 所示，内圈、外圈、滚动体及保持架为其主要组成部分。内圈与轴过盈配合，随轴一起转动，外圈与旋转机械等设备的轴承座或机架固定在一起。滚动体将内圈与外圈之间相对运动产生的滑动摩擦转变为滚动摩擦，大大降低其摩擦力。保持架的作用是保证滚动体的分布位置相对不变以及防止滚动体脱落。

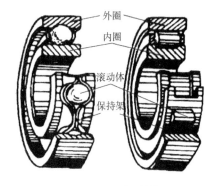

图 2-1 滚动轴承结构

（2）轴箱常见故障。

轴箱故障主要发生在轴承上，主要故障形式有：

①疲劳剥落。

在轴箱轴承正常工作状态下，与其他部件经常接触的部位承受大量冲击力和相互作用力，接触面的下方会因此出现微小的切口。如果这种表面开口没有马上得到处理，开口就会逐渐发展到内部，从而导致轴箱轴承出现剥离和点蚀的情况，最后致使轴箱轴承大范围剥落，此时，轴箱轴承内部就会产生荷载撞击，导致运行时产生的噪声加剧。

②磨损。

轴箱轴承内因润滑剂变质等原因导致对轴承润滑的作用不够大，或因密封不够严而导致腐蚀性气体和水汽进入轴箱轴承，则轴箱轴承在工作时就会出现磨损。磨损会使轴承在工作过程中产生噪声，如果磨损的情况一直存在，轴箱轴承的噪声就会不断增大。如果出现共振的现象，轴承磨损的破坏就会变大，甚至会造成导致列车无法运行的严重后果。

③塑性形变。

轴箱轴承使用时，会有一些硬度较高的异物进入轴箱轴承，这可能导致轴承发生塑性变形，从而造成共振，最终使轴承滚动体和内外圈的接触面出现损伤，引起轴箱轴承振动加大，在运行过程中产生较大的噪声。

根据轴箱轴承结构和现场实际轴箱轴承故障情况,轴承内圈、外圈、滚动体、保持架都容易发生故障,影响列车的正常运行。为实现对轴箱的检测,需要对轴承内圈、外圈、滚动体、保持架进行故障诊断。

(3)轴箱轴承故障检测方法。

目前针对轴承的故障诊断方法有许多种。根据检测手段的不同,轴承故障诊断方法主要分为以下几种:温度检测法、油液分析法、声发射检测法、油膜电阻法、振动分析法。

①温度检测法。

在轴承运转过程中,若其存在缺陷,则轴承元件间摩擦增加会导致轴承温度升高。因此,利用传感器监测轴承温度便可以判断轴承是否发生故障。

温度检测方法能够检测出轴承磨损和烧伤,有效防止轴热切。但该方法只能检测晚期轴承故障,对于轻度磨损等早期故障,温度检测并不能发挥有效作用。另外,该方法受环境因素影响较大。因此,为保障诊断的准确性,温度检测一般作为轴承故障诊断的辅助手段。

②油液分析法。

轴承在运行过程中,须用润滑油进行润滑和冷却。当轴承发生故障时,其产生的金属颗粒便会进入油液中。因此,对循环油液进行理化分析和光、铁谱分析就可以获得轴承的故障信息,从而发现轴承早期故障。

油液分析法能够检测出滚动轴承早期疲劳,但该方法离不开对油液的分析,而油液取样和分析,一般只能离线进行,影响列车运行。此外,油液分析法易受外界因素影响,局限性较大。因此,其在轴箱轴承故障在线诊断中应用有较大困难。

③声发射检测法。

轴承在运行过程中,故障表面缺陷会产生弹性波信号,这些信号中含有丰富的故障信息,通过声发射传感器采集这些信号并转换为电信号之后采用信号处理技术可以提取出故障信息。

由于故障形式与信号之间对应关系较为复杂,且有些失效形式不一定会在转动时发出异常噪声,因此,声发射诊断法在一些形式的故障存在时,其应用受到了局限。

④油膜电阻法。

油膜电阻法主要是通过检测轴承内外圈之间的电阻来判断轴承是否发生故障。轴承在运行过程中,由于润滑油的存在,滚动体和滚道之间会形成一道油膜。轴承正常运行时,油膜较厚。当轴承发生故障时,油膜便会遭到破坏。此时,通过给轴承加一个低电压,测量内外圈之间平均电阻大小便可诊断轴承故障。

油膜电阻法多应用于检测轴承磨损、腐蚀等故障,对于其他类似形变等故障检测效果较差,因在运行过程中油膜无法稳定,所以无法应用于在线监测。

⑤振动分析法。

振动检测方法是目前在轴承故障诊断中最为常用的一种方法。该方法通过安装在轴承安装座或轴箱上的速度(加速度)传感器将轴承振动信号采集之后传输到计算机或其他分析设备中,通过振动信号分析算法进行分析和处理,可判断轴承是否发生故障以及故障类型和故障程度。

由于振动检测方法所采用设备简单、廉价,信号采集简单,且信号的分析和处理理论及算法相对成熟,因此,从经济性、实用性等多方面综合考虑,本文采用振动检测法作为轴承故障主要诊断方法。

2.1.2 齿轮箱状态监测项点分析

1) 齿轮箱结构

齿轮箱的状态对列车的安全运行起着至关重要的作用。它可以将机械转换到所需要的转数,并且能自如地改变转矩。齿轮箱虽然有多种类型,但主体结构大致相同,都是由箱体、轴系零件和附件三部分的零件组成。其结构如图 2-2 所示。

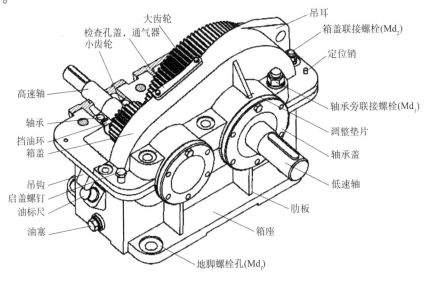

图 2-2 齿轮箱结构图

2）齿轮箱常见故障

齿轮箱常见故障主要集中在齿轮箱齿轮和轴承上，主要故障形式有：

(1) 齿轮故障。

①轮齿疲劳折断。

如果参与啮合的 1 个轮齿在载荷作用下出现变形，那么在弯曲应力的不断作用下，该轮齿的齿根圆角处首先产生疲劳裂纹；随着应力不断循环作用，圆角处的裂纹会逐渐扩展至整个轮齿，最终导致其断裂，即轮齿疲劳折断。

②过载折断。

过载折断是由于材料脆性过大或因运行过程中的瞬时过载和冲击，致使载荷超过了齿轮材料弯曲强度而使齿轮产生的断裂，是在齿根处产生的脆性折断。很多时候其他零件的失效也会造成偶发的过载现象，比如轴承失效后造成的卡滞或者传动轴偏斜造成轮齿楔紧等。

③齿面点蚀。

齿面点蚀是指在脉动循环的齿面接触应力不断作用下，轮齿内部一定深度的位置会产生疲劳裂纹，裂纹逐渐发展并扩展至轮齿表面后会在齿面造成金属脱落，形成麻点状的凹坑。点蚀会导致齿廓形状发生变化，增加列车运行过程中的振动和噪声。

④齿面磨损。

在齿轮传动中，齿面磨损的形式较多，磨粒磨损、黏着磨损、疲劳磨损和腐蚀磨损是 4 种典型的磨损形式。

磨粒磨损是指齿轮在摩擦过程中，由于硬颗粒或摩擦副表面的硬微凸体对齿轮表面挤压和沿表面运动所引起的损失或材料流失的一种磨损形式。

黏着磨损是指齿轮滑动摩擦时摩擦副接触面局部发生金属黏着，在随后相对滑动中黏着处被破坏，有金属屑粒从零件表面被拉拽下来或零件表面被擦伤的一种磨损形式。

疲劳磨损是指齿轮表面在交变接触压应力的作用下，表面产生物质损失的一种磨损形式。

腐蚀磨损是指摩擦副对偶表面在相对滑动过程中，齿轮表面材料与周围介质发生化学或电化学反应，并伴随机械作用而引起齿面材料损失的一种磨损形式。

齿面磨损将引起振动和噪声增加，严重时，由于过度磨损，齿厚变薄从而引起轮齿折断。

(2) 轴承故障。

齿轮箱轴承故障与轴箱轴承故障形式类似，不再赘述。

根据齿轮箱结构和现场实际齿轮箱故障情况,轴承内圈、外圈、滚动体、保持架都容易发生故障,同时齿轮也容易发生磨损、不对中、裂纹或断齿、偏心和齿隙游移、追逐齿等故障,影响列车的正常运行。为实现对齿轮箱的检测,需要对齿轮箱轴承内圈、外圈、滚动体、保持架和齿轮进行故障诊断。

3)齿轮箱故障诊断方法

齿轮箱轴承、齿轮特性与轴箱轴承故障类似,都是由于振动磨损引发性能降低所导致,因此,其故障诊断与轴箱轴承故障诊断方法类似,也是通过对其振动、温度状态的实时监测,采用振动分析法辅以温度检测法实现。

2.1.3 转向架构架状态监测项点分析

(1)转向架构架结构。

转向架构架一般呈"H"形结构,是转向架的主要承载部件。构架侧梁中部设有空气弹簧的安装座和横向减振器座。横梁上设有电机吊座、齿轮箱吊座和牵引拉杆座。抗侧滚扭杆座设置在两个侧梁的下部。侧梁端部的四个起吊座可使构架或整个转向架被安全地吊起,如图2-3所示。

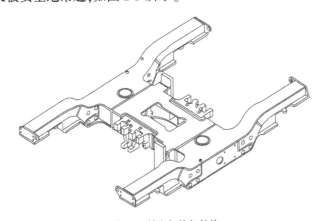

图2-3 转向架构架结构

(2)转向架构架常见故障。

转向架构架承载了城轨列车车体全部重量。列车运行过程中与轮轨的相互作用力和列车加减速产生的作用力全部作用于构架上。虽然构架在设计中能够均匀承受载荷,但是在实际运行过程中,由于线路条件的不同,不可避免会导致出现由于不良工况导致的构架承受载荷不均匀,使城轨列车在服役过程中,构架会因疲劳产生裂纹,从而产生振动和噪声,影响列车正常运行。

根据构架结构和现场实际故障情况,构架电机吊座处、齿轮箱吊杆焊接处、横梁焊接处容易发生故障,影响列车的正常运行。为实现对构架的监测,需要对构架电机吊座处、齿轮箱吊杆焊接处、构架横梁焊接处进行故障诊断。

(3)转向架构架裂纹检测方法。

考虑到检测手段不能对构架产生影响,采用无损检测的手段对构架进行实时检测。

无损检测是指在不损害或不影响被检测对象使用性能、不伤害被检测对象内部组织的前提下,利用材料内部结构异常或缺陷存在引起的热、声、光、电、磁等反应的变化,以物理或化学方法为手段,借助现代化的技术和设备器材,对试件内部及表面的结构、性质、状态及缺陷的类型、性质、数量、形状、位置、尺寸、分布及其变化进行检查和测试的方法。无损检测的重要性已得到公认,目前,最常用的无损检测方法主要有五种:超声检测(Ultrasonic Testing,UT)、射线检测(Radiographic Testing,RT)、磁粉检测(Magnetic particle Testing,MT)、渗透检测(Penetrant Testing,PT)、涡流检测(Eddy current Testing,ET)。

各种无损检测方式的主要优劣势如下:

射线检测主要使用易于穿透物质的 X 射线、γ 射线、中子射线对被测对象检测,同时需要配合一定的射线感应设备接收穿透被检测对象后的射线。射线检测所需设备复杂不适用于移动条件下的使用,同时射线检测还存在设备成本高,且射线对人体有害等不足。

磁粉检测和渗透检测均需对被检测对象的表面进行较为复杂的处理,不适用于城轨车辆构架的在途实时检测。

超声检测和涡流检测均采用感应的方式进行检测,检测方法相对简单,同时检测设备也相对小巧。超声检测和电涡流检测的对比见表2-1。

超声检测和电涡流检测的对比　　　　表2-1

对比项目	超声检测	电涡流检测
方法原理	超声阵列的定向扫描和定向接收,根据接收到的反射波进行裂纹判别(医学断层扫描)	电磁感应作用(有裂纹会阻止涡电流形成)
能检出的缺陷	内部缺陷	表明及近表面缺陷
主要检测对象	钢结构焊缝、机加工件	金属管材/线材、材料分选及厚度测量
检测灵敏度	较高	较低

通过上述对比分析,基于超声波的无损检测方式满足城轨列车构架裂纹监测的要求。超声波监测构架裂纹的原理是使超声波束自构架表面由探头通至金属内

部，遇到裂纹与构架底面时就分别发生反射波，在荧光屏上形成脉冲波形，根据这些脉冲波形就可以判断裂纹位置和大小。

2.1.4 转向架系统其他检测项点分析

转向架除了轴箱、齿轮箱、构架等关键部件对列车正常运行有很大影响而需要监测以外，列车车底、转向架内侧位置异物、车底螺栓断裂及螺栓脱落、车侧螺栓脱落、高度阀杆断裂脱落、车侧轴端螺栓和一系簧螺栓脱落等现象会影响列车的正常运行，因此，也需对这些故障进行检测。

目前对这些故障进行检测主要采用相机扫描的方式，通过在轨道底部和轨道旁安装相机来对车体底部和车侧的情况进行拍照采集数据，然后上传到数据中心进行分析。需要检测的项点主要有：车底螺栓是否脱落；是否有异物悬挂；轴端螺栓、一系弹簧螺栓、TBU 螺栓等是否脱落；高度阀杆是否断裂等。

2.2 制动系统运行过程监测（检测）项点分析

制动系统状态异常包括总风泄漏、空气压缩机打风工况异常、空气压缩机工作时长异常、系统已有的各项故障、告警等，其中主要是空气压缩机容易产生故障影响制动系统的正常工作。

对制动系统状态的监测的主要项点为空气压缩机，通过收集空气压缩机风压和空气压缩机工作时长数据即可实现对空气压缩机状态的监测。对制动系统的监测，可以通过列车控制和管理系统获取制动系统中制动指令、风压状态、空气压缩机工况等状态和告警信息，通过阈值比较、逻辑计算等方式，实现对制动系统工作状态监测。从 TCMS 收集到的用于监测制动系统状态的数据见表 2-2。

表 2-2 从 TCMS 收集到的用于监测制动系统状态的数据

序号	数据名称	序号	数据名称
1	回送指令	6	紧急制动
2	不缓解开放	7	制动压力
3	保持指令	8	列车自动运行（ATO）模式
4	牵引	9	应急运转指令
5	制动	10	保持解除

续上表

序号	数据名称	序号	数据名称
11	再生失效开始预告	33	再生当量信号异常
12	再生有效	34	12V 电源异常
13	电制开放	35	检测不缓解
14	车辆重量	36	不足检测
15	25km/h	37	轴滑行检测
16	5km/h	38	保持制动动作
17	检测不缓解	39	强制开放
18	重故障	40	制动压力控制
19	随机存储器(RAM)检查异常	41	常用制动力指令
20	应载荷信号异常	42	空气弹簧(AS)1 压力
21	初始监视异常	43	空气弹簧(AS)2 压力
22	贯通信号异常	44	气缸(AC)压力
23	脉冲宽度调制(PWM)异常	45	增压缸(BC)压力
24	常用电磁阀异常	46	主风管(MR)压力
25	空气弹簧(AS)1 传感器故障	47	牵引应载荷信号
26	空气弹簧(AS)2 传感器故障	48	再生当量信号
27	增压缸(BC)传感器故障	49	空气制动减算指令
28	气缸(AC)传感器故障	50	拖(T)车载荷
29	轴速度异常	51	轴速度
30	轴滑行防止阀输出异常	52	控制速度
31	磁阻(MR)传感器故障	53	空气制动力
32	动车-拖车(M-T)单元通信异常		

2.3 牵引系统运行过程监测(检测)项点分析

2.3.1 牵引系统监测项点

牵引系统状态异常包括绝缘栅双极晶体管(Insulated-Gate Bipolar Transistor, IGBT)温度异常、IGBT 开/短路故障、熔断丝电容温度及容值异常、牵引系统功耗变化等。对牵引系统状态的监测的主要项点为牵引逆变器,通过收集 IGBT 电流、电压、温度、FC 电容温度、容值进行分析即可实现对牵引逆变器状态的监测。

牵引系统的监测主要集中在牵引逆变器上,可以通过 TCMS 获取牵引系统牵引逆变器中的电流、电压、温度、容值等状态和告警信息,通过对功率、电流、温度变化等的分析,实现对牵引系统功耗状态、熔断丝电容工作状态和 IGBT 工作状态的监测。从 TCMS 收集到的用于监测牵引系统状态的数据见表 2-3。

从 TCMS 收集到的用于监测牵引系统状态的部分数据　　表 2-3

序号	数据名称	序号	数据名称
1	硬件描述语言(HDL)记录	22	空挡制动
2	跟踪记录	23	空挡
3	标题数据记录	24	起动试验
4	复位	25	电制
5	L1 动作	26	后退运转
6	L2 动作	27	再生失效预告
7	制动指令	28	电制有效
8	高速断路器(HB)动作	29	滑行控制中
9	制动	30	保持制动解除
10	单件试验	31	重故障继电器投入
11	牵引	32	供热用继电器投入
12	紧急制动	33	重故障
13	电制	34	继电器异常
14	应急运转	35	主电路过电流
15	电制解除	36	门极不一致
16	速度(5km/h)	37	电子计算机断层扫描(CT)故障
17	洗车	38	高速电流限制频发
18	高加速	39	指令异常
19	自动运转	40	充电不良
20	前进	41	冷却器过热
21	后进	42	过压撬棍电路整流器(OVCRf)异常

续上表

序号	数据名称	序号	数据名称
43	控制电压下降	71	高加速状态
44	放大器内电源低电压	72	运算速度
45	模拟故障	73	第三轨电压
46	群 CT 故障	74	力矩指令
47	中央处理器异常	75	输出力矩
48	轻故障	76	力矩部分电流
49	后退检测	77	回流电流
50	大空转	78	牵引电机电流
51	大滑行	79	控制放大器温度
52	接触网接地	80	牵引/制动力信号
53	无电压	81	电制力信号
54	指令异常	82	应载荷
55	高速电流限制	83	牵引记录电力量
56	检测离线	84	再生记录电力量
57	传输异常	85	牵引/制动力指令
58	指令异常	86	VVVF 电网电压
59	冷却器温升	87	VVVF 中间电压
60	空挡成立	88	VVVF 中间电流
61	牵引成立	89	VVVF 模块#斩波电流
62	制动成立	90	VVVF 模块#逆变 A 相电流
63	空挡状态	91	VVVF 模块#逆变 B 相电流
64	ATO 模式	92	VVVF 模块 FC 电容电压
65	开放	93	VVVF 模块#过热
66	牵引状态	94	VVVF 模块斩波电阻超温
67	制动状态	95	VVVF 模块中间电压过压
68	后进成立	96	VVVF 模块中间电流过流
69	前进成立	97	VVVF 模块斩波过流
70	洗车状态	98	IGBT 温度

2.3.2 牵引电机状态监测项点分析

1)牵引电机结构

牵引电机是用于驱动一根或几根动轮轴的电动机,其由轴承、转子、定子、端盖、传感器等组成。

2)牵引电机常见故障

牵引电机故障集中在轴承、转子、定子三个部件上,轴承故障与轴箱、齿轮箱轴承故障类似,转子和定子故障还需进行分析。转子故障多数表现为机组的振动增大,而不是断裂等破坏性事故,产生振动增大故障的主要类型及原因如下。

(1)转子不平衡故障。

转子不平衡包括转子系统的质量偏心及转子部件出现缺损。转子质量偏心是由于转子的制造误差、装配误差、材料不均匀等原因造成的,称为初始不平衡。转子部件缺损是指转子在运行中由于腐蚀、磨损、介质结垢以及转子受疲劳力的作用,使转子的零部件(如叶轮、叶片等)局部损坏、脱落、碎片飞出等,造成新的转子不平衡。转子质量偏心及转子部件缺损是两种不同的故障,但其不平衡振动机理却有共同之处。

产生不平衡的主要因素如下:

①制造时由于几何尺寸不同心、材料质量不均匀等因素造成质量中心偏离几何中心。

②安装时由于斜键或轴颈不同心造成的偏心。

③轴水平放置时间过长,或者是受热不均,造成的永久性或暂时性变形,导致转子产生偏心。

④工作介质对转子的不均匀冲刷、沉积、腐蚀等使转子产生偏心。

⑤零件与轴的配合过松,高速运转下转子内孔扩大造成的偏心。

⑥动平衡的方法不对。例如高速转子仅做了静平衡,而没有做动平衡。

⑦转子在运转时突然破裂等因素产生的不平衡。例如汽轮机叶片脱落或折弯造成不平衡等。

转子不平衡包括静不平衡和动不平衡两类。前者仅有力不平衡,后者除了力不平衡外,还存在着力偶不平衡。静不平衡是质量的不平衡,在水平轨道上就可以测量出不平衡质量的方位,通过加平衡重或去平衡重的方法就可以做到静平衡。动不平衡时,在转子的不同平面存在大小相等、方向相反的两个或多个不平衡质量,转子总的偏心距为零,做静平衡试验时转子可以随遇平衡。但是,转子在高速旋转时,离心力随着转速的增大而增大,形成较大的离心力矩,从而引起不平衡振动。

(2)转子不对中故障。

机组各转子之间由联轴器连接构成轴系,传递运动和转动。由于机器的安装误差、承载后的变形以及机器基础的不均匀沉降等,造成机器工作状态时各转子轴线之间产生轴线平行位移、轴线角度位移或综合位移等误差,统称为转子不对中。

转子不对中包括平行不对中、角度不对中和综合不对中(平行加角度不对中),如图2-4所示。平行不对中表示半联轴器轴线平行于联轴器设计轴线,且两个半联轴器中心在径向上不重合。角度不对中表示半联轴器轴线与联轴器设计轴线有一定的倾角,且两个半联轴器中心在径向上重合。综合不对中表示半联轴器轴线与联轴器设计轴线有一定的倾角,且两个半联轴器中心(O_1、O_2)在径向上不重合。

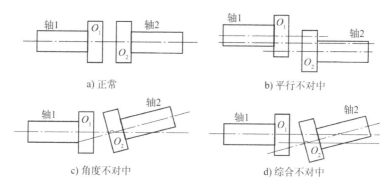

图2-4 联轴器的各种对中状态

转子系统机械故障中60%是由不对中引起的。不平衡和不对中是造成机组强烈振动最常见的原因。不对中大多是由于安装不良造成的,有时冷态时对中良好,由于未考虑热态膨胀因素,在运行状态下对中不良。

引发不对中的主要因素如下:

①联轴器安装时对中不良。

②联轴器两端的基础不均匀下沉。

③工作时由于联轴器两端的轴承座的不均匀热膨胀。

④柔性转子冷态时对中良好,但未考虑热变形,热态时由于膨胀引起轴弯曲,产生角度不对中。

⑤柔性较好的高速转子,静挠度引起的联轴器的角度不对中。

(3)机组产生自激振动。

由于材料内摩擦、流体力等内部因素引起的振动。

(4)工作介质引起的振动。

如离心压缩机在小流量时引起气流旋转失速、喘振现象,离心泵在吸入压力不足时引起的空穴现象等。

定子故障主要表现为定子匝间短路故障和定子相间短路故障。

(1)定子匝间短路故障。

定子的同一绕组是由多匝线圈绕成的,当绝缘性能不好时,叠加在一起的线圈之间就会出现短路,相当于一部分线圈直接被短路。当定子绕组发生匝间短路故障后,定子线圈中会流过比之前大几倍的电流量并伴随着线圈严重发热;同时匝间短路破坏了相电流的对称性,产生的感应电流会使得气隙磁场不平衡,牵引电机转矩降低振动加剧,严重时牵引电机烧毁造成损失。

定子匝间短路产生的原因主要是由于牵引电机过长时间运行在过载状态;牵引电机所处工作环境恶劣,易使定子线圈绝缘击穿、绝缘老化失去绝缘能力,可能造成绝缘损坏;端部连接线绝缘损坏;过电压或遭雷击使绝缘击穿;定子绕组和转子绕组端部摩擦使绝缘性降低;牵引机内部油污超标或有金属异物掉入。

(2)定子相间短路故障。

定子相间短路故障是指绕组的端部之间绝缘层被损坏导致短路或同一槽内不同相绕组上下层的线圈之间绝缘层被破坏出现的短路现象。这种短路同样会由于不对称的相电流造成磁场分布不均匀,使牵引电机剧烈振动产生噪声,甚至烧毁牵引电机。

定子相间短路故障产生的原因主要是定子绕组绝缘性严重老化当遇到过电压冲击被击穿,或在牵引电机运作时误操作产生电弧造成相间弧光短路。根据牵引电机结构和现场实际故障情况,电机轴承的内圈、外圈、滚动体、保持架容易发生故障,电机转子也容易产生偏心、松动、弯曲、铜条松动和断裂等故障,同时电机定子也容易发生定子绕组松动、叠片故障、连接松动、绕组短路/开路故障等影响列车的正常运行的故障。为实现对电机的监测,需要对电机轴承、转子、定子相关部位进行故障诊断。

(3)牵引电机故障诊断方法。

牵引电机故障诊断方法与其他部件诊断方法类似,都是采集故障信号,对信号处理后进行故障分析,所采用的分析方法也是振动分析法辅以温度检测法。

2.4 辅助供电系统运行过程监测（检测）项点分析

2.4.1 继电器状态监测项点分析

继电器在列车中起到控制电路的作用。继电器发生故障将引起列车的相应故障，因此也是重点监测对象，需要进行实时监测。

继电器的工作原理是，由其控制线圈上的控制电流通过进而产生磁场，并对继电器的接触片产生吸力，实现继电器的动作触点由常闭端向另一端的动作。当控制电流消失后，吸引触点动作的磁场消失，继电器的动作触点将又会回到常闭端。通过继电器的动作触点的位置变化，可实现继电器所连接受控回路电流的通断。继电器工作基本原理如图 2-5 所示。

继电器的监测可通过在继电器输入、输出线缆上加装电流传感器，及在继电器表面加装无源谐振型声表面波温度传感器方式，对重点继电器的输入、输出电流和温度状态进行检查，判别继电器的

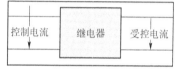

图 2-5　继电器工作基本原理

工作状态是否异常，实现列车运营时继电器工作温度监测、超温报警和超温继电器位置显示与记录。

通过分析工程实际情况，表 2-4 中所列的继电器需要进行重点监测。

重点监测继电器列表　　　　表 2-4

代号	名称	涉及电路
ATR1	头继电器	牵引控制电路
		制动控制电路
ATR2	头继电器	空气压缩机控制电路
ATR3	头继电器	制动控制电路
ATR5	头继电器	门电路
ATR6	头继电器	直流电源电路
ATR01	尾继电器	制动控制电路
ATR02	尾继电器	门电路
DMTR1	警惕继电器	牵引控制电路

续上表

代号	名称	涉及电路
DMTR2	警惕继电器	牵引控制电路
EmBAPR1	列车紧急制动继电器	制动控制电路
EmBSRR1	紧急制动开关复位继电器	制动控制电路
EmBSRR2	紧急制动开关复位继电器	制动控制电路
MRPSR	总风压力开关继电器	制动控制电路
EmBSR	紧急制动继电器	制动控制电路
ESSR	紧急制动短路继电器	制动控制电路
EBR1	紧急制动继电器	制动控制电路
ZVBAR	安全停稳继电器	列车自动控制（ATC）控制电路
TDCR1	列车关门连锁继电器	列车自动控制（ATC）控制电路
TDCR2	列车关门连锁继电器	牵引控制电路
ATOR1	ATO继电器	牵引控制电路

继电器的测温系统主要由谐振型声表面波温度传感器（即探头）和基于脉冲雷达原理的温度读取器组成。谐振型声表面波温度传感器由声表面波谐振器、天线和结构件组成。图2-6为谐振式声表面波测温原理图。

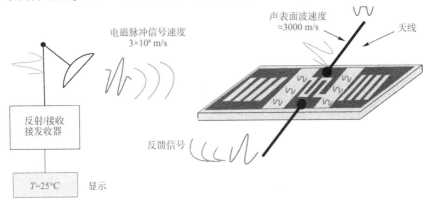

图2-6 谐振式声表面波测温原理

测温系统的工作原理是读取器发出电磁扫描信号，传感器接收到电磁信号并由叉指换能器转换成其内部工作的声表面波。声表面波沿内部压电基片传播、反射产生谐振，其谐振频率与温度呈线性关系；谐振信号再由叉指换能器转换成电磁信号经天线返回到读取器；读取器提取传感器返回的电磁波信号频率特征，可获得温度信息。通过对继电器的动作次数、电流、温度进行监测，即可实现对继电器动作状态、继电器动作时间等的工况监测，并判断继电器是否存在故障隐患。

2.4.2 辅助系统监测项点分析

辅助系统的异常状态主要有：
(1) IGBT 滤波电容实时温度异常；
(2) 滤波电容容值异常；
(3) 蓄电池单体电量、内阻、温度异常；
(4) 系统已有的各项故障、告警等。

对辅助系统进行监测的主要项点有辅助逆变器和蓄电池，可通过 TCMS 获取辅助系统中辅助逆变器和蓄电池相关的 IGBT、FC/ACC 滤波电容温度、电容值，蓄电池单体电量、内阻、温度数据及告警信息，通过阈值比较、逻辑计算等方式进行分析实现对辅助系统工作状态的监测。其中，蓄电池状态信息也可由蓄电池系统直接接入。从 TCMS 收集到的用于辅助系统状态的数据见表 2-5。

从 TCMS 收集到的用于辅助系统状态的部分数据　　　表 2-5

序号	数据名称	序号	数据名称
1	HDL 记录	15	充电电阻器短路接触器投入指令
2	跟踪记录	16	三相元接触器用继电器指令
3	标题数据记录	17	HB 投入指令
4	故障种类代码	18	放电接触器投入指令
5	控制试验信号	19	逆变器门极输出指令
6	三相干线电压	20	逆变器门极输出指令(限制)
7	装置内部复位输入	21	逆变器门极输出指令(开放)
8	驾驶台复位输入	22	监视控制用电源
9	放电接触器反馈信号	23	累积电力量用位
10	充电电阻器短路接触器反馈信号	24	外部复位信号
11	模拟故障输入	25	启动保留计数
12	输入无电压	26	SIV 故障
13	HB 用经济电阻用继电器投入指令	27	SIV 轻故障
14	保温供热继电器投入指令	28	SIV 重故障

续上表

序号	数据名称	序号	数据名称
29	SIV 故障	57	上逆变器模块输出 T 相电流
30	门极不一致	58	下逆变器模块输出 R 相电流
31	滤波电容器过电压	59	下逆变器模块输出 T 相电流
32	输出过电流	60	逆变电路输出 U 相电流
33	逆变器过电流	61	逆变电路输出 V 相电流
34	输出低电压	62	逆变电路输出 W 相电流
35	输出过电压	63	逆变电路输出 U 相电压
36	电阻器异常	64	逆变电路输出 V 相电压
37	滤波电容器异常	65	逆变电路输出 W 相电压
38	控制电源异常	66	逆变电路输出线电压
39	输出频率异常	67	逆变器模块端电压不平衡
40	中央处理器(CPU)停止	68	变压器 140℃ 超温
41	IGBT 冷却器过热	69	逆变器 80℃ 超温
42	接触网电压	70	逆变器 R 相故障
43	输出电压	71	逆变器 S 相故障
44	输出电流	72	逆变器 T 相故障
45	滤波电容器电压	73	充电回路故障
46	控制电源	74	SIV 输入电压过压
47	输出频率	75	SIV 输入电压欠压
48	放大器温度	76	SIV 输出不平衡或者缺相
49	功率单元(V 相)温度	77	交流输出电压一般欠压
50	跟踪数据数量	78	交流输出电压严重欠压
51	标题数据数量	79	逆变输出电流 150% 过载
52	DC 1500V 线路电压	80	逆变输出电流 200% 过载
53	SIV 输入电流	81	输入电流过流
54	上逆变器模块端电容电压	82	逆变器 T 相输出过流
55	下逆变器模块端电容电压	83	逆变器 R 相输出过流
56	上逆变器模块输出 R 相电流		

2.5 车体系统运行过程监测(检测)项点分析

城轨列车车体主要故障大多数发生在车门系统上。车门系统故障表现形式主要有乘客被夹、行驶过程中车门打开或车门打开状态列车开始行驶等,这些故障将直接威胁列车行驶安全,甚至会导致生命财产损失。车门系统主要故障包括门动作时间异常和门行程不到位等。

对车门的监测有两种方式:一是可通过 TCMS 获取关键开关的状态,采用阈值比较、逻辑计算等方式,实现车门系统工作状态门动作时间、门行程、门选/门使能/门按钮开关状态、开关门指令输出状态等的监测。从 TCMS 收集到的用于监测车门系统状态的数据见表2-6。二是直接获取车门系统的电机状态信息、行程信息等状态及告警信息。

从 TCMS 收集到的用于监测车门系统状态的数据　　表2-6

序号	数据名称	序号	数据名称
1	车门隔离	9	车门检测障碍物
2	车门在开关动作中	10	车门动作停止
3	车门关闭动作中	11	车门电磁故障
4	车门打开动作中	12	车门故障
5	车门关闭	13	车门紧急解锁
6	车门敞开	14	电机或传感器故障
7	车门关门指令	15	车门敞开时间
8	车门开门指令	16	车门关闭时间

2.6 轮轨系统运行过程监测(检测)项点分析

2.6.1 轮对尺寸检测项点分析

(1)轮对常见故障。

轮对是列车运动部件中极其重要的部件。在列车运行过程中,列车牵引和制动时产生的力直接施加到车轮上。车轮外形如图 2-7 所示。因此,车轮质量的好坏直接关系到列车运行的安全性能,轮对是走行部故障诊断的重点监测对象。

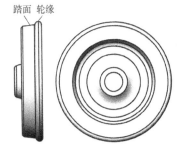

图 2-7 车轮外形图

由于车轮踏面直接与钢轨接触,长时间处于摩擦、振动、制动等状态下,运行条件相当复杂恶劣,使得踏面极易出现擦伤、裂纹、剥离等扁疤故障,从而使车轮与轨道之间的耦合关系发生变化,进而产生异常振动和冲击,并且会在列车以临界速度运行时越发明显。在运行过程中,上述异常振动和冲击容易引起轮对径向跳动,增大列车振动与噪声,降低乘客舒适度,严重时甚至会影响行车安全。

车轮踏面常见的故障包括车轮踏面擦伤、车轮踏面剥离等。车轮踏面擦伤是由于车辆在运行过程中频繁制动牵引,使轮轨之间产生了较大的动态作用力,尤其是在紧急制动时,列车抱死滑行,轮轨间作用力过大,超过车轮负载能力,从而造成车轮踏面擦伤。车轮踏面剥离是由于轮轨接触疲劳导致车轮踏面局部出现的金属材料开裂或剥落现象。

根据《城市轨道交通初期运营前安全评估技术规范 第 1 部分:地铁和轻轨》(交运办〔2019〕17 号)规定的轮对尺寸检测指标,要对轮对轮缘高度、轮缘厚度、QR 值(从滚动圆踏面基准线以上 10mm 处引垂线与轮缘内侧有一交点,轮缘顶部向下 2mm 引垂线与轮缘内侧有一交点,这两个点的水平距离就是 QR 值)、车轮直径、轮对内侧距尺寸进行检测。轮对尺寸检测指标见表 2-7。

轮对尺寸检测指标(单位:mm) 表 2-7

检测项	测量范围	测量误差
轮缘高度	20 ~ 40	±0.3
轮缘厚度	20 ~ 40	±0.3
车轮直径	760 ~ 840	±0.6
轮对内侧距	1345 ~ 1365	±0.6
车轮 QR 值	0 ~ 13	±0.6

(2)轮对尺寸检测方法。

轮对尺寸检测涉及各个领域的技术知识,而且检测方法原理各不相同,大致可分为静态检测技术和动态检测技术。

静态检测技术主要是指机车车辆在静止状态下对其进行检测的方法。静态检测方法主要包括机械检测法、光电检测法、涡流检测法等。

机械检测法是指运用专用的轮对测量工具对轮对几何参数进行测量,最简单的方法就是由员工拿工具测量。

光电测量法是一种非接触式的测量方法,主要原理是通过光束照射轮对踏面,然后用电荷耦合器件(Charge Coupled Device,CCD)相机拍摄光束照射在踏面上形成的光线,进而通过计算机进行数据分析处理得到轮对几何尺寸的方法。

涡流检测法是利用电涡流传感器能静态和动态地非接触、高线性度、高分辨力地测量被测金属导体距探头表面的距离的特性对轮对尺寸进行检测。

动态检测技术主要是指车辆在运行状态下对其进行检测的方法。动态测量轮对几何尺寸的方法主要有图像测量法、激光测量法等。

图像测量法主要是利用CCD摄像机拍摄运行过程中的车辆轮对的外形图像,然后从图像上直接获取反映列车轮对外形的轮廓曲线,实现对车辆轮对几何尺寸和外形曲线的非接触高精度测量。

激光测量是一种高精度、高效率、非接触式的测量,非常适合在线检测。激光三角法原理测量可分为两类:激光位移传感器测量和激光视觉传感器测量。

激光位移传感器能够高精度实现测距功能,但价格昂贵,考虑到电涡流传感器能静态和动态地非接触、高线性度、高分辨力地测量被测金属导体距探头表面的距离,具有抗干扰能力强、非接触测量、响应速度快、不受油水等介质影响等特点,因此,设计了一种利用激光位移传感器和电涡流传感器的轮对直径在线检测方法。

2.6.2 轨道状态检测项点分析

轨道也是列车运行过程中的关键部分,正常状态的轨道可以确保列车安全、高速、平稳地运行。轨道常见的不正常状态是轨道不平顺,可以分为以下6种:

(1)高低不平顺:轨面沿线路方向的高低变化。它是由线路施工和大修作业的高程偏差、桥梁挠曲变形、道床和路基残余变形沉降不均匀、轨道各部件间的间隙不相等、吊板以及轨道垂向弹性不一致等造成的。

(2)水平不平顺:左右股轨面的差异。

(3)三角坑(扭曲):左右两轨顶面相对于轨道平面的扭曲。

(4)轨向不平顺:轨头内侧面沿长度方向的横向凹凸不平顺,由铺轨施工、整道作业的轨道中心线定位偏差,轨排横向残余变形积累和轨头侧面磨耗不均匀、扣件失效、轨道横向弹性不一致等原因造成。

(5)轨距偏差：在轨顶面以下 16mm 处量得的左右两轨内侧距离相对于标准轨距的偏差，通常由扣件不良、轨枕挡肩失效、轨头侧面磨耗等造成。

(6)轨道波磨：是钢轨沿纵向表面出现的周期性的类似波浪形状的不平顺现象，会导致波磨地段的设施加速损坏，并产生噪声污染，存在安全隐患等。

目前对轨道的检测主要通过车载的轨道检测设备利用激光测量法进行轨道数据采集，然后上传至检测中心进行数据分析完成检测。

根据《城市轨道交通初期运营前安全评估技术规范 第 1 部分：地铁和轻轨》规定，要检测轨道状态需要采集的数据有轨距、轨廓及磨耗、左/右轨向、左/右高低、水平(超高)、三角坑、轨道波磨。轨道动态几何状态部分评价允许值见表 2-8。

轨道动态几何状态部分评价允许值　　表 2-8

轨道动态几何状态参数		评价允许值
高低(mm)	波长 1.5~42mm	6
轨向(mm)	波长 1.5~42mm	5
轨距(mm)		+6~-4
轨距变化率(‰)(基长 3.0m)		1.5
水平(mm)		6
三角坑(mm)(基长 3.0m)		5

第3章　城市轨道交通列车走行部关键部件状态车载实时监测技术

如前文所述,在对城轨列车走行部需要监测的轴箱、齿轮箱、电机等部件监测原理进行分析基础上,本章围绕城轨列车走行部关键部件状态监测原理、状态监测技术、状态监测装备进行研究。结合城轨列车工程实际,提出了城轨列车走行部关键部件状态监测及故障诊断技术方法,最后对建设的列车关键部件安全状态车载综合监测系统及相应车载监测设备进行了详细介绍,提出应用城轨列车走行部关键部件状态搭载式装备的监测方法,克服传统状态检测手段实时性不够的弊端,达到降本增效的目的。

3.1　列车走行部关键部件状态监测原理

3.1.1　轴箱状态监测原理

由于轴箱轴承失效的原因通常是轴承发生故障,所以,对轴箱的状态监测主要集中在对轴承状态的监测上。前文分析过轴承的故障诊断方法采用振动分析法较为合理,本节对振动分析法相关原理进行介绍。

1) 滚动轴承振动信号的特征频率分析

(1) 滚动轴承运动产生的特征频率。

可以根据轴承元件之间滚动接触建立的速度关系方程求得滚动轴承的特征频率。滚动轴承的典型结构如图3-1所示,它由内圈、外圈、滚动体和保持架四部分组成。轴承节径(滚动体中心所在的圆)为 D,滚动体直径为 d,个数为 z,接触角为 α。

为分析轴承各部分运动参数,先作如下假设:

①内外圈与滚动体之间无相对滑动；
②承受径向、轴向载荷时各部分无变形；
③内圈滚道旋转频率为 f_i；
④外圈滚道旋转频率为 f_o；
⑤保持架旋转频率（即滚动体公转的频率）为 f_c。

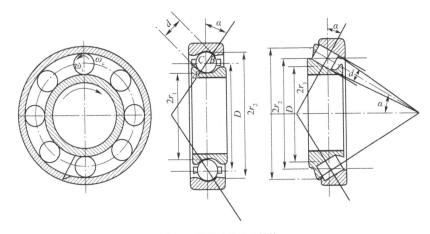

图 3-1 滚动轴承典型结构

工作时，滚动体在 A 点与内圈接触，在 B 点与外圈接触，滚动轴承工作时各点的线速度如下：

A 点的线速度为：

$$v_i = 2\pi r_1 f_i = \pi f_i(D - d\cos\alpha) \tag{3-1}$$

B 点的线速度为：

$$v_o = 2\pi r_1 f_o = \pi f_i(D + d\cos\alpha) \tag{3-2}$$

C 点的线速度应为 A 点速度和 B 点速度和的一半，即：

$$v_{c振动信号进行A/D转换} = \frac{1}{2}(v_i + v_o) \tag{3-3}$$

由此可得，保持架的旋转频率（即滚动体的公转频率）为：

$$f_c = \frac{v_i + v_o}{2\pi D} = \frac{1}{2}\left[\left(1 - \frac{d}{D}\cos\alpha\right)f_i + \left(1 + \frac{d}{D}\cos\alpha\right)f_o\right] \tag{3-4}$$

单个滚动体在外圈滚道上的通过频率，即保持架相对外圈的旋转频率为：

$$f_{oc} = f_o - f_c = \frac{1}{2}(f_o - f_i)\left(1 - \frac{d}{D}\cos\alpha\right) \tag{3-5}$$

单个滚动体在内圈滚道上的通过频率，即保持架相对内圈的旋转频率为：

$$f_{\mathrm{ie}} = f_{\mathrm{i}} - f_{\mathrm{c}} = \frac{1}{2}(f_{\mathrm{o}} - f_{\mathrm{i}})\left(1 + \frac{d}{D}\cos\alpha\right) \qquad (3\text{-}6)$$

滚动体与内圈做无滑动滚动,它的旋转频率之比与 d/r_1 成反比。由此可得,滚动体相对于保持架的旋转频率(即滚动体的自转频率,滚动体通过内圈或外圈的频率) f_{bc} 为:

$$\frac{f_{\mathrm{bc}}}{f_{\mathrm{ic}}} = \frac{2r_1}{d} = \frac{D}{d}\left(1 - \frac{d}{D}\cos\alpha\right) \qquad (3\text{-}7)$$

$$f_{\mathrm{bc}} = \frac{1}{2} \times \frac{D}{d}(f_{\mathrm{i}} - f_{\mathrm{o}})\left[1 - \left(\frac{d}{D}\right)^2\cos^2\alpha\right] \qquad (3\text{-}8)$$

根据滚动轴承的实际工作情况,定义滚动轴承内、外圈的相对转动频率为:

$$f_{\mathrm{r}} = f_{\mathrm{i}} - f_{\mathrm{o}} \qquad (3\text{-}9)$$

一般情况下,滚动轴承外圈固定,内圈旋转,即: $f_{\mathrm{o}} = 0$, $f_{\mathrm{r}} = f_{\mathrm{i}} - f_{\mathrm{o}} = f_{\mathrm{i}}$,而此时 f_{r}(轴的转速频率,Hz)的值为:

$$f_{\mathrm{r}} = \frac{n}{60} \qquad (3\text{-}10)$$

式中: n——轴的转速,r/min。

同时考虑到滚动轴承有 z 个滚动体,则滚动体在外圈滚道上的通过频率为:

$$f_{\mathrm{op}} = zf_{\mathrm{oc}} = \frac{z}{2}\left(1 - \frac{d}{D}\cos\alpha\right)f_{\mathrm{r}} \qquad (3\text{-}11)$$

滚动体在内圈滚道上的通过频率为:

$$f_{\mathrm{ip}} = zf_{\mathrm{ic}} = \frac{z}{2}\left(1 + \frac{d}{D}\cos\alpha\right)f_{\mathrm{r}} \qquad (3\text{-}12)$$

(2)轴承刚度变化引起的振动。

如图3-2所示,当滚动轴承在恒定载荷下运转时,由于其轴承的结构所决定,使系统内的载荷分布状况呈现周期性变化,最下面的滚动体受力最大,最上面的滚动体受力最小,其余滚动体的受力大小依据其位置不同而不同。因此,只要轴在旋转,则每个滚动体通过载荷中心线时,就会发生一次力的变化,对轴颈或轴承座产生激励作用,从而引起轴心的起伏波动,这个激励频率即为钢球在外圈的通过频率 f_{op}。

(3)滚动轴承元件的固有频率。

滚动轴承元件出现缺陷或结构不规则时,在运行中激发各个元件以其固有频率振动,各轴承元件的固有频率取决于本身的材料、外形和质量,例如钢球的固有频率为:

$$f_b = \frac{0.424}{r}\sqrt{\frac{E}{2\rho}} \tag{3-13}$$

式中：r——钢球半径，m；

ρ——材料密度，kg/m³；

E——弹性模量，Pa。

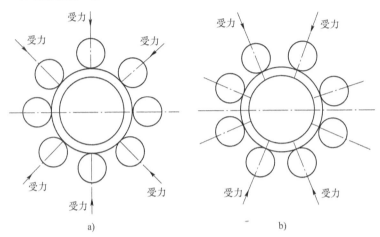

图 3-2 滚动轴承受力刚度变化与承载滚子位置的关系

又如轴承套圈在圈平面内的固有频率为：

$$f_o = \frac{n(n^2+1)}{2\pi\sqrt{n^2+1}} \times a^{-2}\sqrt{\frac{EI}{M}} \tag{3-14}$$

式中：n——径向弯曲固有频率的阶次；

a——回转轴线到中心轴的半径，m；

M——套圈单位长度内的质量，kg/m；

I——套圈截面绕中性轴的惯性矩，m⁴。

轴承套圈的固有频率从数千赫至数十千赫，而滚动体的固有频率可达数百千赫，可见滚动轴承元件的固有频率都很大。轴承接触表面的缺陷所产生的冲击力，能够激起轴承元件的固有频率振动，一般在 20～60kHz 范围内总有它的振动响应，因此，很多振动诊断方法是利用这一频段作为检测频带。图 3-3 为滚动轴承套圈截面图与径向弯曲振型示意图。

2）轴承的典型故障信号特征

（1）疲劳损伤的轴承振动信号。

当滚动体通过滚道上的一个缺陷时，就会产生一个微弱的冲击信号，好像用小锤进行激振试验一样。图 3-4 为轴承产生单个冲击过程示意图。冲击的第一个阶段,在碰撞点产生很大的冲击加速度,它的大小和冲击速度 v 成正比(在轴承中与疲劳损伤的大小成正比)。第二阶段,构件变形产生衰减自由振动,振动频率取决于系统结构的固有频率,振幅与冲击速度成正比。

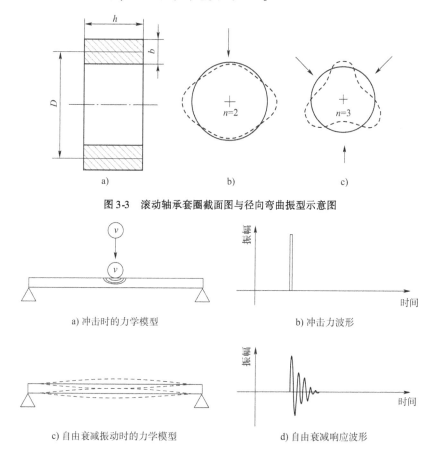

图 3-3 滚动轴承套圈截面图与径向弯曲振型示意图

a) 冲击时的力学模型　　b) 冲击力波形

c) 自由衰减振动时的力学模型　　d) 自由衰减响应波形

图 3-4 轴承产生单个冲击过程示意图

在滚动轴承缺陷处碰撞产生的冲击力脉冲宽度一般都很小,大致为微秒级,我们可以认为其相当于一个 δ 函数。理论上,δ 函数的频谱为直线,即在所有频段内都为 1,其中必然有一个频率成分与轴承构件的某个固有频率相吻合而发生共振。此时,滚动体已经脱离碰撞位置,由于系统阻尼的存在,振动信号实质是一个有阻尼自由衰减振动,如图 3-5 所示。当滚动轴承是连续运转,也就是相当于图 3-5 中的钢球以一定的间隔时间 $T_{碰}$ 断续掉下时,这个自由衰减振动被断续地激起,其碰

撞频率 $f_{碰} = 1/T_{碰}$，在理想情况下，就等于滚动体在滚道上的通过频率 f_{op}、f_{ip} 或滚动体自转频率 f_{bc}。

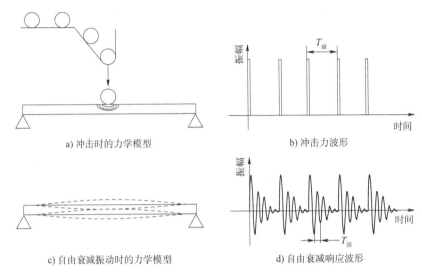

图 3-5　轴承产生连续冲击过程示意图

理想情况下，假设只有一个部件（比如外圈及轴承座）产生冲击共振，其共振频率为 $f_{固}$，冲击频率为 $f_{碰}$，轴承的振动响应形成连续的衰减振荡。理想冲击情况下的振动信号及频谱示意图如图 3-6 所示。分析以上冲击情况可得如下规律：

①轴承元件在冲击下产生共振，其中每个衰减振荡的频率都是轴承元件的固有频率 $f_{固}$。

②衰减振荡的幅度与故障的大小有关。

③如果将衰减振荡的轮廓连接成线，那么包络的幅度反映故障的大小，而包络的重复频率 $f_{碰}$ 取决于故障的位置。

从信号处理的角度上看，这是一个典型的调制信号，其中载波频率为 $f_{固}$，调制频率为 $f_{碰}$。在图 3-6b) 所示的频域中，呈现以载波频率 $f_{固}$ 为中心、调制频率 $f_{碰}$ 为边带的幅值调制信号特征。通过解调处理后的包络信号仅含有冲击频率 $f_{碰}$ 引起冲击的成分，剔除了共振频率的成分，多数轴承诊断方法都是利用这个原理来提取滚动轴承的微弱冲击能量的。

实际上，由于滚动轴承和支承装置的部件较多，在各个部件的固有频率上都可以激发出这种时域和频域特征，因此，实际的轴承振动信号包含着多个如图 3-6b) 所示的谱峰群。

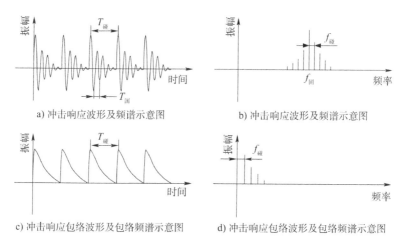

图 3-6 理想冲击情况下的振动信号及频谱示意图

由此可见,这种由局部缺陷所产生的冲击脉冲信号,其频率成分不仅有反映轴承故障特征的间隔频率(即通过缺陷处的冲击频率),而且还包含有反映轴承元件自振频率的高频成分。一般来说,这种高频成分对诊断的作用不大,需要采用相应的信号处理手段去除。

(2)外圈有损伤的轴承振动信号。

若载荷的作用方向不变,则损伤点和载荷的相对位置关系固定不变,每次碰撞有相同的强度,因此,每个脉冲幅值基本相等,各脉冲波之间的距离即为滚珠通过外圈的间隔频率 f_{op} 的倒数。外圈有损伤的轴承振动信号及频谱示意图如图 3-7 所示。

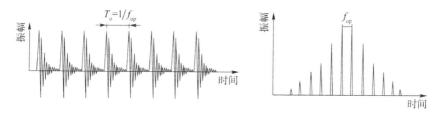

图 3-7 外圈有损伤的轴承振动信号及频谱示意图

(3)内圈有损伤的轴承振动信号。

若载荷的作用方向不变,滚动轴承内圈转动时,缺陷的位置也在转动,与滚动体的接触力则不同,脉冲信号的幅值在做周期性变化,冲击幅值呈现调幅现象,其周期 T 取决于内圈的转频。与外圈故障类似,脉冲冲击的频率与滚动体通过内圈的频率相同。内圈有损伤的轴承振动信号示意图如图 3-8 所示。

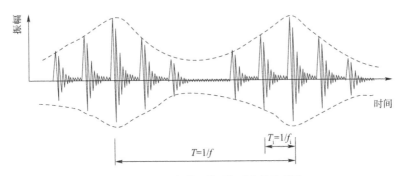

图 3-8　内圈有损伤的轴承振动信号示意图

（4）滚动体有损伤的轴承振动信号。

滚动体上有缺陷，所产生的波形与内圈上的缺陷相类似，因为滚动体缺陷与滚道相接触的位置在变动，在各个位置上的接触力不同，脉冲幅值也将出现周期性变化，振动的幅值将发生调制，其周期取决于滚动体的公转频率。滚动体有损伤的轴承振动信号示意图如图 3-9 所示。

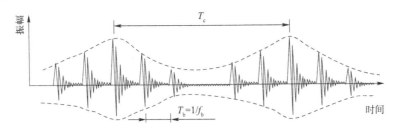

图 3-9　滚动体有损伤的轴承振动信号示意图

（5）均匀磨损的轴承振动信号。

正常轴承振动信号示意图如图 3-10 所示。波形无规律，没有尖峰，没有高频率的变化，杂乱无章。而当轴承由于使用时间较长，其滚动面会因磨损而全周慢慢劣化，此时，其振动波形与正常轴承的振动具有相同特点，只是劣化的轴承其振动振幅比正常轴承的振动振幅增大了。对于这种故障，本书不再进行详述。

图 3-10　正常轴承振动信号示意图

(6) 与滚动轴承安装有关的振动。

安装滚动轴承的旋转轴系弯曲,或者不慎将滚动轴承装歪,使保持架座孔和引导面偏载,轴运转时则引起振动。其振动的频率成分中含有轴旋转频率的多次谐波。同时滚动轴承安装得过紧或过松,在滚动体通过特定位置时,即引起振动。其频率与滚动体通过频率相同,两者合成 $f_{ip} \pm f_r$,成为这种故障振动的主要频率成分。

图 3-11 为轴弯曲或轴承装歪示意图,图 3-12 为轴承过紧或过松引起的振动示意图。

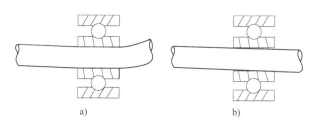

图 3-11 轴弯曲或轴承装歪

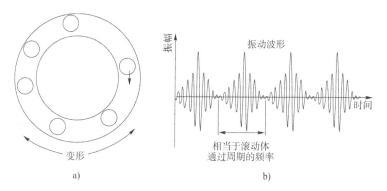

图 3-12 轴承过紧或过松引起的振动

3.1.2 齿轮箱状态监测原理

从前文分析得知,齿轮箱常见故障主要集中在齿轮箱齿轮和轴承上,因此,对齿轮箱状态的检测主要集中在齿轮和轴承上。通过对齿轮箱轴承温度、振动状态的实时监测和时频域分析,可以实现对齿轮箱轴承状态进行监测,本节对相关原理进行分析。

1) 齿轮副运动特点及振动机理

假设齿轮具有理想的渐开线齿形,且轮齿刚度无穷大,则一对齿轮在啮合运动中是不会产生振动的。但由于制造、安装及轮齿刚度不可能无穷大,一对正常齿轮在啮合运动中也会产生振动。因此,有必要研究齿轮振动的简化模型并分析振动的产生机理,以便分析哪些振动是由故障引起的,哪些振动是齿轮传动过程中固有的。

(1)齿轮振动的基本参数。

①齿轮的啮合频率特性。

$$f_z = \frac{1}{T_g} = \frac{z_i n_i}{60} \tag{3-15}$$

式中:z_i——齿轮的齿数;

n_i——转速,r/min;

T_g——齿轮刚度的变化周期。

②齿轮的质量的确定。

一对齿轮的等效质量为:

$$M_r = \frac{m_1 m_2}{m_1 + m_2} \tag{3-16}$$

式中:M_r——齿轮副的等效质量;

m_1——小齿轮的等效质量;

m_2——大齿轮的等效质量。

③齿轮啮合刚度的确定。

轮齿啮合刚度的周期性变化是系统振动的重要激振源之一。假定齿轮副的重合度 $\varepsilon < 1$,单啮合区长度为 a,双啮合区长度为 b。齿轮副的啮合刚度 $K(t)$ 如图3-13所示。

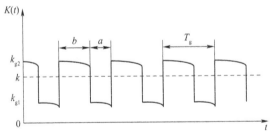

图 3-13 齿轮副的啮合刚度

k_{g1}-单齿啮合刚度;k_{g2}-双齿啮合刚度

刚度 $K(t)$ 的变化可以近似地用周期的矩形波函数来描述。若设 $t=0$ 为双齿啮合,则将 $K(t)$ 展开为傅里叶级数:

$$K(t) = k_{g1} + b(k_{g2} - k_{g1}) + \sum_{n=1}^{\infty} C_n \cos(n \omega_g t) \tag{3-17}$$

式中：C_n——$C_n = \dfrac{2(k_{g2} - k_{g1})}{n\pi} \sin(nb\pi)$，对于 $\varepsilon \leq 2$ 的齿轮副，$b = \varepsilon - 1$。

（2）齿轮振动的数学模型。

齿轮具有一定的质量，轮齿可看作是弹簧，所以若以一对齿轮作为研究对象，则该齿轮副可以看作一个振动系统，如图3-14所示。其振动方程为：

$$M\ddot{x} + C\dot{x} + K(t)[x - E(t)] = \frac{T_2 - iT_1}{R_2} \tag{3-18}$$

式中：x——沿作用线上齿轮的相对位移；

　　　C——齿轮啮合阻尼；

　　$K(t)$——齿轮啮合刚度；

　T_1、T_2——作用于齿轮上的转矩；

　　　R_2——大齿轮的节圆半径；

　　　i——齿轮副的传动比；

　　$E(t)$——由于齿轮变形和误差及故障而造成的两个齿轮在作用线方向上的相对位移。

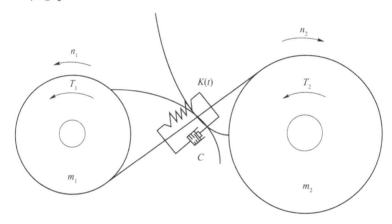

图3-14　齿轮副力学模型

若忽略齿面上摩擦力的影响，则 $(T_2 - iT_1)/R_2 = 0$，此时，式(3-18)可写为：

$$M\ddot{x} + C\dot{x} + K(t)x = K(t)E(t) \tag{3-19}$$

将 $E(t)$ 分解为两部分：

$$E(t) = E_1 + E_2(t)$$

式中：E_1——齿轮受载后的平均静弹性变形；

　　$E_2(t)$——齿轮的误差和故障造成的两个齿轮间的相对位移，故也可称为故障函数。

由此,式(3-18)可简化为:

$$M\ddot{x} + C\dot{x} + K(t)x = K(t)E_1 + K(t)E_2(t) \quad (3-20)$$

该公式的左端代表齿轮副本身的振动特征,右端为激振函数。由激振函数可以看出,齿轮的振动来源于两部分:一部分为 $K(t)E_1$,它与齿轮的误差和故障无关,所以称为常规振动;另一部分为 $K(t)E_2(t)$,它取决于齿轮的综合刚度和故障函数。由式(3-19)和图3-14知,齿轮的啮合刚度 $K(t)$ 为周期性的变量,可以说,齿轮的振动主要是由 $K(t)$ 的这种周期性变化引起的。

$K(t)$ 的变化可由两点来说明:一是随着啮合点位置的变化,参加啮合的单一轮齿的刚度发生了变化;二是参加啮合的齿数在变化。例如,对于重合系数在 1~2 之间的渐开线直齿轮,在节点附近是单齿啮合,在节线两侧某部位开始至齿顶、齿根区段为双齿啮合(图3-15)。显然,在双齿啮合时,整个齿轮的载荷由两个齿分担,故此时齿轮的啮合刚度就较大;同理,单齿啮合时啮合刚度较小。

图3-15 齿面受载变化

每当一个轮齿开始进入啮合到下一个轮齿进入啮合,齿轮的啮合刚度就变化一次。由此可计算出齿轮的啮合周期和啮合频率,如式(3-15)所示。总体来说,齿轮啮合刚度变化规律取决于齿轮的重合系数和齿轮的类型。直齿轮的刚度变化较为陡峭,而斜齿轮或人字齿轮刚度变化较为平缓,较接近正弦波。啮合刚度变化如图3-16所示。

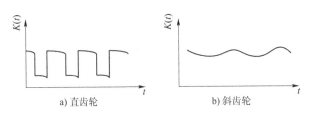

a) 直齿轮　　　　　　　b) 斜齿轮

图3-16 啮合刚度变化

2)齿轮故障的频谱特征信息

(1)啮合频率及其谐波。

从齿轮在啮合过程中刚度的变化可知,啮合齿的刚度是随时间变化的,这种变化就会产生以啮合频率为主的振动(或称"啮合振动")。此外,传动误差、啮合冲击、节线冲击等问题也会使齿轮在啮合过程中发生啮合频率的振动,啮合频率的计算见式(3-15)。

齿轮啮合情况良好,产生的啮合频率及其谐波的幅值较低,当发生齿面磨损、载荷增大、齿轮径向间隙过大、齿轮游隙不适当等原因所引起的故障时,由于轮齿的啮合状况变坏,啮合频率的谐波成分幅值就会明显增大。当齿面磨损严重时,啮合频率的高次谐波增长比基波还快,因此,可以从啮合频率及其谐波幅值的相对增长量上反映出齿轮表面的磨损程度。齿面磨损前后啮合频率及其谐波幅值的变化如图3-17所示。

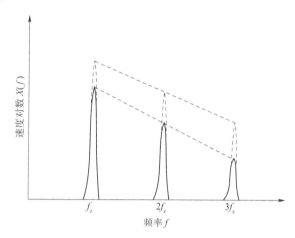

图3-17 齿面磨损前后啮合频率及其谐波幅值的变化

（2）信号的调制和边带分析。

齿轮传动误差增大时,齿轮在传动中发生忽快忽慢的转动,并且在进入和脱离啮合时碰撞加剧,产生较大的振动峰值,形成短时间的幅值和相位的变化。由于故障信号一般频率较低,而啮合频率及其谐频频率较高,所以产生了不同形式的调制现象,引起幅值变化的产生幅值调制,引起频率或相位变化的产生频率调制。

对式(3-19)中$K(t)E(t)$作进一步分析,有：

$$K(t)E(t) = Ak\sin(2\pi f_z t) + \frac{AC_m}{2}[\sin 2\pi(f_z+f_r)t - \sin 2\pi(f_z-f_r)t] \quad (3-21)$$

式中：k——平均刚度；

A——载波信号的幅值；

C_m——调制指数；

f_z——载波频率(啮合频率)；

f_r——调制波频率(齿轮旋转频率)。

上式说明,经幅值调制的信号中,除了原有的啮合频率之外,还增加了一对啮合频率与旋转频率的和频(f_z+f_r)和差频(f_z-f_r),称为边频带(边带)。如果调制信号不是一个简谐波,而是多频率成分构成的周期信号,则 $K(t)E(t)$ 和每一个频率分量都将产生一个边带,形成边带族。多频率幅值调制频谱如图 3-18 所示。

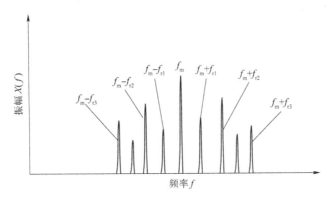

图 3-18　多频率幅值调制频谱

同理,对于实际的齿轮振动信号,齿轮频谱上边带的形成过程及典型的时域波形和频谱如图 3-19 所示。

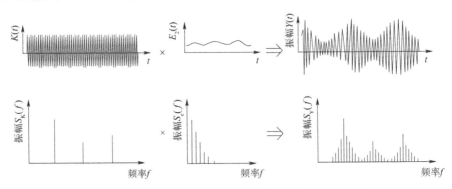

图 3-19　齿轮频谱上边带的形成过程及典型的时域波形和频谱

由此可以较好地解释齿轮集中缺陷和分布缺陷所产生的边频区别。图 3-20a)所示为齿轮存在集中缺陷时的振动波形及其频谱。这时相当于齿轮的振动受到一个短脉冲的调制,脉冲长度等于齿轮的旋转周期。由此形成的边带数量多且均匀。

图 3-20b)所示为齿轮存在分布缺陷时的情形。由于分布缺陷所产生的幅值调制较为平缓,由此形成的边带比较高而且窄。而且齿轮上的缺陷分布越均匀,频谱上的边带就越高、越集中。同样,频率调制也会引起围绕啮合频率的边带,而且在相位上产生一个谐波。必须说明的是,在齿轮的实际故障中,调幅与调频可能同时存在,形成交叉调制成分。

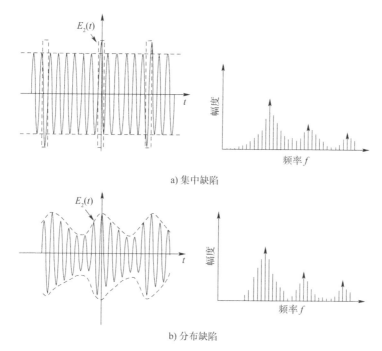

a) 集中缺陷

b) 分布缺陷

图 3-20　齿轮缺陷对边带的影响

由于幅值调制和频率调制具有载波频率相同、边带间隔相同以及边带对称分布于载波两侧的共同特点，因此，调幅和调频综合影响的结果，就是在频谱图上得到啮合频率及其谐波两侧的一系列边带。但由于调制频率成分的相位不同，边带幅值相互叠加的结果，使调制频率两边的边带并不呈对称分布。调频、调幅共同影响下的边带如图 3-21 所示。

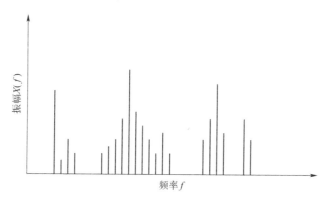

图 3-21　调频、调幅共同影响下的边带

(3) 附加脉冲。

不论是幅值调制,还是频率调制(相位调制),所得到的时域信号都是关于零线对称的,但实际测得的信号不一定关于零线对称,这是由于齿轮旋转频率的低次谐波引起的,称为附加脉冲。图3-22a)为总信号,将其分解,可得到附加脉冲信号[图3-22b)]和原始调幅信号[图3-22c)]。在频域中,附加脉冲和调制部分很容易区别,调制部分在频谱上是一系列啮合频率或其高阶谐频附近的边带,而附加脉冲部分一般是旋转频率及其低次谐波,它在啮合频率两边不形成边带。平衡不好、对中不良或机械松动,均可能造成附加脉冲,不一定与齿轮缺陷有关。

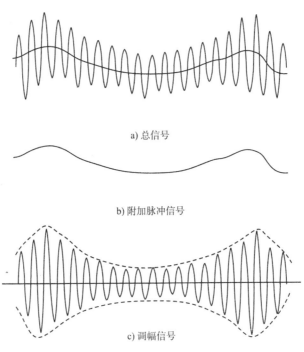

a) 总信号

b) 附加脉冲信号

c) 调幅信号

图 3-22 齿轮调幅信号中的附加脉冲

(4) 隐含成分。

隐含成分(又称"鬼线")是齿轮振动信号功率谱中的一处频率分量,从表面上看很像啮合频率的分量,其谱线往往在啮合频率附近。

新的齿轮副在传动时,其频谱上除了旋转频率、啮合频率及其边频成分外,还会出现一些来历不明的频率成分及其谐波,其产生的原因是加工机床传动齿轮的误差。加工机床蜗轮、蜗杆及齿轮的缺陷传递到被加工齿轮上,给被加工齿轮带来

周期性缺陷,因此,隐含成分的频率等于机床某级传动齿轮的啮合频率。这种频率成分有以下两个特点:

①它是由周期性缺陷引起的,所以振动频谱中应存在其高阶谐波,并且出现在啮合频率附近。

②工作载荷的变化对它的影响很小,且经过一段时间运行后,随着齿轮磨损使缺陷逐渐趋于均匀时,啮合频率及其各次谐波成分增大,而隐含成分及其谐波成分却逐渐减小。

齿轮振动中的隐含成分如图3-2所示。从轻载到满载,隐含分量1(鬼线1)只增加了6dB,其二次谐频(鬼线2)没有变化;齿轮副的啮合频率增加了21dB;其二次谐波增加了7dB。

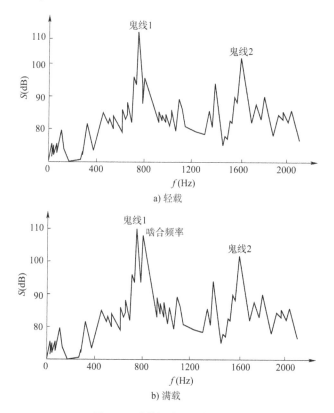

图3-23 齿轮振动中的隐含成分

将采集到的齿轮振动信号根据上述齿轮振动信号频谱分析方法进行分析后与齿轮故障频谱特征信息对比,即可完成对齿轮故障的诊断。

3.1.3 电机状态监测原理

电机的特性主要表现为电机的旋转机械特性。本小节主要从电机的旋转机械特性角度分析电机故障机理和监测方法原理。

1) 转子、定子典型故障的振动机理解析

(1) 转子不平衡故障的振动机理分析。

考虑图 3-24 所示的转子系统力学模型,单圆盘转子的质量为 m,偏心距为 e,静态时,如不考虑重力影响,转子的几何中心 O_r 与两支承点 O 重合;转子旋转时,在质量偏心引起的离心力的作用下,转子产生动挠度 z。此时转子有两种运动:一种是转子的自身转动,即圆盘绕其轴线 $AO'B$ 的转动;另一种是弓形转动,即弯曲的轴心线 $AO'B$ 与轴承连线 AOB 组成的平面绕 AB 轴线的转动。

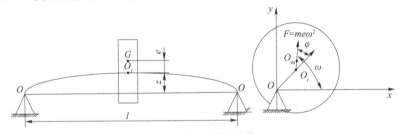

图 3-24 转子系统力学模型

在偏心质量激振下该系统在 y 轴上的响应为:

$$y = A\sin(\omega t - \varphi) \tag{3-22}$$

振幅放大因子 β 为:

$$\beta = \frac{A}{e} = \frac{\lambda^2}{\sqrt{(1-\lambda^2)^2 + (2\xi\lambda)^2}} \tag{3-23}$$

不考虑阻尼时,当 $\lambda = \dfrac{\omega}{\omega_n} = 1$ 时,$\beta \to \infty$,发生共振现象,所以 ω_n 称为转轴的"临界角速度",如果机器的工作转速小于临界转速,则称为刚性转子。如果工作转速高于临界转速,则转轴称为柔性转子。

可以列出 x 轴响应为:

$$x = B\cos(\omega t - \alpha) \tag{3-24}$$

两式的合成波形就是转子几何中心 O_r 的运行轨迹,即轴心轨迹。由于支撑刚度的各向不同性,因而转子对不平衡质量的响应,在 x、y 方向不仅振幅不同,而且相差也不是 90°,因而转子的轴心轨迹不是圆而是椭圆。转子不平衡时的轴心轨迹如图 3-25 所示。

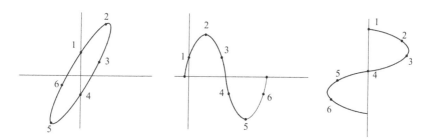

图 3-25 转子不平衡时的轴心轨迹

O_r 的这种运动称为"涡动"或"进动"。当涡动方向与转子的转动角速度同向时,称为正进动;反向时,称为反进动。

(2)转子不对中故障振动机理分析。

联轴器的结构种类较多,中、小设备多用固定式刚性联轴器,大型高速旋转机械常用齿式联轴器,下面分别以这两种联轴器为例说明转子不对中的故障机理。

①刚性联轴器不对中故障振动机理分析。

a. 平行不对中。

图 3-26 给出了刚性联轴器存在平行不对中时的受力情况。图 3-26a)为某个螺栓受力示意图,忽略两半联轴器的厚度,A 向放大示意视图如图 3-26b)所示。轴 1 和轴 2 的偏心距为 e,此时两半联轴器中心 O_1 和 O_2 不重合,在螺栓力作用下有把偏移的两轴中心拉到一起的趋势。因为 $\overline{PO_2} > \overline{PO_1}$,故螺栓的拉力使轴 1 沿 $\overline{PO_1}$ 的金属材料受压缩,轴 2 沿 $\overline{PO_2}$ 的金属材料受拉伸。

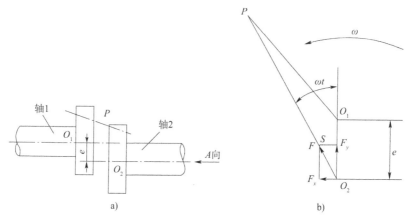

图 3-26 刚性联轴器存在平行不对中时的受力情况

在 $\overline{PO_2}$ 上取 1 点 S，使 $\overline{PO_2} = \overline{PO_1}$，因为 $\overline{PO_2} \gg e$，故可近似看成 $\overline{PO_2} \perp \overline{PO_1}$，则有：

$$\overline{SO_2} = \overline{PO_2} - \overline{PO_1} = e\cos(\omega t) \tag{3-25}$$

若两半联轴器尺寸和材料相同，则 $\overline{PO_1}$ 受压缩、$\overline{PO_2}$ 受拉伸，两者变形量近似相等，均为：

$$\delta = \frac{\overline{SO_2}}{2} = \frac{e\cos(\omega t)}{2} \tag{3-26}$$

设联轴器在 $\overline{PO_2}$ 方向上的刚度为 k，则该方向上的拉伸力为：

$$F = k\delta = \frac{ke\cos(\omega t)}{2} \tag{3-27}$$

将 F 进行分解，有：

$$F_y = F\cos\omega t = \frac{k}{2}e\cos^2\omega t = \frac{ke}{4} + \frac{ke}{4}\cos^2\omega t \tag{3-27}$$

$$F_x = F\sin\omega t = \frac{ke}{4}e\sin2\omega t \tag{3-28}$$

F_y 中的前一项不随时间变化，力图把两个联轴器的不对中量缩小。F_y 中的后一项与时间相关，是随转速而变化的 2 倍频激振力，即：联轴器每旋转一周，径向力交变两次。不对中方向上的一对螺栓，当螺栓拉紧时，一个受拉、一个受压。旋转过程中，每转 180°，拉压状态交变一次，旋转一周，交变两次，从而使轴在径向上产生 2 倍频的振动。

b. 角度不对中。

当两转子轴线有偏角位移、刚性联轴器角度不对中时，如图 3-27 所示，转子回转角速度为：

$$\omega_2 = \omega_1 \frac{\cos\alpha}{1 - \sin^2\alpha \cos^2\varphi_1} \tag{3-29}$$

传动比为：

$$i_{12} = \frac{\cos\alpha}{1 - \sin^2\alpha \cos^2\varphi_1} \tag{3-30}$$

式中：ω_1——主动转子的回转角速度；

ω_2——从动转子的回转角速度；

α——从动转子偏斜角；

φ_1——主动转子转角。

当主动转子的回转角速度 ω_1 为常数时，从动转子的回转角速度 ω_2 是偏角 α 和主动转子转角 φ_1 的函数；当 $\varphi = 0°$ 或 $180°$ 时，$i_{12} = 1/\cos\alpha$ 最大；当 $\varphi = 90°$ 或 $270°$ 时，$i_{12} = \cos\alpha$ 最小。角度不对中时速比的变化曲线如图 3-28 所示。即有：

$$\omega_1 \cos\alpha \leqslant \omega_2 \leqslant \frac{\omega_1}{\cos\alpha} \tag{3-31}$$

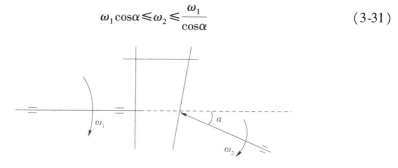

图 3-27 刚性联轴器角度不对中时的示意图

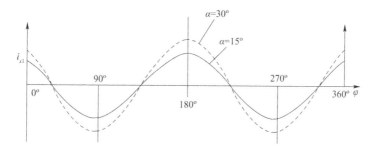

图 3-28 角度不对中时速比的变化曲线

②齿式联轴器不对中故障振动机理分析。

转子轴线之间有径向位移时,联轴器的中间齿套与半联轴器不能相对转动,但是中间齿套与半联轴器可以滑动而做平面圆周运动,中间齿套的质心便以轴线的径向位移量(Δe)为直径做圆周运动。齿式联轴器平行不对中状态示意图如图 3-29 所示。

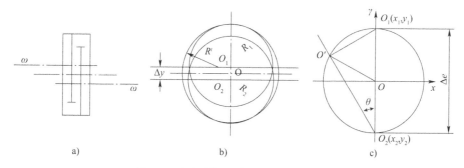

图 3-29 齿式联轴器平行不对中状态示意图

由于两个半联轴器均绕自己的中心 O_1、O_2 转动,且分别与中间齿套啮合在一起,则两半联轴器在运动的同时必然绕中间齿套的中心 O' 转动,同时满足两个回

转中心要求的 O' 必然要做平面运动。一般齿式联轴器的许用位移比不对中量要大得多，联轴器的中间齿套除包容两半联轴器的顶圆以外，还有一定的空间供外圆摆动，实际运动轨迹是以 O' 为中心，以 Δe 为直径的圆。设 ω 为转轴角速度，以 θ 为自变量，则有：

$$\begin{cases} x = e\sin\theta\cos\theta = \dfrac{1}{2}e\sin2\theta \\ y = e\sin\theta\cos\theta - \dfrac{1}{2}e = \dfrac{1}{2}e\cos2\theta \end{cases} \quad (3\text{-}32)$$

对 x、y 求导数，有：

$$\begin{cases} \dfrac{\mathrm{d}x}{\mathrm{d}t} = e\cos2\theta\,\dfrac{\mathrm{d}\theta}{\mathrm{d}t} \\ \dfrac{\mathrm{d}y}{\mathrm{d}t} = -e\sin2\theta\,\dfrac{\mathrm{d}\theta}{\mathrm{d}t} \end{cases} \quad (3\text{-}33)$$

K 点的线速度为：

$$V_K = \sqrt{\left(\dfrac{\mathrm{d}x}{\mathrm{d}t}\right)^2 + \left(\dfrac{\mathrm{d}y}{\mathrm{d}t}\right)^2} = \Delta e\,\dfrac{\mathrm{d}\theta}{\mathrm{d}t} \quad (3\text{-}34)$$

又因为：

$$V_K = \omega_K r = \omega_K \dfrac{e}{2}$$

所以，K 点的角速度：

$$\omega_K = V_K \dfrac{2}{e} = 2\,\dfrac{\mathrm{d}\theta}{\mathrm{d}t} = 2\omega \quad (3\text{-}35)$$

中间齿套中心线的运动轨迹具有明显的 2 倍频特征，其相位是转子转动相位的 2 倍，且占联轴器两端转子在同一方向具有相同的相位。中间齿套的这种运动向转子系统所施加的力为：

$$\begin{cases} F_x = ma = m\ddot{x} = m\left(\dfrac{e}{2}\sin2\omega t\right)'' = \dfrac{1}{2}me\,(2\omega)^2\sin2\omega t \\ F_y = ma = m\ddot{y} = m\left(\dfrac{e}{2}\cos2\omega t\right)'' = \dfrac{1}{2}me\,(2\omega)^2\cos2\omega t \end{cases} \quad (3\text{-}36)$$

式中：m——联轴器中间齿套质量；

F_x——转子在 x 方向受到的激振力；

F_y——转子在 y 方向受到的激振力。

由式(3-45)可知，K 点的转动速度为转子角速度的 2 倍。因此，当转子高速转动时，就产生很大的离心力，激励转子产生径向振动，其振动频率为转子工频的 2 倍。

2)转子、定子典型故障特征

(1)转子不平衡时的故障特征。

①振动频率特征。

转子不平衡引起的振动和转子的动态特性相关,有以下特点:

a. 主要产生径向振动。

b. 振幅随转速的上升而增加,对柔性转子,过临界时振幅最大,然后随着转速的增加振幅减小。

c. 时域波形,基本为简谐波。转子不平衡时的时域波形如图3-30所示。

d. 振动的频率等于转子的旋转频率f_r,谱图中以工频分量($1 \times f_r$)为主。转子不平衡时的频谱示意图如图3-31所示。

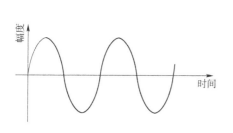

图3-30 转子不平衡时的时域波形　　图3-31 转子不平衡时的频谱示意图

②振动相位特征。

转子不平衡可分为静不平衡(也称单平面不平衡)和动不平衡两种(也称偶不平衡)。转子不平衡时的相位如图3-32所示。

静不平衡一般发生在单个平面上,不平衡所产生的离心力作用于两端支承上是相等的、同向的,因此,在轴的两端支承上测得的振动信号相位相同,且不产生轴向力,如图3-32a)所示。

动不平衡一般发生在两个平面上,轴旋转时主要产生力偶不平衡,其在两端支承上产生的力相等但方向相反,因此,在轴的两端支承上测得的振动信号相位反相,且产生轴向力,如图3-32b)所示。

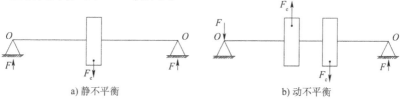

图3-32 转子不平衡时的相位

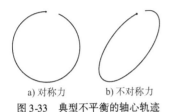

图 3-33 典型不平衡的轴心轨迹

根据两端轴承振动信号的相位,就可以分辨不平衡的类型。

③轴心轨迹特征。

典型不平衡的轴心轨迹如图 3-33 所示。

(2) 转子不对中时的故障特征。

图 3-34 所示为转子不对中时的时域波形,图 3-35 所示为转子不对中时的频谱示意图。

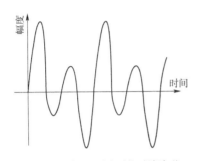

图 3-34 转子不对中时的时域波形

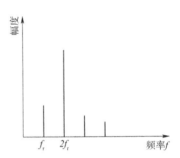

图 3-35 转子不对中时的频谱示意图

①振动频率特征。

一般来说,平行不对中主要引起径向振动,角度不对中主要引起轴向振动。激励力幅与不对中量成正比,随不对中量的增加,激励力幅呈线性加大。

a. 平行不对中。对于刚性联轴器和齿轮联轴器,主要产生径向振动,频率特征是 2 倍频成分增大。

b. 角度不对中。一般情况下,角度不对中时刚性联轴器的轴向振动比径向大,且主要产生以转子回转频率为主的工频振动。

紧靠刚性联轴器两侧的轴承在平行不对中时的测试结果显示:随着负荷的增加,轴承振动幅值呈增大的趋势,且位置低的轴承比位置高的轴承的振动幅值大。这是因为低位置轴承被高位置轴承架空,油膜稳定性下降之故。轴承上的振幅与负荷的关系如图 3-36 所示。

②振动相位特征。

当轴承架在水平和垂直方向上的刚度基本相等时,对轴承的两个方向进行振

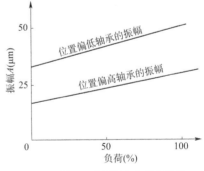

图 3-36 轴承上的振幅与负荷的关系

动测量,则显示出振动幅值大的方向即为原始不对中方向。当刚度在两个方向上不相同时,不对中方向则需通过测量和计算分析来确定。

刚性联轴器在平行不对中时,两侧轴承径向振动相位差基本上为180°,角度不对中使联轴器两侧轴承轴向振动相位差为180°,而径向振动是同相位的。图3-37所示为轮子不对中时的相位示意图。

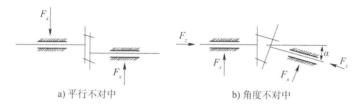

a) 平行不对中　　　　　b) 角度不对中

图 3-37　转子不对中时的相位示意图

轴向振动相位(实线)和径向振动相位(虚线)与负荷的关系如图3-38所示,其中的虚线为轴承之间径向振动相位与负荷的关系曲线;实线为轴承之间轴向振动相位与负荷之间的关系曲线。

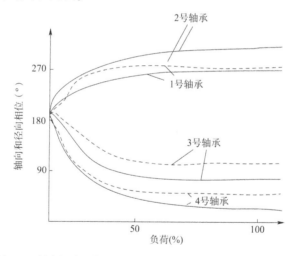

图 3-38　轴向振动相位(实线)和径向振动相位(虚线)与负荷的关系

③ 轴心轨迹特征。

转子不对中时的轴心轨迹如图3-39所示。不对中程度较小时为椭圆形,中等程度或严重时轴心轨迹图呈香蕉形或8字形。

(3) 转子基础松动的故障特征。

松动现象是由螺栓紧固不牢,或由于基础松动、过大的轴承间隙等引起的。松

动会使转子发生严重振动。松动引起的振动特征如下:

①振动方向常表现为上下方向的振动。

②振动频率除旋转基本频率f_r外,可发生高次谐波($2f_r,3f_r,\cdots,nf_r,\cdots$)成分,也会发生分数谐波($1/2f_r,1/3f_r,\cdots,1/nf_r,\cdots$)和共振。

③振动相位无变化。

④振动形态使转速增减、位移突然变大或减小。

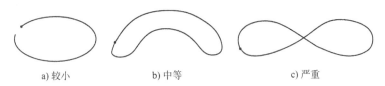

a) 较小　　　　　　b) 中等　　　　　　c) 严重

图3-39　转子不对中时的轴心轨迹示意图

即使装配再好的机器,运行一段时间后也会产生松动。引起松动的常见原因包括螺母松动、螺栓断裂、轴径磨损等,甚至装配了不合格零件。

具有松动故障的典型频谱特征是以工频为基频的各次谐波,并在谱图中常看到10倍工频(10×)。有学者认为,若3×处峰值最大,预示轴和轴承间有松动;若4×处有峰值,表明轴承本身松动。

(4)转子碰摩故障振动特征(图3-40)。

转子碰摩故障主要指转子和静子的碰摩,其是由转子与定子偏心、转子对中不良、转子动挠度大等原因造成的。动静碰摩会产生切向摩擦力,使转子产生涡动,转子的强迫振动和碰摩自由振动叠加在一起,产生复杂、特有的振动响应,呈现明显的非线性特征,具体如下:

①频谱除工频外还存在丰富的高次谐波成分,如2×、3×……,如图3-40a)所示。

②轴心轨迹上有"反进动",显扩散和紊乱现象,如图3-40b)所示。

③时域波形有明显的"削顶"现象,如图3-40c)所示。

④振动随转速、负荷变化不明显。

⑤振动大小有方向性,可能在某个方向会明显偏大。

(5)基础共振时的振动特征。

共振发生时,设各振动频率显示以1倍频为主。引起1倍频的还有不平衡、松动、碰摩等。不平衡引起的振动在径向上表现基本相同,不会出现某个方向振动超大;松动或碰摩会出现高次谐频,不会是单一的1倍频;基础引起共振时的特征与不平衡相似,以1倍频为主,但会显示出某一个方向上振动极大并呈不稳定性。一一般需要配合相位分析来进一步诊断是否发生基础共振。基础共振和不平衡故障的区别如图3-41所示。如果每个轴承座的水平和垂直方向振动方向不变,同时 A 和 B 的相位差为 $0°$ 或 $180°$,则说明是基础共振故障;如果 A 和 B 的相位差为 $90°$,则一般为不平衡故障。

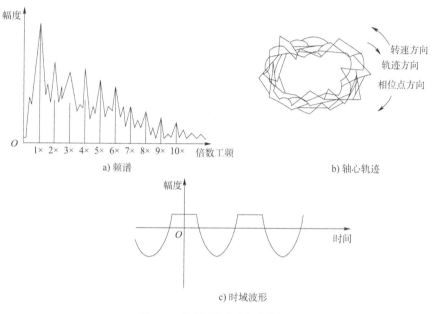

图 3-40　转子碰摩故障振动特征

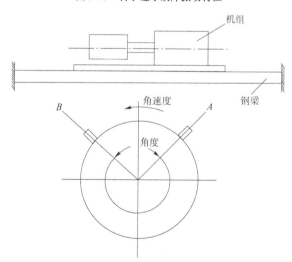

图 3-41　基础共振和不平衡故障的区别

将采集到的牵引电机振动信号与电机故障振动特征分析对比,即可完成对电机故障的诊断。

3.2 列车走行部关键部件状态监测技术

由上述分析可知,可以通过振动和温度参数共同来实现对轴箱、齿轮箱、电机等城轨列车走行部关键部件状态的监测与诊断。

(1)温度超限报警。

轴箱、齿轮箱、电机温度高于设定阈值时即认为状态异常。

(2)振动故障判定方法。

针对城轨列车的运行特点,通过对轴箱温度、振动状态的实时监测和时频域分析,实现对轴箱轴承状态进行监测。

通过齿轮箱大、小齿轮侧的传感器采集齿轮箱大小齿轮工作时的冲击振动和温度变化,对大、小齿轮侧的振动和温度状态进行时频域分析。采用啮合频率及其谐波、振动信号的调制和边带分析等频谱特征信息,通过改进的冲击脉冲法和计算阶次跟踪等方法,实现对齿轮箱状态的监测。

通过电机转子两端的传感器采集电机工作时转子和转子轴承的振动和温度状态。系统通过采集的振动信息并合成转子轴心运动轨迹、识别转子工频 2 倍频率的径向振动频率和幅度等频域故障特征信息;同时通过监测三相电机电流实现对电机状态的监测。

以轴向为例,对城轨列车走行部关键部件状态监测方法进行介绍,步骤如下。

(1)改进的冲击脉冲法。

冲击脉冲法(Shock Pulse Method,SPM)是利用轴承故障所激发的轴承元件固有频率的振动信号,经加速度传感器的共振放大、带通滤波、放大器放大及包络检波所获得的信号幅值正比于冲击力的大小。

在冲击脉冲技术中,所测信号幅值的计量单位是 dB。测到的轴承冲击 dB_i 值与轴承基准值 dB_o 相减,dB_o 是良好轴承的测定值。

$$dB_N = dB_i - dB_o \tag{3-37}$$

轴承的状况分为三个区:

$(0\sim20)dB_N$ 表示轴承状况良好;

$(20\sim35)\mathrm{dB_N}$ 表示轴承状况已经劣化，属发展中的损伤期；

$(35\sim60)\mathrm{dB_N}$ 表示轴承已经存在明显的损伤。

冲击脉冲法用于城轨列车轴承的诊断，其诊断效果受轨缝、道岔、轮对扁疤、轮对擦伤引起的冲击影响严重。针对传统的冲击脉冲法方法用于研究时存在的问题，本书利用轨缝间距及轮周长、道岔位置等关系通过模型算法有效剔除列车通过轨缝、道岔时的冲击干扰；通过轮轴转速与冲击强度的变化关系模型有效过滤轮对扁疤和轮对擦伤所引入的冲击干扰。

采用改进的冲击脉冲法可有效解决传统冲击脉冲法方法在城轨列车轴承故障诊断中的不足，并通过冲击脉冲法高效快速评估轴承损伤的程度等级。

(2) 基于计算阶次跟踪的共振解调法。

采用基于计算阶次 (Computed Order Tracking, COT) 跟踪的共振解调法，可有效改善频谱分析法在城轨列车上应用出现的频率模糊问题。基于计算阶次跟踪共振解调法的原理如图 3-42 所示。

图 3-42a) 所示为非匀速旋转产生的非周期故障冲击脉冲信号，即原始脉冲波，脉冲间隔时间不等。

图 3-42b) 所示为脉冲信号经由轴承并经传感器接收后，再经带通滤波器，就产生了共振响应波。

图 3-42c) 为对振荡波取绝对值处理后的结果。

对图 3-42c) 所示的信号进行包络检波，输出信号包络如图 3-42d) 所示，包络在时间排列上间隔不定，为非周期信号。

对图 3-42d) 所示包络进行计算阶次跟踪处理，即调整包络的时间间隔，使包络的时间间隔相等得到周期为 T 的周期信号 [图 3-42e)]。

对图 3-42e) 进行频谱分析得到 COT 包络频谱图，如图 3-42f) 所示，在频谱图上可以清楚地显示出冲击频率及其谐波成分。

(3) 频谱分析法。

通过基于计算阶次跟踪的共振解调，可以得到列车非匀速运行状态下的规则连续且能量集中的特征频谱。根据滚动轴承的运动关系式计算得到各项特征频率，在频谱图中找出其变化，从而判别故障的存在部位。该方法诊断准确有效，能够定位滚动轴承故障位置。

轴承外圈故障时，在解调频谱上可见轴承外圈故障频率 BPFO 及其高次谐波，可能出现其转速频率的边频。

轴承内圈故障时，在解调频谱上可见轴承内圈故障频率 BPFI 及其高次谐波，也可能出现其转速频率的边频。

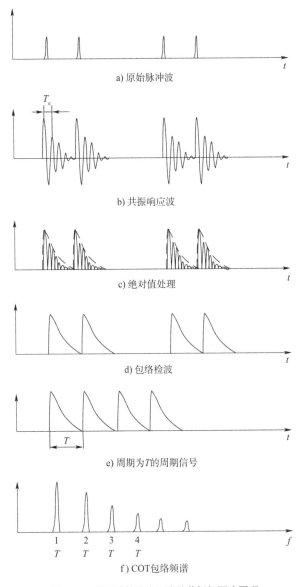

图 3-42 基于计算阶次跟踪的共振解调法原理

轴承滚动体故障时,在解调频谱上可见轴承滚动体故障频率 BSF 及其高次谐波,以及其转速频率的边频。此外,由于滚动体对外圈的碰撞强于对内圈的碰撞,在解调频谱上还会存在 BSF 的半谐波。

轴承的保持架发生故障时,在解调频谱上可见轴承保持架故障频率FIF及其高次谐波。

外圈故障频谱　　　内圈故障频谱　　　滚动体故障频谱　　　保持架故障频谱

(4)快速谱相关法。

①轴承故障预警。

采用最能反映轴承故障状态变化的时域信号峭度值(kurtosis)作为轴承故障预警指标,轴承处于正常状态时的峭度值较小。设定峭度值一般在10以内,轴承时域信号的峭度值计算公式如式(3-38)所示:

$$\text{kurtosis} = E\left[\left(\frac{X-\mu}{\sigma}\right)^4\right] \tag{3-38}$$

式(3-38)中,μ代表均值,σ代表标准差。当轴承发生故障时,峭度值会急剧增加,然而在轴承实际运转中,环境噪声的干扰同样容易使峭度值增加,造成虚警。

因此,可通过计算峭度值的大小,初步筛选原始数据,判断是否有必要计算更加准确可靠的谱相关性。

②轴承故障诊断。

a.快速谱相关计算。

根据轴承故障机理分析,循环平稳方法是描述旋转机械运动过程中出现往复瞬态特征的随机模型,与经典的谱分析方法不同,谱相关表现了信号特征的非平稳性,可以增强分析信号中蕴含的周期性成分,能更准确地分析故障特征。

快速谱相关(Fast Spectral Correlation,Fast-SC)算法是目前分析循环平稳信号分析的快速计算工具,同时满足工程应用中对计算复杂度和分析频率的要求。区别于传统的包络谱分析,其特点在于分析淹没在强背景噪声下的早期故障特征,从而实现微弱振动信号的故障诊断。

b.算法流程图。

算法流程图如图3-43所示,通过监测振动信号的峭度值进行异常状态筛选,当信号的kurtosis小于或等于10时,即判断此时监测的轴承为"正常状态"。当kurtosis值大于10时进行下一步,对信号进行快速谱相关计算,再计算快速谱相关得到的信号的增强包络谱的峭度值,当其值小于原始信号的峭度值时,判断此时监测的轴承为"正常状态",否则,进行下一步的判断。再计算增强包络谱的峭度值和原始信号的峭度的比值,判断其是否大于门限值3。若大于3,则判断此时监测的轴承为典型故障特征的"二级警报状态";若小于或等于3,则判断此时监测的轴承为微弱早期故障的"一级警报状态"。

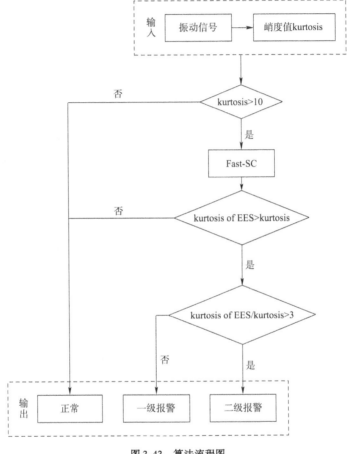

图3-43　算法流程图

3.3　列车走行部关键部件状态监测装备

　　列车关键部件安全状态车载综合监测系统由车辆状态智能提取诊断主机、数字化的传感器、车载显示屏等组成。

车辆状态智能提取诊断主机通过传感器采集车辆关键部件和设备的实时运行状态,通过以太网接口对接 TCMS 采集列车牵引、制动、辅助等系统的实时运行状态,通过串行接口采集蓄电池状态,对采集的数据进行诊断分析,分析结果通过车载显示屏向列车司机显示,并通过车载通信网关把车辆实时运行状态实时发送到地面中心。

列车关键部件安全状态车载综合监测系统架构如图 3-44 所示。

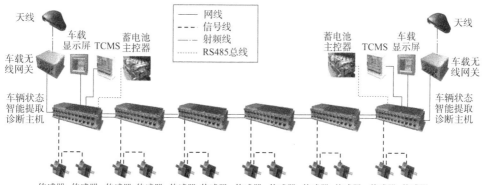

图 3-44 列车关键部件安全状态车载综合监测系统架构图

列车关键部件安全状态车载综合监测系统包括车辆状态智能提取诊断设备、复合数字传感器、电机电流数字采样设备、轴端转速数字转换模块、车载显示屏等,本节对各组成设备进行介绍。

3.3.1 车辆状态智能提取诊断主机

车辆状态智能提取诊断主机主要实现车载传感网组网、故障及特征数据上传车载通信网关、传感器和子系统数据采集和诊断、采集与诊断数据的存储、故障数据车载显示屏展示等功能。为实现主机离线分析的功能,设备需要安装板载内存以支持 ECC 校验;为了保证设备性能,板载内存一般不应小于 4GB;同时考虑到要对采集与诊断的数据进行存储,设备应配备不小于 64GB 的数据存储能力的工业级宽温固态硬盘。

车辆状态智能提取诊断主机(图 3-45)安装位置可设于电气屏柜、侧顶板活门内、座椅下方等处托架或壁挂安装,具体安装位置可根据现场情况进行比选。但由于其内部包含大量电气元件,工作环境温度要满足在 -25 ~ +70℃ 范围内、工作环境湿度小于 95%(40℃时)。

图 3-45 车辆状态智能提取诊断主机

3.3.2 数字复合传感器

数字复合传感器主要完成感知列车运行时轴箱、齿轮箱、电机转子两端轴承的振动、温度信号采集功能,传感器振动信号频响范围为 1~15000Hz,量程为 ±50~500g,温度信号量程为 -30~+120℃,其中振动信号量程可根据实际工作情况进行调节,采集到信号后进行数字化输出。

数字复合传感器(图 3-46)通过螺栓安装,安装螺栓为 M8×40,安装位置可根据现场情况进行比选。但由于其内部包含大量电气元件,工作环境温度要满足在 -25~+70℃ 范围内、工作环境湿度小于 95%(40℃时)。

3.3.3 电流数字采样设备

电流数字采样设备主要完成利用霍尔效应、开环测量原理,将被测电流转换成跟随输出的电压信号,并通过转换模块进行 A/D 转换,输出数字信号的功能,电压信号量程为 0~500A,测量精度等级为 1%。

安装电流数字采样设备(图 3-47)时,要注意将被测电流线缆放入电流数字采样设备测试环中,具体安装位置可根据现场情况进行比选。但由于其内部包含大量电气元件,工作环境温度要满足在 -25~+70℃ 范围内、工作环境湿度小于 95%(40℃时)。

图 3-46 数字复合传感器

图 3-47 电流数字采样设备

3.3.4 轴端转速数字转换模块

轴端转速数字转换模块主要完成对转速传感器采集转速信号进行数字信号转换、实现通过百兆以太网信号传输的功能,采样率范围为 5~150 千次/s,采样精度为 A/D 量化精度 16 位/样点。

安装轴端转速数字转换模块(图 3-48)时,要注意将安装在车下位置,具体安装位置可根据现场情况进行比选。但由于其内部包含大量电气元件,工作环境温

度要满足在 -25~+70℃ 范围内、工作环境湿度小于 95%(40℃时)。

3.3.5 车载显示屏

车载显示屏主要完成对车载监测系统进行故障预警显示及记录的功能,采样率范围为 5~150 千次/s,采样精度为 A/D 量化精度 16 位/样点。显示屏后台系统采用 Intel ® Baytrail ® E3845 1.91GHZ 高性能处理器、DDR3L 1333HZ 2GB SDRAM(最大支持 8G)、32GB 固态硬盘、Windows 7 系统,同时配备 10.4 寸(约 34.67cm)的显示屏和触控屏。

图 3-48 轴端转速数字转换模块

车载显示屏(图 3-49)安装于司机操作台前上方,具体安装位置可根据现场情况进行比选,但由于其内部包含大量电气元件,工作环境要满足工作环境温度在 -20~65℃ 范围内、工作环境湿度 5%~85%(无冷凝)。

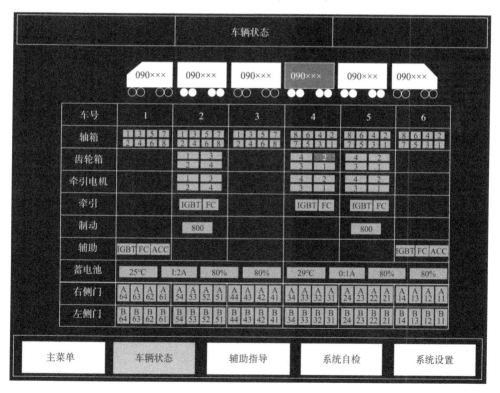

图 3-49 车载显示屏

第4章　城市轨道交通列车走行部关键部件状态地面定点扫描检测技术

本章在第 2 章分析得出的城轨列车运行过程其他需要检测项点的基础上，对城轨列车运行过程中需要检测的轮对尺寸、车体异物、关键部件温度的检测原理进行了分析，围绕城轨列车走行部关键部件状态地面定点扫描检测原理、地面定点扫描检测技术、地面定点扫描检测装备进行介绍，提出了应用城轨列车运行过程关键部件状态地面定点扫描装备的检测方法。最后，对列车走行部地面检测系统及相应地面检测设备进行了分析，达到了高精度、高效率、高智能的检测效果，为工程实际建设应用提供了参考。

4.1　列车运行过程关键部件状态检测原理

4.1.1　轮对尺寸检测原理

1) 激光传感器原理

激光传感器的基本原理就是光学三角测量原理，如图 4-1 所示。激光束照射到目标物体的表面，形成一个光条，经过摄像头上的透镜在光敏探测器上产生图像，通过对光敏探测器获取的图像进行膨胀、腐蚀、二值化处理，之后提取图像光斑中心线。由于激光器与摄像头的相对位置是固定的，当激光传感器与目标物体的距离发生变化时，光敏探测器上的像点位置也相应发生变化。根据物像的三角形关系，就可以根据传感器结构参数计算出高度的变化，即测量了高度变化。

当车辆轮对通过传感器时，激光传感器的激光投向轮对踏面上，激光传感器分别对车轮内、外踏面进行扫描，获取踏面信息，提取出的车轮廓形如图 4-2 所示，同时测量车轮直径尺寸信息，对传感器的测量数据融合可获得轮对内侧距。采集到车轮直径、轮对内侧距等数据后,即可对轮对尺寸数据进行分析处理,完成对车轮状态的检测。

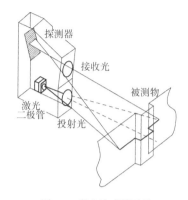

图 4-1 激光传感器原理

图 4-2 车轮廓形

2) 电涡流位移传感器特性

(1) 工作原理。

涡流效应是指由于产生电涡流会消耗部分能量而使产生磁场的线圈阻抗发生变化的物理现象。电涡流测距原理如图 4-3 所示。电涡流位移传感器是一种根据电涡流效应原理而制成的传感器。电涡流位移传感器通过给感测头线圈通高频电流所形成的高频磁场来进行距离测量。当金属导体处于交变磁场中,其导体表面将因电磁感应而形成与磁通方向垂直的电涡流,从而使得感测头线圈的电阻发生改变,并根据这一状态的变化测量感测头与物体之间的距离。

传感器线圈由高频信号激励 i_1,使它产生高频交变磁场 H_1。当在该磁场的作用范围内有金属被测物体时,将在被测物表层产生电涡流,产生的电涡流又会作用于线圈,从而改变线圈阻抗、品质因数、电感等参数。这些参数是由线圈的频率 f、激励电流强度 I、距离 d、线圈尺寸 γ、电导率 σ 和磁导率 μ 等物理性质决定的。线圈的阻抗可以表示为:

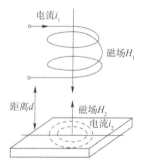

图 4-3 电涡流测距原理

$$Z = F(\mu, \sigma, \gamma, d, I, f) \quad (4-1)$$

通常,磁导率 μ、电导率 σ、线圈尺寸 γ、激励电流强度 I 和频率 f 在一定范围内不变。因此,由式(4-1)可知,当上述参数中只有 d 变化,其他参数不变时,线圈阻抗 Z 成为 d 的单值函数。虽然它整个函数是一非线性的,其函数特征为"S"形曲线,但可以选取它近似为线性的一段。在高频信号激励下,当被测物体与电涡流位移传感器之间的相对位置改变时,传感器的电参数会随之发生改变,从而把位移量d的变化转换成电信号的变化,输出信号的大小随着探头到被测体表面之间的间距而变化。电涡流位移传感器根据这一原理实现对金属物体的位移变化的测量。

(2) 电涡流位移传感器的输出特性。

根据电输出特性映射被侧面几何特征的过程称为涡流反演计算,保证电涡流传感器电位移输出的准确性是涡流反演计算成功的前提条件。被测物几何特征、测量速度、激励电压和导体温度等都会对涡流传感器的位移输出产生影响。而这些影响因素中,对轮对几何参数检测影响因素最大的是测量速度与被测物的几何特征。下面就这两种因素对传感器的输出特性的影响进行分析。

① 测量速度对测量的影响。

为方便分析测量速度对测量的影响,选择平面样件作为研究对象,通过对探头线圈以不同速度通过平面样件产生的涡流场变化进行分析,研究测量速度对涡流位移传感器位移输出的影响。由法拉第电磁感应定律可知,闭合电路中感应电动势产生感应电流,而感应电动势分为动生电动势和感生电动势。导体自身在磁场中运动,因切割磁感线产生电流定向移动的称为动生电动势;由于穿过闭合线圈的磁场强度改变而产生涡旋电场,然后引起电流定向运动的称为感生电动势。

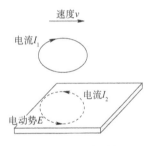

图4-4 涡流场分析

首先对探头从外部逐渐进入平面上方(即探头线圈位于样件边缘位置)时的涡流场进行分析,如图4-4所示。当探头向右运动时,探头线圈的电流方向为顺时针方向,所产生的电磁场方向向下,这样在样件中感生出的电涡流为逆时针方向。根据楞次定律,运动导体上的感应电流受的磁场力总是反抗(或阻碍)导体的运动,通过左手定则,判定出动生电动势方向,其方向与感生电流方向一致,故动生电动势对于感生出的电涡流起增强作用。

运动导体在磁场中切割磁感线运动的公式为:

$$E = BLV\sin\alpha \tag{4-2}$$

由式(4-2)可知,在其他条件不变的情况下,速度越大,产生的动生电动势越大,这样在样件表面所产生的电流也就越强。探头线圈中心处总的磁感应强度为:

$$B = B_1 + B_2 \tag{4-3}$$

式中:B_1——放置式探头自身在线圈中心所产生的磁感应强度;

B_2——样件中感生涡流在探头线圈中心处产生的磁感应强度。

根据电磁学原理可知：

$$B_1 = \frac{\mu_0 I_1}{2r_1} \tag{4-4}$$

$$B_1 = \frac{\mu_0 I_2 r_2^2}{2(h^2 + r_2^2)^{3/2}} \tag{4-5}$$

式中：I_1——探头线圈中的电流；

I_2——样件中产生的感生电流；

r_1——探头线圈半径；

r_2——感生涡流环半径；

μ_0——真空磁导率；

h——提离高度。

当涡流位移传感器探头从外部逐渐进入样件上方时，I_2 增大，若 B_2 增大，则 B 会随之增大。但 I_1 会由于探头的自感作用而减小。探头运动速度越大时，I_1 的变化也会越迅速，同时电流角频率 ω 也会变得越大，阻抗值就越大，测得的信号值就会减小。

而当探头线圈所产生的涡流环完全进入平面区域时，将不会产生动生电动势，这样，样件中的电流只是探头线圈高频电磁场所产生的涡流，只要探头线圈激励频率不改变，整个涡流场也将不会改变。即在其他条件不变的情况下，当探头线圈所产生涡流域完全进入样件区域时，无测量速度的变化将不会对测得的信号值产生影响。而对于车轮外表面是具有曲率的面，在整个测量过程中，动生电动势一直存在，因此，测量速度对测量结果的影响一直都存在。

②零件几何特征对测量的影响。

涡流测量方法因其具有非接触无测量力、对金属表面光泽度不敏感、环境适应能力强等特点，能够满足对合金零件的位移测量要求。根据经典的涡流位移测量理论，在测量物体表面为平面时可以获得比较理想的测量结果，因为涡流位移传感器只能测得被测物一部分表面到探头断面的距离。当电涡流位移传感器对不同几何形状的物体进行测量时，被测物体的不同的几何形状会对测量时的感应涡流密度和线圈阻抗值的大小产生影响。因此，目前针对平板型面的涡流位移测量理论不适合具有边沿、曲面等不连续、具有非平面几何特征的物体轮廓参数的测量。

针对这一情况，目前有限仿真模型用于分析由几何形貌对电涡流输出的影响，即在相同测量距离下，研究被测事件表面几何形貌对涡流和磁场分布以及探头线圈阻抗的影响；在相同测量距离下，探索同一类被测曲面的曲率变化对涡流分布以及线圈阻抗的影响的规律表达;测量指定曲面零件时,获取不同测量高度对被测试件涡流分布以及阻抗变化的影响。

综合多方面的原因,在基于涡流位移传感器轮对几何参数检测过程中,被测几何形貌会给测量带来误差,若带入的误差太大,可能会导致直径的测量结果不可用,必要时可以引入误差补偿。

4.1.2 部件图像检测原理

1)车底图像检测

车底图像检测主要检测列车车底、转向架内侧位置是否有异物,车底螺栓有无断裂及螺栓脱落。如前文所述,采用线阵相机对车底进行图像检测(图4-5)。车底异物及螺栓检测模块是检测整个车辆底板,需要对整个车辆进行拍摄,选用线阵相机会减小数据量,方便后期图像储存和处理。

图4-5 线阵相机得到的检测图像

线阵相机的典型应用领域是检测连续的材料。被检测的物体通常匀速运动,利用一台或多台相机对其逐行连续扫描,以达到对其整个表面均匀检测。可以对其图像进行逐行处理,或者对由多行组成的面阵图像进行处理。

基于城轨列车运行条件,选用互补金属氧化物半导体(Complementary Metal-Oxide-Semiconductor,CMOS)传感器类型线阵相机采集车体底部整体连续图像。该相机为黑白线阵相机。

(1)CMOS 传感器。

CMOS 是计算机系统内一种重要的芯片,保存了系统引导最基本的资料。CMOS 的制造主要是利用硅和锗这两种元素所做成的半导体,使其在 CMOS 上共存着带 N(带 – 电)和 P(带 + 电)级的半导体,这两个互补效应所产生的电流即可被处理芯片记录和解读成影像。

(2)CMOS 工作原理。

CMOS 通常由像敏单元阵列、行驱动器、列时序控制逻辑、交流/直流(A/D)模数转换器、数据总线输出接口、控制接口等几部分组成,这几部分通常被集成在同一块硅片上。CMOS 工作原理如图4-6 所示。

第4章 城市轨道交通列车走行部关键部件状态地面定点扫描检测技术

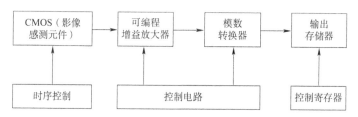

图 4-6 CMOS 工作原理

CMOS 相机感受到的光线经光电转换后使电极带上负电和正电,这两个互补效应所产生的电信号(电流或者电势差)被 CMOS 相机从一个个像素当中顺次提取至外部的模数转换器上,再被处理芯片记录解读成影像。

2) 车侧图像检测

车侧图像检测主要检测车侧踏面制动单元(TBU)螺栓有无脱落、高度阀杆有无断裂脱落,车侧轴端螺栓、一系簧螺栓有无脱落等现象。TBU 螺栓、高度阀杆、轴端螺栓、一系簧螺栓检测是定点拍摄,只需要特定部位的数据信息,如果选用线阵相机,就需要持续扫描储存。要得到需要的图像信息,需根据实时速度计算提取触发前后时间的数据,增加了系统复杂度,选用面阵相机,每次触发时拍摄几张图片就能满足需求,因此,选用 CCD 面阵相机进行检测。CCD 面阵相机原理如图 4-7 所示。

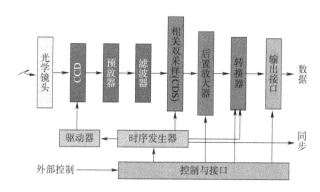

图 4-7 CCD 面阵相机原理

(1) CCD 传感器。

CCD 传感器又称图像传感器,是一种大规模集成电路光学器件,是在金属氧化物半导体(MOS)集成电路技术基础上发展起来的新型半导体传感器。CCD 传感器如图 4-8 所示。

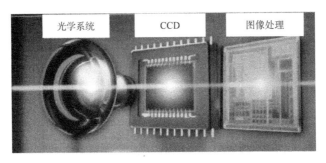

图 4-8 CCD 传感器

(2)CCD 传感器工作原理(图 4-9)。

CCD 传感器的突出特点是以电荷作为信号,不同于其他器件是以电流或者电压为信号,CCD 传感器的基本功能是电荷的存储和电荷的转移。它存储由光或电激励产生的信号电荷,当对它施加特定时序的脉冲时,其存储的信号电荷便能在 CCD 传感器内作定向传输。CCD 传感器工作过程的主要问题是信号电荷的产生、存储、传输和检测。

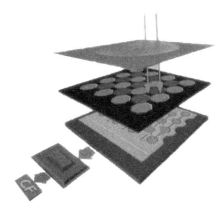

图 4-9 CCD 传感器工作原理

①用相机拍摄物体时,物体反射的光线通过相机的镜头透射到 CCD 上。

②当 CCD 曝光后,光电二极管受到光线的激发释放出电荷,感光元件的电信号便由此产生。

③CCD 控制芯片利用感光元件中的控制信号线路对光电二极管产生的电流进行控制,由电流传输电路输出,CCD 会将一次成像产生的电信号收集起来,统一输出到放大器中。

④经过放大和滤波后的电信号被送到模数转换器,由模数转换器将电信号(此时为模拟信号)转换为数字信号,数值的大小和电信号的强度即电压的高低成正比。这些数值就是图像数据。

⑤图像数据尚不能直接生成图像,需输出到数字信号处理器(Digital Signal Processor,DSP)中。在 DSP 中,这些图像数据被进行色彩校正、白平衡处理等后期处理,编码为相机所支持的图像格式、分辨率等数据格式,然后会被存储为图像文件。

⑥最终图像文件被写入内置或外置存储器上。

4.1.3 部件温度检测原理

1)基于红外点式测温技术

(1)红外测温基本原理。

人眼能直接感知的光谱范围是 400~700nm,而红外线是一种人眼不可见的光波,红外线在电磁波谱中分布在微波和可见光之间,其波长在 0.75~1000μm 之间。红外线按波长又可以分为近红外线、中红外线、远红外线和超远红外线。在自然界中,温度高于绝对零度的任何物体,都会不断地向四周辐射红外谱线,物体各部位温度不同,辐射率不同,会显示出不同的辐射特征。

红外辐射的基本定律有基尔霍夫定律、普朗克定律、斯蒂芬-玻尔兹定律和维恩位移定律等。根据普朗克定律,物体的辐射强度与物体的温度及表面的辐射能力有关,热辐射的光谱分布则与物体温度有关。根据红外辐射的基本理论,可以对物体的温度进行测量。若辐射体是一般物体,且已知其发射率,则可以通过测量物体的光谱辐射量来确定物体的温度,这就是红外辐射测温技术的基本原理。

(2)红外测温仪。

红外测温仪具有非接触式测量、测温范围广、响应速度快、灵敏度高等优点。利用红外测温仪即可完成点式测温。红外测温仪由光学系统、光电探测器、信号放大器及信号处理、显示输出等部分组成。光学系统汇聚其视场内的目标红外辐射能量,红外能量聚焦在光电探测器上并转变为相应的电信号,该信号再经换算转变为被测目标的温度值。

2)基于红外面阵测温技术

红外测温仪主要实现点式测温功能,但在实际车辆运行中,经常遇到需要了解各部件整体发热情况的需求,如了解电机或受电弓整体发热情况,以便确定最高发热点等。因此,主要采用红外和图像处理技术进行红外面阵测温。

由于难以获取列车走行部的红外图像,故以车顶受电弓为对象进行测温。由于技术具有通用性,因而可以方便在后期移植到走行部的测温研究中。

由红外热成像图可知,在受电弓和接触网的区域呈现明亮的红黄色,其他的常温区域为蓝紫色,这是红外图像对不同温度区域的色彩划分。

对受电弓红外热成像图的检测研究主要集中在如何提取受电弓
受电弓红外图像

在红外热成像图中与接触网的摩擦区域作为检测目标,通过应用图像检测相关技术可进行目标区域检测。基于 RGB(色彩模式)空间的 K-means 区域检测算法、基于 YUV(颜色编码方法)空间的区域检测算法和基于方向梯度直方图(Histogram Oriented Gradient,HOG)特征提取与支持向量机(Support Vector Machine,SVM)区域检测算法是几种比较成熟且适用度较高的算法。

聚类分析法是一种无监督的学习方法,能够从研究对象的特征数据中发现关联规则,因而是一种强大有力的信心处理方法。用聚类分析法进行图像分割就是将图像空间中的像素点用对应的特征向量表示,根据它们在特征空间的特征相似性,对特征空间进行分割,然后将其映射回原图像空间,得到分割结果。

RGB 颜色空间是图像处理中较为常见的颜色作用域,通过比对不同颜色空间,在 YUV 空间中,以亮度、色调和饱和度的角度对热成像图进行分析。在 YUV 空间的区域检测算法中,先通过色域转换将图像至 YUV 空间,再通过邻域相似像素搜索,应用改进 Roberts 算子模板检测获取目标区域。

HOG 是一种在计算机视觉和图像处理中用来进行物体检测的描述方法,通过计算和统计局部区域的梯度方向直方图来构成特征。HOG 特征结合 SVM 分类器已经被广泛应用于图像识别中。与其他的特征描述方法相比,HOG 具有较多优点。由于 HOG 是在图像的局部方格单元上进行操作的,所以它对图像的几何和光学形变都能保持很好的不变性,这两种形变只会出现在更大的空间领域上。其次,在粗的空域抽样、精细的方向抽样以及较强的局部光学归一化等条件下,一些细微的图像噪声可以被忽略而不影响检测效果。因此,HOG 特征特别适合用于图像中的区域检测。

经过实例分析与计算,HOG+SVM 算法的识别率要好于其他两种算法,因此,研究中采用 HOG+SVM 算法作为基于红外面阵测温技术的核心算法。

4.2 列车运行过程关键部件走行部状态检测技术

4.2.1 轮对尺寸检测技术

本节根据轮对检测指标和轮对检测原理设计了一种轮对检测系统示例。

1)系统构成

轮对检测系统由两个激光位移传感器、一个电涡流位移传感器构成,其示意图如图 4-10 所示,俯视示意图如图 4-11 所示。

第 4 章　城市轨道交通列车走行部关键部件状态地面定点扫描检测技术

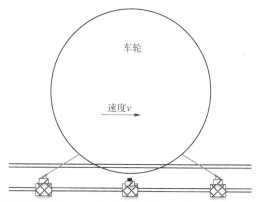

图 4-10　轮对检测系统示意图

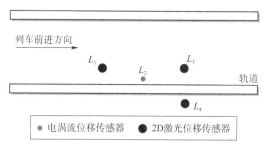

图 4-11　俯视示意图

L_2 所在的位置即为电涡流位移传感器,安装于车轮轮缘顶点圆的正下方,用于测量车轮经过 L_2 时轮缘顶点距离涡流传感器的垂直距离;L_1、L_3、L_4 均为 2D 激光位移传感器,其安装的位置与第 5 章中 L_1、L_3、L_4 的安装位置相同。L_3 和 L_4 完成轮缘尺寸的测量,L_1、L_2、L_3 完成轮缘顶点圆的直径测量。

当车辆轮对通过时,激光位移传感器的激光投向轮对踏面上,激光位移传感器分别对车轮内、外踏面进行扫描,获取踏面信息、测量车轮直径尺寸信息;对传感器的测量数据融合可获得轮对内侧距。当采集到车轮直径、轮对内侧距等数据后,将数据发送到轨边箱中处理设备,对轮对尺寸数据进行分析处理。

2)轮对各检测指标的计算过程

(1)踏面轮廓获取。

轮对尺寸检测结构如图 4-12 所示。激光传感器 L_{x-x} 分别位于钢轨两侧,且激光器的光平面重合,这种布置可以获得完整的车轮踏面轮廓数据,如图 4-13 所示。

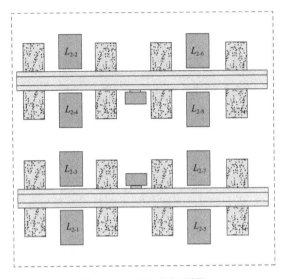

图 4-12　轮对尺寸检测结构

激光位移传感器 $L_{2\text{-}2}$ 和 $L_{2\text{-}4}$（$L_{2\text{-}1}$ 和 $L_{2\text{-}3}$）可检测得到车轮踏面轮廓上任一点的坐标。

（2）轮对内侧面计算。

为得到踏面几何参数，需获取轮对内侧面数据，以此为基准计算各参数相应数值（图 4-14）。

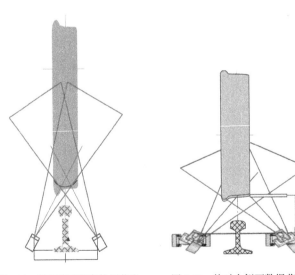

图 4-13　车轮踏面轮廓数据获取　　图 4-14　轮对内侧面数据获取

由获得的多个车轮轮廓,利用最小二乘法拟合得到轮对内侧面的方程,内侧面空间平面方程形式为:

$$A_1 \times x + B_1 \times y + C_1 \times z + D_1 = 0 \tag{4-6}$$

同理,获得另外一侧轮对内侧面空间平面方程形式为:

$$A_2 \times x + B_2 \times y + C_2 \times z + D_2 = 0 \tag{4-7}$$

踏面基准线获取如图4-15所示。

按照图4-16中的轮对尺寸参数,先计算踏面轮廓上每点到内侧线(图中左侧红色竖直垂线)的距离,等于70mm的点即为基准点R,基准点R所在踏面直线与内侧线垂直的线是踏面基准线;计算轮缘轮廓上各点到70mm基准点的垂直距离,距离等于12mm的点即为轮缘厚度计算点FT,距离最大的点即为轮缘高度计算点FH;计算FH到R点所在踏面基准线的垂直距离,即轮缘高度;计算FT到内侧轮廓线的水平距离,即轮缘厚度。图4-17为车轮部分参数示意图。图4-17中,L_1、L_2、L_3为轮对内侧距,S_h为轮缘调度,S_d为轮缘厚度,QR为轮缘综合值。

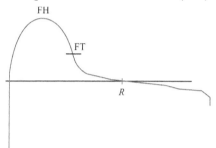

图4-15 踏面基准线获取

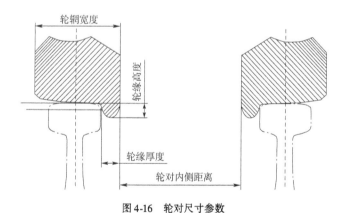

图4-16 轮对尺寸参数

(3)轮对尺寸计算。

轮对尺寸计算图如图4-18所示。

①轮缘厚度:轮缘厚度计算点即交点P_t,$P_t = (x_t, y_t, z_t)$为交点P_i到内侧面P_i之间的距离。

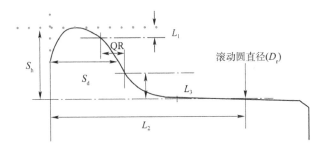

图 4-17 车轮部分参数示意图

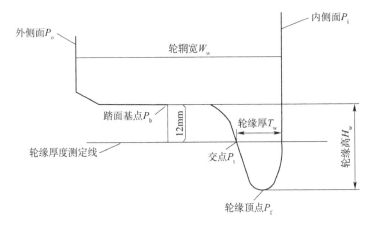

图 4-18 轮对尺寸计算图

根据拟合出的内侧面方程,得出轮缘厚 T_w 的计算公式为:

$$T_w = \frac{|A \times x_t + B \times y_t + C \times z_t + D|}{\sqrt{A^2 + B^2 + C^2}} \tag{4-8}$$

②轮缘高度:基准点 $P_b = (x_b, y_b, z_b)$ 所在踏面基准线与轮缘顶点 $P_f = (x_f, y_f, z_f)$ 之间的距离。

根据拟合出的内侧面方程,得出轮缘高 H_w 的计算公式为:

$$H_w = |z_f - z_b| \tag{4-9}$$

③QR 值:从滚动圆踏面基准线以上偏移量 10mm 处引垂线与轮缘内侧有一交点,轮缘顶部向下偏移量 2mm 处引垂线与轮缘内侧有一交点,这两个点的水平距离。该值根据轮廓曲线可以直接得到。

④车轮踏面圆直径:距离内侧面 70mm 处踏面上的点为基准点,基准点确定的圆的直径为车轮踏面圆直径。

车轮直径计算示意图如图 4-19 所示。多线激光器(M_1、M_2)的激光条同时处于轮对两侧,此时光条处于轮廓处,即得到($L_1,L_2,L_3,\cdots,L_n$)共 n 条轮廓线,根据获取的 n 条轮廓线以及已经拟合出的内侧面方程,得到 n 个踏面基点($P_1,P_2,P_3,P_4,P_5,\cdots,P_n$)。由于这些点均落在直径圆上,所以根据这 n 个点拟合出直径圆,该圆的直径即为轮对直径,计算方法如下:

根据 n 个踏面基点的三维坐标;$P_n=(x_n,y_n,z_n),n=1,2,3,\cdots$

由式:

$$\begin{pmatrix} x_1 & y_1 & 1 \\ x_2 & y_2 & 1 \\ x_n & y_n & 1 \end{pmatrix} \times \begin{pmatrix} A_c \\ B_c \\ D_c \end{pmatrix} = 0 \quad (4\text{-}10)$$

得到踏面圆所在平面方程系数(A_c,B_c,C_c,D_c),则踏面圆所在平面方程为:

$$A_c \times x + B_c \times y + C_c \times z + D_c = 0 \quad (4\text{-}11)$$

由于 n 个踏面基准点在踏面圆所在平面和某一球面的相交线上,根据圆心 O 必在踏面圆所在平面上以及平面内圆上的点到圆心 O 的距离等于半径 R 这两个几何关系,采用最小二乘法即可求出踏面圆直径。

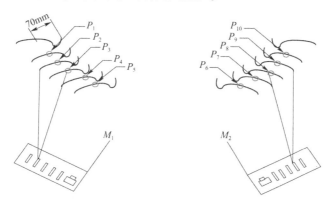

图 4-19 车轮直径计算示意图

⑤轮对内侧距:轮对内侧距是指轮对的两车轮内侧面之间的距离。轮对内侧距测量原理如图 4-20 所示。

$L_{2\text{-}3}$ 和 $L_{2\text{-}4}$ 配合可以测量得到轮对内侧距参数。L_0 为激光位移传感器 $L_{2\text{-}3}$ 和 $L_{2\text{-}4}$ 之间间距,L_1 为激光位移传感器 $L_{2\text{-}3}$ 到左侧轮对内侧面的距离,L_2 为传感器 $L_{2\text{-}4}$ 到右侧轮对内侧面的距离,则轮对内侧距为:

$$L_{内侧距} = L_0 + L_1 + L_2 \quad (4\text{-}12)$$

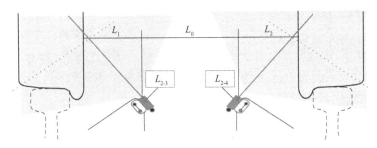

图 4-20 轮对内侧距计算

4.2.2 部件图像检测技术

(1)车辆底面图、底面设备侧视图如图 4-21、图 4-22 所示。

图 4-21 车辆底面图

图 4-22 底面设备侧视图

根据列车结构,建议车底拍摄区域取 2m 宽,拍摄的物体距离轨面取 0.5~1m。采用两个分辨率为 2048 的线阵相机,每个相机覆盖的视场在 1m 左右针对车底进行扫描。

而车轮侧面无法用以上两个相机扫描,需另增加两个相机,与车轮侧面呈一定角度进行扫描。因此,车底图像检测共需 4 个线阵相机。车底图像检测示意图见图 4-23。

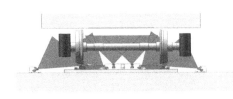

图 4-23 车底图像检测示意图

当列车入库时,检测模块接收到来车信号,模块开机准备。列车继续前行,由测速装置可得出列车的行进速度,从而可以计算出车体异物螺栓检测模块的拍摄频率。

相机拍摄频率与列车行进速度相对

应,当整个车辆通过后,相机就获得了整个车底部分的图像信息。系统可对保存的数据进行分析处理,自动识别出车底有无异物及螺栓是否脱落等情况。

通过采集数据与车号识别模块数据相结合,精确定位到具体车辆、具体位置的异常情况,为检修提供更方便的信息。

针对螺栓等固定形状的检测物,初期通过模板匹配方法定位螺栓;也可通过人工添加标识,后期采用深度学习的方法训练模板,进而提高整体的识别率。针对异物检测,主要是通过后期的图像裁割,获得轮对内侧面的图像,然后根据轮对的外形特征,采用比对的方法识别异物。

(2)车侧图像检测。

TBU 螺栓及高度阀杆的位置差别较大,轨道每侧采用两个面阵相机分别拍摄。车侧图像如图 4-24 所示。车侧图像检测示意图如图 4-25 所示。

采用面阵相机,可以在检测到来车时,直接拍摄到 TBU 螺栓位置,并可以通过车速与视场的关系,连续触发拍摄,从而把包含 TBU 螺栓、车轮侧面的图像拍摄完整。检测得到的面阵图像不用拼接,只需通过图像处理,判断故障即可。

图 4-24 车侧图像

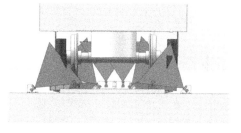

图 4-25 车侧图像检测示意图

当列车入库时,检测模块接收到来车信号,模块开机准备。列车继续前行,当车轮经过触发装置时,相机及光源被触发,每次相机触发可拍摄到关键部位的图像信息。通过回放及识别系统,可对保存的数据进行分析处理,自动识别出车侧 TBU 螺栓、轴端螺栓、一系簧螺栓有无脱落、高度阀杆有无断裂等现象,并导出不良报告。

针对螺栓等固定形状的检测物,初期通过模板匹配方法定位螺栓;也可通过人工添加标识,后期采用深度学习的方法训练模板,进而提高整体的识别率。

4.2.3 部件温度检测技术

采用 HOG 特征和 SVM 分类器进行特征提取和图像分类。

基于 HOG 特征提取与 SVM 分类器的算法流程如图 4-26 所示。通过对红外热成像图提取正负样本 HOG 特征后,投入 SVM 分类器训练,得到对应模型生成检测特征值,再利用检测负样本,提取 HOG 特征投入训练集训练,得到分类模型,最后利用分类模型对测试集进行效果检测。

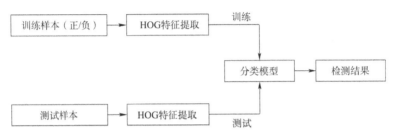

图 4-26 基于 HOG 特征提取与 SVM 分类器的算法流程

基于 HOG 特征提取与 SVM 区域检测算法具体步骤如下:

在 HOG 特征提取之前,对红外热成像图进行预处理,使用高斯滤波进行滤波处理后,将待处理的红外热成像图转换为灰度图像。

①高斯滤波平滑图像。

现场红外热成像仪的部署位置位于隧道靠近站台侧,该设备通过将环境热辐射的波动转化为肉眼可见的图像画面,反映温度的变化。

红外热成像仪分辨率较低,其红外成像分辨率较低,故需要先对画面进行滤波检测。

图 4-27 高斯滤波模板

最常见的滤波方式是高斯滤波。所谓高斯滤波,是以某个规模的算子,对应图像不同位置,按照二维高斯函数权重进行计算后求和,再填充到处理后的图像中心位置。高斯滤波模板如图 4-27 所示。

模板中心像素向周围进行扩张,获取模板大小的数据,再按照二维高斯函数计算,其计算公式如下:

$$H = \frac{1}{2\pi\sigma^2} e^{-\frac{(i-k-1)^2+(j-k-1)^2}{2\sigma^2}} \tag{4-13}$$

式中:i,j——中心点的横、纵坐标;

k——模板大小。

比对红外热成像图和处理后的数据分别如下。其局部图中,图像得到了一定的平滑模糊,尤其是图中左侧背景处和受电弓边缘处的彩噪得到了有效抑制。

红外检测原图

红外检测高斯滤波图

红外检测原图（局部）

红外检测高斯滤波图(局部)

②图像灰度化处理。

从受电弓热成像图上可知,其图像是伪彩色图,是对温度辐射的直观体现。从其颜色分布上看,主要是红黄色和蓝紫色。图中受电弓中的摩擦区域,是全图中温度最高的区域;折叠状的升弓装置,其受力臂需要支撑受电弓,需要电机的运转,故温度高于环境温度;其余背景温度大致相同,呈同一色彩。

对图像进行灰度化处理,获取统一的灰度空间处理,可以在降低处理量的同时,对目标区域进行更为有效的检测。将采集到的原始图像数据进行最大值法灰度化处理,通过改变每个像素点,进而改变整张彩色图片,其式如下:

$$f(x,y) = [f(i,j)] = \begin{bmatrix} f(0,0) & f(0,1) & \cdots & f(0,y-2) & f(0,y-1) \\ \vdots & \vdots & \ddots & \vdots & \vdots \\ f(x-1,0) & f(x-1) & \cdots & f(x-1,y-2) & f(x-1,y-1) \end{bmatrix}$$
(4-14)

式中:$f(x,y)$——图片总像素集合;

i、j——各像素点的排列位置的行坐标和列坐标,且$i \in (0, x-1)$,$j \in (0, x-1)$。

图片放大以后就会呈现一个个的点阵,每一个点就是一个像素点,通过对RGB的颜色配比就可以显示出不同的颜色,其中每个像素$f(i,j)$由三通道组成。将彩色图像中每个像素点,三通道亮度最大值作为灰度值进行处理,其式如下:

$$f'(i,j) = \max[R(i,j), G(i,j), B(i,j)] \quad (4-15)$$

式中: $f'(i,j)$——各点单通道灰度像素;

i、j——像素点的逻辑排列位置的行坐标和列坐标;

$R(i,j)$、$G(i,j)$、$B(i,j)$——坐标位置为(i,j)的红色通道值、绿色通道值、蓝色通道值。

获取的现场图片需通过亮度最大值灰度化处理,结果如图 4-28 所示。

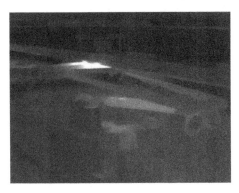

图 4-28 处理图像

将获取的单通道像素灰度值,组成灰度图像集合 $f'(x,y)$,其式如下:

$$f'(x,y) = [f'(i,j)] \quad i \in (0, x-1), j \in (0, x-1) \tag{4-16}$$

③图像形态学增强。

图像形态学研究是图像处理领域的重要研究方向。形态学的基础操作主要有两个,一个是对图像进行膨胀处理,另外一个是腐蚀处理。通过将数据方式引入图像处理的领域,对图像的形态区域,诸如边界、凹凸状结构等进行操作。形态学通过处理二值化后的图像,图像的灰度值设置为 0 或 255。

通俗意义上而言,膨胀处理主要是指利用结构元素原点,覆盖图像中需要处理的像素,将待处理的像素和对应区域的所有像素的最大值进行替换,迭代该步骤,直到匹配所有的结构元素。腐蚀的过程则是取当前结构元素所覆盖下的原图,对应区域内的所有像素的最小值,用这个最小值替换当前像素值。

膨胀和腐蚀处理可作为对图像形态的基本操作,而对图像的更进一步操作可以进行形态学组合,提高受电弓明暗区域的对比度,使得摩擦区域更容易从背景中剥离。膨胀和腐蚀的组合操作主要有顶帽变换和底帽变换,两者的操作顺序不同,但主要都是基于膨胀和腐蚀的应用。

顶帽变化主要是通过将原始图像先进行腐蚀变化,再进行膨胀操作,之后利用原图对该结果进行减去的变换,其计算过程主要如下:

$$\text{WTH}_{f',b}(x,y) = f'(x,y) - [(f' \otimes b_1) \oplus b_1](x,y) \tag{4-17}$$

式中:$f'(x,y)$——二值化后的图;

$\otimes$——形态学腐蚀;

$\oplus$——形态学膨胀。

黑帽变化主要是通过将原始图像先进行膨胀变化,再进行腐蚀操作,之后用该结果减去原图的变换,其计算公式为:

$$\mathrm{BTH}_{f',b}(x,y) = [(f' \oplus b_2) \otimes b_2](x,y) - f'(x,y) \quad (4\text{-}18)$$

再通过下式可以实现对比度的增强:

$$\mathrm{TH}_{f',b}(x,y) = \mathrm{WTH}_{f',b}(x,y) + f(x,y) - \mathrm{BTH}_{f',b}(x,y) \quad (4\text{-}19)$$

式中:x、y——经过直方图增强后图片的位置;

$f(x,y)$——该处的灰度值大小。

红外检测形态学增强图如图 4-29 所示。

在进行图像预处理之后,为了识别受电弓红外摩擦区域轮廓特征,对图像进行 HOG 特征提取。

①图像归一化。

根据现场的复杂环境,将图像归一化。通过对颜色空间的归一化处理,表现图像灰度特征同时减少干扰,其颜色空间,其式如下:

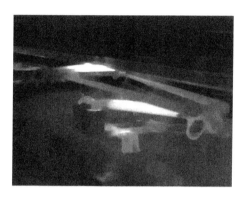

图 4-29 红外检测形态学增强图

$$\mathrm{Gray} = \sqrt{R^2 + G^2 + B^2} \quad (4\text{-}20)$$

②梯度计算。

HOG 特征主要是利用边缘特征,寻找图像中灰度剧变的位置,梯度幅值表示灰度变化强度,梯度方向表示灰度变换的方向,即边缘的法向量方向。对像素点水平和垂直方向进行梯度微分,计算梯度模值和方向角,其式如下:

$$p_x(x,y) = |\mathrm{Gray}(x+1,y) - \mathrm{Gray}(x-1,y)| \quad (4\text{-}21)$$

$$p_y(x,y) = |\mathrm{Gray}(x,y+1) - \mathrm{Gray}(x,y-1)| \quad (4\text{-}22)$$

$$p(x,y) = \sqrt{p_x(x,y)^2 + p_y(x,y)^2} \quad (4\text{-}23)$$

$$\alpha(x,y) = \arctan\left[\frac{p_y(x,y)}{p_x(x,y)}\right] \quad (4\text{-}24)$$

式中:$p(x,y)$——梯度模值,其下标 x 和 y 分别代表水平和梯度方向;

$\alpha(x,y)$——方向角;

$\mathrm{Gray}(x,y)$——像素值大小。

③构建方向梯度直方图与特征向量维数。

将图像窗口进行网格化,分成多个块,而每个块由 2×2 或 4×4 等的单元格组成,也将单元格称为细胞。梯度计算后,统计每个细胞的变化方向,形成方向直方图;块由细胞组成,相应块的方向直方图为其内部所有细胞方向直方图的和,称为 HOG 特征描述算子。一般直方图有 9 个单元,即将梯度方向分为 9 类。

通过加权投影法对细胞内的像素进行计算,通过在梯度方向计算每个像素的权值后,映射到对应的角度范围块内,得到细胞对应的 9 维特征向量,加权投影所用的权值为当前点的梯度幅值。

④特征归一化。

图像包含多个块,而不同的块各自拥有多个细胞。对于同一幅图像而言,很多块是重叠的,通过计算所有细胞和块的 HOG 特征算子,对图像进行特征归一化处理,将不同块的 HOG 特征进行归一化处理。假定 v 是未经过归一化的特征描述向量,L2-norm 的归一化模式如下:

$$v \to \frac{v}{\sqrt{\|v\|_2^2 + \varepsilon^2}} \quad (4\text{-}25)$$

式中:ε——归一化系数,该值一般预先人工设定。

在图像中,将块的水平移动步长和垂直移动步长设为 8,即逐个细胞重叠遍历扫描块,融合所有块内特征。

⑤计算 HOG 特征。

对 HOG 特征的提取,主要通过对梯度的大小和方向特征进行,进而对图像边缘和轮廓特征进行反映。图像由像素点构成,通过步骤(4)将窗口移动的步长设为 8,故每隔 8 像素设置一个细胞边,因此,细胞为 8×8 的像素块。每个细胞中,提取 9 个梯度方向,即划分为 9 维的梯度总量,再进行各梯度方向统计。进行细胞间组合,以 2×2 的间隔组成块,故一个块中共有 36(4×9)的维度。4 种不同尺度受电弓摩擦区域测试效果如下。

四种不同尺度的 HOG 直方图

⑥SVM 原理。

SVM 是一种二值分类模型,通过引入数学策略让间隔达到最大化,获取特征空间中间隔最大的线性分类器,将实际问题转换为一个凸二次规划问题的求解。为了使得样本集合中的间隔达到最大,要在特征空间中找到最优分离超平面。为了解决非线性问题,可以引入核函数。SVM 通过获取空间特征最优超平面,在目标检测的领域具有优势。HOG 特征提取的受电弓红外特征维数较高,所以可以考虑使用 SVM 作为受电弓红外摩擦检测的分类器。

图 4-30 是 SVM 二分类模型图,图像中有 A 和 B 两类样本,分别用叉和圆形表

示,在两类中间有一条实线对其分割,设置其中一类为正样本,另外一类则为负样本,通过超平面将两类样本进行区分。虚线代表离超平面最近的正负样本所在位置,虚线和实现之间的距离称为最大间隔。SVM 旨在高维特征空间中找到最优超平面,使其可以将红外受电弓摩擦区域作为正样本和将其他区域作为负样本进行分类。

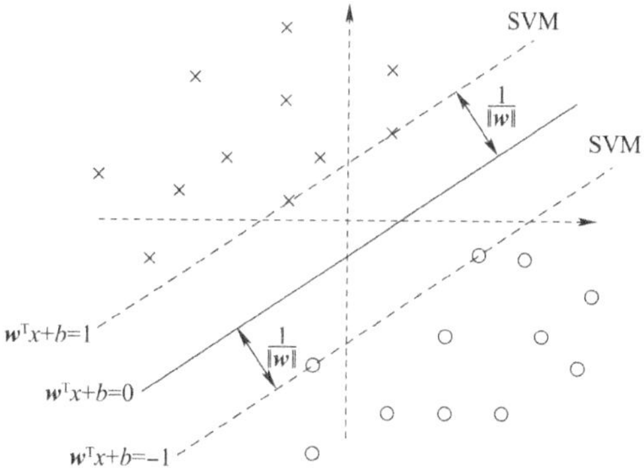

图 4-30 SVM 二分类模型图

模型通过改变决策平面,减少数据中噪声的影响,虽然仍线性可分,但边际会减少。模型准确率虽然提高了,但是泛化误差也增大了。有一些数据线性不可分,或者线性可分状况下训练准确率不能达到 100%,即无法使训练误差为 0。边际越大,被分错的样本也就会越多,因此,需要找到一个最大边际与被分错的样本数量之间的平衡。为此,引入松弛系数 ζ,其优化问题为:

$$\min_{\varpi,b} \frac{1}{2}\|\boldsymbol{w}\|^2 + C\sum_{i=1}^{m}\zeta_i \tag{4-26}$$

$$y_i(\boldsymbol{w}^\mathrm{T}x_i + b) \geq 1 - \zeta_i \quad i = 1,2,\cdots,m \tag{4-27}$$

$$\zeta_i \geq 0 \quad i = 1,2,\cdots,m \tag{4-28}$$

C 被称为惩罚参数($C>0$),表示在目标函数中松弛量的权重,C 越大表示最小化时更多地考虑最小化 ζ,即允许模型错分的样本越少,C 值的给定需要调参。

构造软间隔最大化的约束问题对应的拉格朗日(Lagrange)函数如下:

$$L(\boldsymbol{w},b,\alpha,\zeta) = \frac{1}{2}\|w\|^2 + C\sum_{i=1}^{m}\zeta_i - \sum_{i=1}^{m}\alpha_i[1 - \zeta_i - y_i(\boldsymbol{w}^\mathrm{T}x_i + b)] \tag{4-29}$$

优化目标函数为:

$$\underset{w,b,\zeta}{\mathrm{Min}}\ \underset{\alpha}{\mathrm{Max}}\ L(\boldsymbol{w},b,\alpha,\zeta) \tag{4-30}$$

通过对 w、b、ζ_i 求偏导得到优化函数的最大值,其式如下:

$$\frac{\partial L}{\partial \boldsymbol{w}} = 0 \Rightarrow w = \sum_{i=1}^{m}\alpha_i y_i x_i \tag{4-31}$$

$$\frac{\partial L}{\partial b} = 0 \Rightarrow \sum_{i=1}^{m}\alpha_i y_i = 0 \tag{4-32}$$

$$\frac{\partial L}{\partial \zeta_i} = 0 \Rightarrow C - \alpha_i - u_i = 0 \tag{4-33}$$

通过式(4-32)~式(4-34)可以得到 w 和 α 的关系,代入优化函数消去 w,得到表达式:

$$\psi(\alpha) = \text{Max } L(x,b,\alpha,\zeta) = \sum_{i=1}^{m}\alpha_i - \frac{1}{2}\sum_{i=1}^{m}\sum_{j=1}^{m}\alpha_i\alpha_j,y_iy_j(x_i \cdot x_j) \quad (4\text{-}34)$$

对 $\psi(\alpha)$ 求极小值 α,进而求出 w、b。函数模型为:

$$\underset{\alpha}{\text{Min}}\left[\sum_{i=1}^{m}\alpha_i - \frac{1}{2}\sum_{i=1}^{m}\sum_{j=1}^{m}\alpha_i\alpha_j,y_iy_j(x_i \cdot x_j)\right] \quad (4\text{-}35)$$

$$\sum_{i=1}^{m}\alpha_iy_i = 0 \quad (4\text{-}36)$$

$$0 \leqslant \alpha_i \leqslant C \quad i = 1,2,\cdots,m \quad (4\text{-}37)$$

根据 SVM 的 KKT 条件:

$$\begin{cases} \alpha_i \geqslant 0, u_i \geqslant 0, \zeta_i \geqslant 0, u_i\zeta_i = 0 \\ y_i(w^T x_i + b) - 1 + \zeta_i \geqslant 0 \\ \alpha_i[y_i(w^T x_i + b) - 1 + \zeta_i] = 0 \end{cases} \quad (4\text{-}38)$$

可知 $\alpha_i > 0$(即 $\alpha_i \neq 0$)的样本为支持向量,在间隔边界上、间隔边界 $y_i(w^T x_i + b) = 1$ 与决策超平面之间,或者在超平面误差一侧的向量都有可能是支持向量,因为模型中每个样本的 α_i、ζ_i 不同,而 α_i、ζ_i 取值不同,样本就有可能落在不同的区域。

样本线性不可分时,SVM 通过核函数,将低维特征向量映射到高维空间,即希尔伯特空间,则式(4-27)优化目标函数为:

$$f(x) = \text{sign}\left[\sum_{i=1}^{m}\alpha_iy_iK(x_i,x) + b\right] \quad (4\text{-}39)$$

其中,核函数最常用的有多项式核函数、RBF 核函数与线性核函数等,其式如下:

多项式核函数:

$$K(x_1,x_2) = |(x_1 \cdot x_2) + C|^d \quad (4\text{-}40)$$

RBF 核函数:

$$K(x_1,x_2) = e^{-\frac{\|x_1 - x_2\|^2}{2\sigma^2}} \quad (4\text{-}41)$$

线性核函数:

$$K(x_1,x_2) = x_1 \cdot x_2 \quad (4\text{-}42)$$

⑦分类器训练。

训练过程中,正负样本各 400 个左右,样本图像来自红外热成像仪拍摄全弓图像,输入的图像样本为 64×128 像素。样本图像大小为 64×128 像素,每个图内对于每一个样本图像中有 7 个水平窗口、15 个垂直窗口,可产生 7×15＝105 个块,每个块可以得到 36 维的特征向量,这样一个样本图像可以得到 3780 个 HOG 特征。

基于 SVM 进行图像训练,获取训练样本和测试样本后,选择合适的核函数,将训练集测试训练模型参数,并调节参数,选出合适的模型参数,再利用测试样本进行检验,通过交换两个数据集,选取对该样本集的最优参数。训练结果如图 4-31 所示,在对摩擦区域的划分中,在保证前后板划分的同时,边缘也十分清晰。

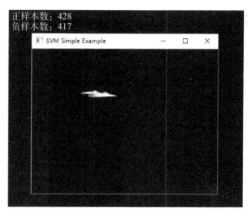

图 4-31 训练结果

4.3 列车运行过程关键部件走行部状态检测装备

应用前文所提出的城轨列车运行过程关键部件走行部状态检测技术,结合城市轨道交通现场工程实际,本书设计了一种走行部地面检测系统。系统架构如图 4-32 所示。

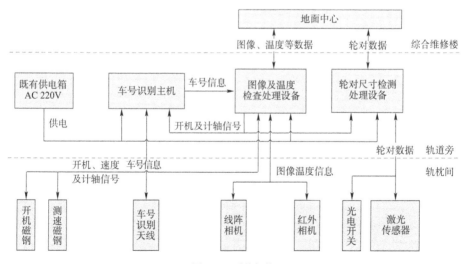

图 4-32 系统架构

系统由图像及温度检测模块、轮对尺寸检测模块、车号识别设备、磁钢设备、轨边箱等组成。

4.3.1 图像及温度检测模块

图像及温度检测模块完成收集车底车侧图像数据，关键部件温度红外图像数据的功能，主要包含线阵相机、红外相机等。图像及系统逻辑连接关系如图4-33所示。

(1)线阵相机。

线阵相机完成图像检测的图像收集任务，根据前文分析检测项点，推荐安装在转向架外侧面和车底附近。

(2)红外相机。

红外相机完成温度检测的红外图像收集任务，根据前文分析检测项点，推荐安装在车底高压箱温度检测箱、车底底压箱温度检测箱，以及左侧轴温检测箱、右侧轴温检测箱上。

4.3.2 轮对尺寸检测模块

(1)激光传感器。

激光传感器用于检测轮对尺寸信息，推荐安装在左右轮对内外侧位置。

(2)光电开关。

光电开关是光电接近开关的简称，它是利用被检测物对光束的遮挡或反射，由同步回路接通电路，从而检测物体的有无。推荐安装在左右钢轨旁。

4.3.3 车号识别设备

(1)车号识别天线。

车号识别天线用于识别车辆安装的车号。

(2)车号识别主机。

车号识别主机用于读取车号识别天线识别出的列车号，并发送至图像检测模块。

4.3.4 磁钢设备

(1)来车检测磁钢。

磁钢一般是指铝镍钴合金，来车检测磁钢的作用是检测来车并向系统传送来车数据。推荐安装于道岔前的轨道上，系统收到来车数据后开启相机保护盖。

第4章 城市轨道交通列车走行部关键部件状态地面定点扫描检测技术

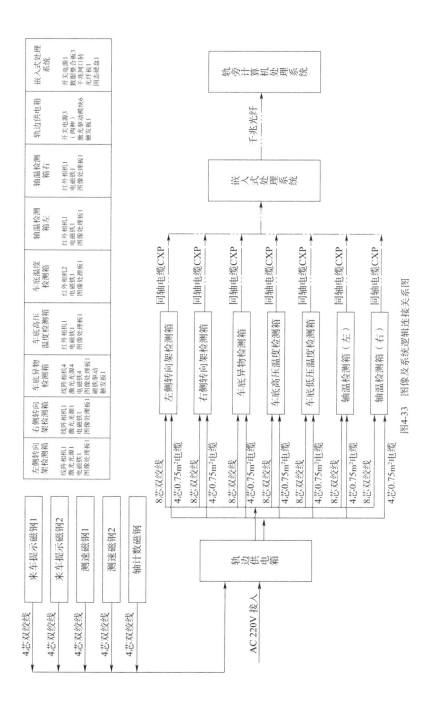

图4-33 图像及系统逻辑连接关系图

(2)测速磁钢。

测速磁钢用于测量列车通过车速,通过计算车轮通过两个磁钢的时间差来确定列车的车速,为线阵相机确定合适的行频。

(3)计轴磁钢。

计轴磁钢用于检测列车是否完全通过,通过检测通过车轮的个数来确定一列列车是否完全通过,检测到全部通过后向系统传送数据,系统收到数据后关闭,等待下一列车通过时再次开启。

4.3.5 轨边箱

轨边箱包含图像及温度监测模块轨边箱、轮对监测模块轨边箱及车号识别轨边箱。轨边箱接入外部的 AC 220V 供电,并转换为 DC 12V 或 DC 24V 直流电,为设备各部分提供电源。轨边箱供电电缆通过暗管接入既有供电箱,网线或光纤通过暗管接入既有通信井,最后接入车辆基地机房。

第5章 城市轨道交通列车车载轨道状态检测技术

本章所介绍的主要轨道检测方法为弦测法、惯性基准法。弦测法不受运行速度的影响,以钢轨上前后两个车轮作为测点,测点之间的连线作为弦,中间车轮作为测点得到钢轨的测量值。惯性基准法可确定钢轨踏面在惯性坐标系内的相对位置。

轨道几何廓形磨耗检测单元、轨道波磨单元、轨道速度检测单元将采集到的数据发送给传感器数据采集设备,数据采集分析部件完成采集后,可计算得出轨道几何状态、廓形、磨耗及波磨等结果,发送给轨道检测软件进行波形展示,对超限结果运算和超限报表进行输出。

5.1 列车车载轨道状态检测原理

5.1.1 列车车载主要轨道检测原理

(1)弦测法基本原理。

弦测法通常利用钢轨上前后两个车轮作为测点,以测点之间的连线作为弦,以中间车轮作为测点到该弦的弦测值即为钢轨的测量值。弦测法的优点是不受运行速度的影响,缺点是由于传递函数在 0~2 之间,不恒等于 1,不能真实反映轨道踏面的不平顺状态。弦测法的测量基准是车体本身。弦测法示意图如图 5-1 所示。以前后测点长度为 S 的弦为例,在间距为 $S/2$ 的前后 3 个轮轴上分别安装传感器,测量轴头与车体之间相对运动的位移。

轨道的真正不平顺:$f(x)$;

系统测量值:$y(x)$;

间距:s;

传感器的横坐标:x。

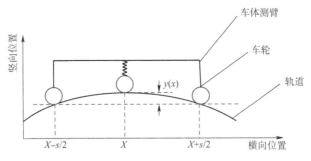

图 5-1　弦测法示意图

两者之间的关系为：

$$y(x) = f(x) - \frac{1}{2}\left[f\left(x - \frac{s}{2}\right) + f\left(x + \frac{s}{2}\right) \right] \tag{5-1}$$

(2) 惯性基准法基本原理。

惯性基准法是指惯性测量元件在运动的车体内建立惯性坐标系并确定参考基准，利用传感器得到轨道与基准之间的相对位置，从而确定钢轨踏面在惯性坐标系内的相对位置。惯性基准法示意图如图 5-2 所示。

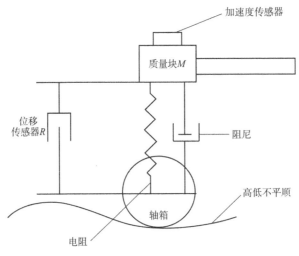

图 5-2　惯性基准法示意图

设车体的垂向加速度为 $A(t)$，由车体地板的垂向加速度计测量，车体振动相对较小，最大加速度一般不超过 $10g$（g 代表重力加速度）。设车体与轴箱之间在垂直方向上的相对位移为 $D(L)$，由加速度计和轴箱之间的位移传感器测量，对 $A(t)$ 积分运算得到加速度计安装位置的运动轨迹，进一步运算得到轨道踏面的运动轨迹 $P(L)$。计算公式如下：

$$P(L) = \iint A(t)\left(\frac{\mathrm{d}L}{\mathrm{d}t}\right)\mathrm{d}t^2 - D(L) \tag{5-2}$$

5.1.2 城市轨道交通列车车载轨道几何检测原理

轨道几何检测采用捷联式惯性导航技术、激光结构光轮廓测量技术共同完成。通过捷联式惯性导航技术可得到三轴加速度、三轴陀螺信号数据，通过激光结构光轮廓测量技术可得到检测设备相对于钢轨的垂直方向位移、水平方向位移。轨道几何检测系统传感器布置图如图 5-3 所示。

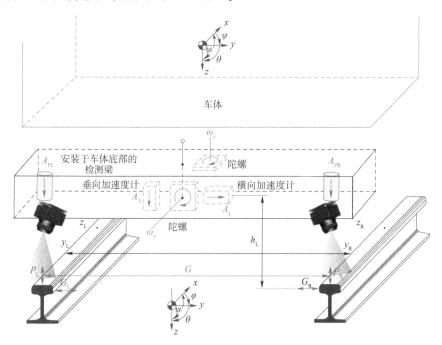

图 5-3 轨道几何检测系统传感器布置图

(1) 变量说明与分析。

x 轴指向页面的里面为正，其正方向表示车体行进的方向；

y 轴指向向右的水平方向为正；

z 轴指向向下的垂直方向为正；

φ 为检测梁偏航角,即摇头角,绕 z 轴转动,从 x 轴指向 y 轴为正方向,即向右摇头方向为正方向;

θ 为检测梁滚动角,绕 x 轴转动,从 y 轴指向 z 轴为正方向,即当左轨高产生的滚动角的正方向;

ψ 为检测梁俯仰角,绕 y 轴转动,从 z 轴指向 x 轴为正方向,即当上升坡度时为正方向;

$G_R(G_L)$ 为右(左)轨轨距点的偏移量,为由激光位移测量系统得到的左(右)轨面顶点相对检测梁的垂向位移;

P_R 为由激光位移测量系统得到的右轨面顶点相对检测梁的垂向位移;

P_L 为由激光位移测量系统得到的左轨面顶点相对检测梁的垂向位移;

Z_L 为左轨面顶点的 z 坐标;

Z_R 为右轨面顶点的 z 坐标;

Z_b 为检测梁中点的 Z 坐标;

y_L 分别为左轨距测量点的 y 坐标;

y_R 分别为右轨距测量点的 y 坐标;

A_{PL}、A_{PR} 分别为左、右轨道检测梁中心点的轨向加速度传感器的输出;

h_L 为轨道检测梁相对于轨距测量平面的垂直高度;

ω_x 为检测梁的滚动角速率;

ω_y 为检测梁的摇头角速率。

对将惯性包安装在车体上的情况进行分析可知,此车体相对于惯性空间的运动可以用刚体绕质心运动方程得到,以 φ 为刚体偏航角,θ 为刚体滚动角,ψ 为刚体俯仰角,则刚体坐标系内三个轴方向的角速度与刚体在三个方向上转过的角度之间的关系为:

$$\begin{pmatrix} \omega_x \\ \omega_y \\ \omega_z \end{pmatrix} = \begin{pmatrix} 1 & 0 & -\sin\psi \\ 0 & \cos\theta & \cos\psi\sin\theta \\ 0 & -\sin\theta & \cos\psi\cos\theta \end{pmatrix} \begin{pmatrix} \dot\theta \\ \dot\psi \\ \dot\varphi \end{pmatrix} \tag{5-3}$$

也就是说,滚动陀螺输出:

$$\omega_x = \dot\theta - \dot\varphi\sin\psi \tag{5-4}$$

俯仰陀螺输出:

$$\omega_y = \dot\psi\cos\theta + \dot\varphi\cos\psi\sin\theta \tag{5-5}$$

摇头陀螺输出:

$$\omega_z = \dot{\varphi}\cos\theta\cos\psi - \dot{\psi}\sin\theta \tag{5-6}$$

（2）几何参数合成算法。

①轨距合成算法。

轨距测量示意图如图 5-4 所示。

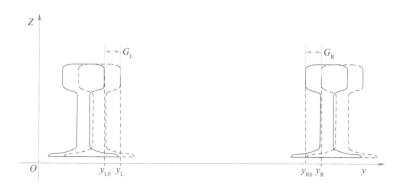

图 5-4　轨距测量示意图

由激光轨距测量系统得到横向也就是 y 轴方向的偏移量为：

$$G_L = y_L - y_{L0} \tag{5-7}$$

$$G_R = y_R - y_{R0} \tag{5-8}$$

令：

$$G = y_{L0} - y_{R0} \tag{5-9}$$

根据轨距的定义，由上式可得轨距 Gauge：

$$\text{Gauge} = y_R - y_L = G_L + G_R + G \tag{5-10}$$

轨距的计算合成是最简单的，它不需要滤波补偿或者其他的处理。

②轨向合成算法。

轨向指钢轨内侧面轨距点沿轨道横向水平位置的变化。轨向测量算法计算包括两个部分，一部分是安装于检测梁中央位置的伺服加速度计 ALGN，用于检测梁中央位置的横向惯性位移；另一部分是左右激光位移测量装置所测得的左右轨距分量 G_L 和 G_R，由惯性位移和左右轨距分量计算得到左右轨的轨向。

安装于检测梁横梁上的轨向加速度计 ALGN，它的输出信号 AL 中包括我们希望得到的横梁的横向加速度 A_b、当横梁有倾角时重力加速度会在横向 y 轴方向产生重力加速度分量 A_g、横梁滚动加速度在 y 轴方向的分量 A_{br} 以及由于垂向和横向加速度的轴对准误差带来的纵加速度在 y 轴方向的加速度分量 A_m，A_m 一般忽略不计。

由于

$$A_b = \frac{d^2 y_b}{dt^2} \tag{5-11}$$

$$A_g = g\sin\theta_b \tag{5-12}$$

$$A_{br} = h_L \frac{d^2 \theta_b}{dt^2} \tag{5-13}$$

因此

$$A_b = \frac{d^2 y_b}{dt^2} = A_L + A_g - A_{br} = A_L + g\sin\theta_b - h_L \frac{d^2 \theta_b}{dt^2} \tag{5-14}$$

左轨向：

$$\text{Alignment}_L = \iint A_b + G_L$$
$$= \iint (A_L + g\theta_b T^2 - h_L \ddot{\theta}_b) + G_L \tag{5-15}$$

右轨向：

$$\text{Alignment}_R = \iint A_b + G_R$$
$$= \iint (A_L + g\theta_b T^2 - h_L \ddot{\theta}_b) + G_R \tag{5-16}$$

最后通过二次积分和滤波函数得到左右轨向的空间曲线输出和弦测输出。轨向加速度计安装在检测梁上时，轨向合成算法流程如图 5-5 所示。

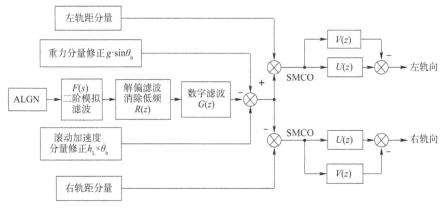

图 5-5 轨向合成数据流程图

③高低合成算法。

高低是钢轨顶面垂向起伏变化,由位于左右轨顶面的高低加速度计输出值与激光位移测量系统测得的左右轨垂向位移矢量 P_L 和 P_R 合成计算得到,如图 5-6 所示。

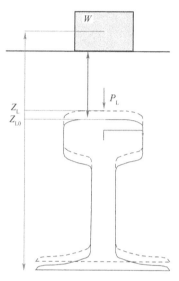

图 5-6 高低合成算法示意图

由激光轨距测量系统得到垂向,也就是 z 轴方向的偏移量为:

$$P_L = z_L - z_{L0} \tag{5-17}$$

$$P_R = z_R - z_{R0} \tag{5-18}$$

由于

$$A_{bpL} = \frac{d^2 z_{bL}}{dt^2} \tag{5-19}$$

$$A_{bpR} = \frac{d^2 z_{bR}}{dt^2} \tag{5-20}$$

$$A_{gp} = g - g\cos\theta_b = 2\sin^2\frac{\theta_b}{2} \approx \frac{1}{2}g\,\theta_b^2 \tag{5-21}$$

$$A_{rp} = h_v \frac{d^2\theta_b}{dt^2} \tag{5-22}$$

因此

$$A_{\text{bpL}} = \frac{\mathrm{d}^2 z_{\text{bL}}}{\mathrm{d}t^2} = A_{\text{PL}} - A_{\text{gp}} - A_{\text{rp}} = A_{\text{PL}} - \frac{1}{2}g\theta_b^{\ 2} - h_v\frac{\mathrm{d}^2\theta_b}{\mathrm{d}t^2} \quad (5\text{-}23)$$

$$A_{\text{bpR}} = \frac{\mathrm{d}^2 z_{\text{bR}}}{\mathrm{d}t^2} = A_{\text{PR}} - A_{\text{gp}} - A_{\text{rp}} = A_{\text{PR}} - \frac{1}{2}g\theta_b^{\ 2} - h_v\frac{\mathrm{d}^2\theta_b}{\mathrm{d}t^2} \quad (5\text{-}24)$$

这样，可计算高低几何参数。

左高低：

$$\begin{aligned}\text{Profile}_{\text{L}} &= \iint A_{\text{bpL}} - W_{\text{L}} + P_{\text{L}} \\ &= \iint \left(A_{\text{PL}} - \frac{1}{2}g\theta_b^{\ 2}T^2 - h_v\ddot{\theta}_b\right) - W_{\text{L}} + P_{\text{L}} \end{aligned} \quad (5\text{-}25)$$

右高低：

$$\begin{aligned}\text{Profile}_{\text{R}} &= \iint A_{\text{bpR}} - W_{\text{R}} + P_{\text{R}} \\ &= \iint \left(A_{\text{PR}} - \frac{1}{2}g\theta_b^{2}T^2 - h_v\ddot{\theta}_b\right) - W_{\text{R}} + P_{\text{R}} \end{aligned} \quad (5\text{-}26)$$

这里 W_{L}、W_{R} 为常量，分别为横梁与左右轨顶面之间的距离。

高低加速度计和激光位移系统均安装在检测梁上时的高低合成算法流程图如图 5-7 所示。

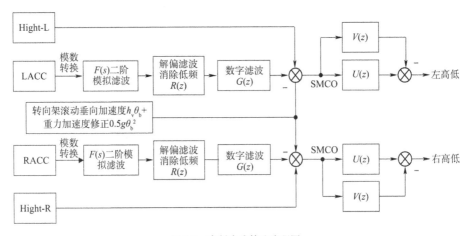

图 5-7 高低合成算法流程图

④曲率合成算法。

曲率指轨道的弯曲程度，可用轨道中心线在单位长度内转动的角度来表示。曲率检测有三种方法：

a. 检测两转向架中心连线的转角；
b. 检测车体纵向中心线的转角；
c. 检测转向架纵向中心线的转角。

当惯性组件安装在车体上时，我们可以通过摇头陀螺的测量值直接获得轨道的曲率（也就是方法2），摇头陀螺测量车体的偏航角，其输出信号ω_z表达式为：

$$\omega_z = \dot{\phi}_b \cos\theta_b \cos\psi_b - \sin\theta_b \dot{\psi}_b \tag{5-27}$$

由于我们忽略了俯仰角，因此：

$$\omega_z \approx \dot{\phi}_b \cos\theta_b \tag{5-28}$$

而当滚动角较小时不需要用滚动角的余弦作修正，因此可简化为：

$$\dot{\phi}_b \approx \omega_z \tag{5-29}$$

这样，曲率由摇头陀螺输出数值经过一定的处理直接获得：

$$\text{Curvature} = \dot{\phi}_b \approx \omega_z \tag{5-30}$$

摇头陀螺安装在车体上时的曲率合成算法如图5-8所示。

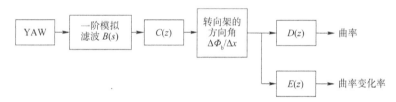

图5-8　摇头陀螺安装在车体上时的曲率合成算法

⑤水平合成算法。

水平定义为同一轨道断面两轨顶面之高差，曲线上人工设置的水平称为超高。当获得轨道倾角时，我们就可以根据公式计算水平值：

$$\text{Crosslevel} = G \times \sin\theta_t \tag{5-31}$$

这里轨道倾角：

$$\theta_t = \frac{z_L - z_R}{G} \tag{5-32}$$

而轨道倾角θ_t可以通过检测梁的滚动角θ_b和检测梁与轨道夹角θ_{bt}的代数和计算获得：

$$\vec{\theta}_t = \vec{\theta}_b + \vec{\theta}_{bt} \tag{5-33}$$

这里：

$$\theta_{bt} = \frac{(W_L + P_L) - (W_R + P_R)}{G} \quad (5\text{-}34)$$

而 θ_b 是通过滚动陀螺的输出得到：

$$\omega_x = \dot{\theta}_b - \dot{\phi}_b \sin\psi_b \approx \dot{\theta}_b \quad (5\text{-}35)$$

为了统一量纲且方便运算，对式子进行一阶差分，有：

$$\dot{\theta}_{bt} = \frac{\dot{P}_L - \dot{P}_R}{G} \quad (5\text{-}36)$$

$$\dot{\theta}_t = \dot{\theta}_b + \dot{\theta}_{bt} = \omega_x + \frac{\dot{P}_L - \dot{P}_R}{G} \quad (5\text{-}37)$$

5.1.3 城市轨道交通列车车载轨道廓形和磨耗检测原理

现有的轨道廓形和磨耗测量方法可以分为两种：接触式和非接触式。接触测量需要专门设计的测量工具。其优点是操作简便、成本低廉；缺点是效率低、人力物力消耗大、测量精度在很大程度上取决于操作人员的业务水平。此外，测量员需要通过接触测量在轨道现场工作，不能满足铁路安全运营的紧迫需求。与接触式测量相比，非接触式测量具有较高的处理速度和精度，无须复杂的机械设备。因此，它非常适用于轨道廓形和磨耗的动态测量。

钢轨廓形及磨耗测量原理图如图 5-9 所示。

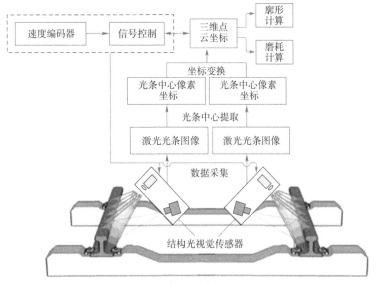

图 5-9　钢轨廓形及磨耗测量原理图

钢轨轮廓的自动测量首先采用线结构光视觉传感装置扫描钢轨断面生成钢轨的廓形光条图像;然后对图像进行细化操作,进一步提取光条的中心线;之后,通过坐标变换将两个轮廓半断面合成为一个全断面廓形,具体操作方法是根据预先标定好的激光摄像组件的参数矩阵,将提取的光条中心线的二维图像坐标转换为三维物理坐标,即得到钢轨截面的真实三维轮廓;最后,采用点云配准的方法将测量到的三维点云钢轨轮廓与工程 CAD 制作的标准轨廓模板进行匹配和对齐。

钢轨廓形比对分析及磨耗计算如图 5-10 所示。参照标准廓形对配准后的测量廓形进行分析计算,可以得到钢轨的垂磨 W_V 和侧磨值 W_H,并对廓形数据进行进一步的精密分析。

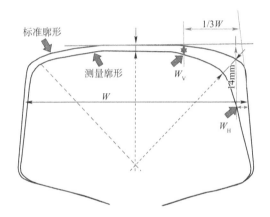

图 5-10　钢轨廓形比对分析及磨耗计算

5.1.4　城市轨道交通列车车载轨道波磨检测原理

钢轨波浪形磨耗是钢轨投入使用后,轨顶面沿纵向分布的周期性类似波浪形状的不平顺现象,是轨道损伤的一种主要形式,人们常将其简称为"波磨"。目前,我国对钢轨波磨的检测方法主要是采用静态逐点手工测量,这样的方法有个致命的缺点:检测效率十分低下,往往要波磨形成并发展至很严重时才被城市轨道交通工务人员所发现。

目前,国内外的波磨检测系统大都基于弦测法以及惯性基准法,不同方法之间只是在检测系统的具体实现上有所不同。惯性基准法受速度影响较大,不适宜低速检测;弦测法原理简单、不受速度影响,且随着传感器精度的不断发展,可以克服或者减少弦测法的不足之处。

采用弦测法实现钢轨波磨的高精度测量。以三点等弦波磨测量模型(图 5-11)

为例,传感器布局和计算原理图分别如图 5-11a)和图 5-11b)所示。在列车转向架上固定了 3 个从 A 到 C 的 2-D 激光位移传感器。它们沿轨道纵轴排列,并且间隔等于弦长 L 的一半。轨道表面的激光反射点分别为 a_t、b_t 和 c_t,使用连接线 $a_t c_t$ 作为基准线,获取 b_t 到该线的相对偏移作为波纹测量值 $y(x)$。在轨道磨损测量领域,它也称为弦测值。

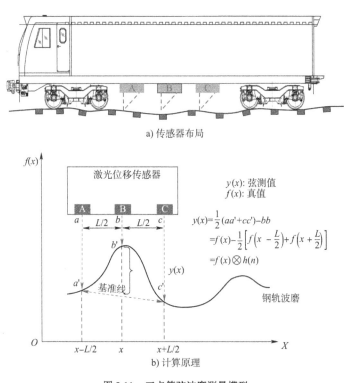

图 5-11 三点等弦波磨测量模型

在动态测量过程中,位移值由两部分组成:①垂直方向轮轨相互作用引起的振动;②轨道波磨。与转向架的长度相比,弦长 L 很短,可以认为这三个传感器被固定在相同的位置。因此,它们的垂直振动几乎相同,并且可以在推导 $y(x)$ 时抵消。因此,与其他相关技术相比,特别是以加速度计为代表的惯性方法,基于弦测法最明显的优点是它与检测速度无关,并且对轨道或轨道的垂直振动不敏感。

如图 5-11b)所示,与波磨真实值 $f(x)$ 相比,很明显基于弦的值 $y(x)$ 不等于其真实值。在变换过程中存在一个传递函数 $h(n)$。为了纠正偏差,需要设计对应 $h(n)$ 的相应的有限脉冲响应(FIR)逆滤波器 $h_i(n)$,具体流程描述如下:

空域: $f(x)$ $h(n)$ $y(x)=f(x)\otimes h(n)$ $h_i(n)$ $\hat{f}(x)=y(x)\otimes h_i(n)$
频域: $F(\omega)$ $\downarrow$ FFT $H(\omega)$ $Y(\omega)=F(\omega)H(\omega)$ $H_i(\omega)$ $\hat{F}(\omega)=Y(\omega)H_i(\omega)$

其中，$H(\omega)H_i(\omega)=\mathrm{e}^{-\mathrm{j}a\omega}$，$\omega\in[\omega_1,\omega_2]$，$a$ 为相位差。

图 5-12 所示为三点不等弦波磨测量模型，即三个激光位移测距仪非等间隔安装。设弦长为 L，轨道的不平顺值（即波磨真值）为 $f(x)$，系统的测量值为 $y(x)$，则二者之间的关系可表达为：

$$y(x)=f(x)-\frac{b}{L}f(x-a)-\frac{b}{L}f(x+b) \quad (5\text{-}38)$$

经过傅里叶变换可得三点弦测法幅频特性传递函数为：

$$H(\omega)=\frac{L-(b\mathrm{e}^{\mathrm{j}a\omega}+a\mathrm{e}^{-\mathrm{j}b\omega})}{L} \quad (5\text{-}39)$$

弦测法的难点在于设计合理的逆滤波器以及弦长参数，使系统在测量波段内都具有较高的精度。一般而言，三点等弦模型适合测量中波波磨；三点不等弦模型适用于短波波磨测量；而对于长波波磨，简单的两点弦测量模型即可满足精度要求。

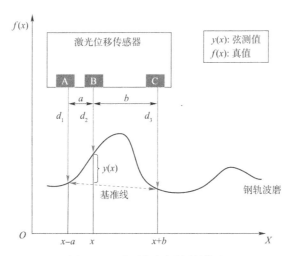

图 5-12 三点不等弦波磨测量模型

轨道检测系统原理如图 5-13 所示。

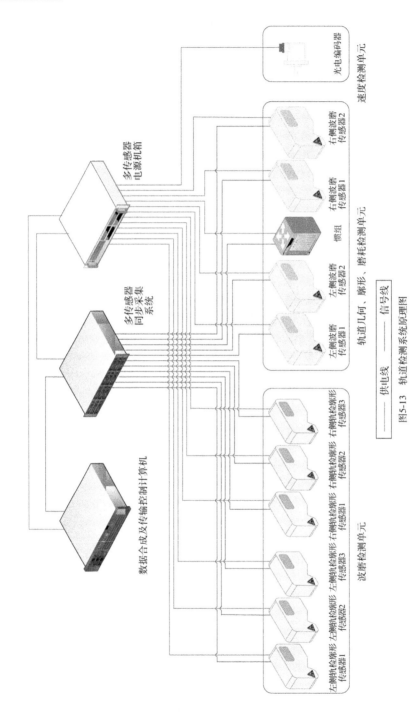

图5-13 轨道检测系统原理图

5.2 列车车载轨道状态检测装备

5.2.1 列车车载轨道检测单元

轨道几何廓形磨耗检测单元由惯性组件和 2D 激光摄像传感器组件组成,主要完成车辆运行过程中角速度、加速度、激光测距和廓形数据信息的采集,并将采集到的数据发送给多传感器数据采集系统。轨道几何、廓形检测单元结构设计如图 5-14 所示。

图 5-14 轨道几何、廓形检测单元结构设计图

(1) 轨廓主传感器。

轨廓主传感器如图 5-15 所示。

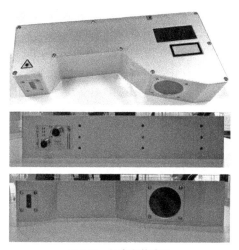

图 5-15 轨廓主传感器

轨廓主传感器的技术参数如下。

①典型特性。

轨廓主传感器采用坚固的 IP67 级封闭外壳并且支持 GigE Vision 和 GenICam 标准,使用灵活的触发接口。轨廓主传感器支持复杂的 3D 扫描功能,如自动启动、自动跟踪等。轨廓主传感器是基于激光三角测量的 3D 传感器,每条轮廓包含的点数可达 1280 点,轮廓扫描速度高达 200 kHz。轨廓主传感器集成高精度 3D 轮廓测量算法采用 HDR-3D 轮廓技术的增强 3D 成像技术。

②详细参数。

轮廓主传感器的扫描速度:200kHz,数据接口为 GigE Vision/GenlCam;动态范围:90dB(with HDR-3D);连接器:M12;防护等级:IP67;传感器采用 MAX、TRSH、COG、FIR-PEAK 算法,电源规格:10~24V DC(最大 27V DC);PC 要求:Gigabit Ethernet NIC;所要求的软件环境:配置工具 CX Explorer,Genlcam-API,并且适用于所有 GigE Vision 兼容图像处理库,如 HALCON、MATLAB、LABVIEW 等。轨廓主传感器详细参数见表 5-1。

轨廓主传感器详细参数   表 5-1

项目				
每条轨廓包含数据点数	1280	1280	1280	1280
X 方向分辨率(mm)	0.025-0.031-0.036	0.047-0.059-0.070	0.142-0.194-0.244	0.019-0.023-0.026
Z 方向分辨率(um)	0.74-1.17-1.66	2.27-3.53-5.02	3.27-6.05-9.82	0.55-0.80-1.04
工作距离(mm)	90	197	106	106
Z 方向测量范围(mm)	46	80	40	40
视野(mm)	32-46	60-90	24-33	24-33
默认激光安全等级	—	3R,660nm,25mW	3R,660nm,25mW	3R,660nm,25mW
可选激光安全等级	3R,405nm,25mW	3R,405nm,25mW	3R,405nm,25nm	3R,405nm,25mW
	3B,450nm,75mW	3B,450nm,75mW	3B,660nm,130mW	3B,450nm,75mW
	2M,405nm	3B,660nm,130mW	3B,450nm,75mW	3B,660nm,130mW
	—	2M,405nm	2M,660nm	2M,405nm
	—	2M,660nm	2M,405nm	2M,660nm
机械尺寸	规格 6	规格 2	规格 2	规格 1
质量(kg)	0.5	0.65	1.9	0.65

轨廓主传感器外形尺寸如图 5-16 所示。

（2）惯组传感器。

惯性组件由三轴陀螺和三轴加速度计组成，完成角速度和加速度的信息采集，测得检测梁的运动姿态，建立水平方向的惯性基准。惯组传感器如图 5-17 所示，惯组参数见表 5-2。

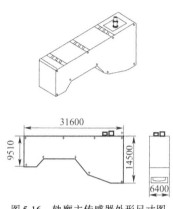

图 5-16　轨廓主传感器外形尺寸图
（尺寸单位：μm）

图 5-17　惯组传感器

惯组参数　　　　　　　　　　　　　　　　　　　　　　　表 5-2

系统精度	航向	单点：0.1°（1σ，GNSS/BD 信号良好，基线长度≥2m）； RTK：0.05°（1σ）； 后处理：0.04°（1σ）
	姿态	单点：0.02°（1σ，GNSS/BD 信号良好）； RTK：0.02°（1σ）； 后处理：0.01°（1σ）
	位置	单点：3m（CEP）（GNSS/BD 信号良好）； RTK：2cm + 1ppm（CEP）（GNSS/BD 信号良好）； 后处理：1cm + 1ppm（CEP）
	数据更新速率	1Hz/5Hz/10Hz/100Hz（可调）
接口特性	接口方式	RS-232 / RS-422/CAN（选配）/网口（选配）
	波特率	115200 bit/s（默认）

续上表

物理特性	供电电压	24V DC 额定(10~32V DC)
	额定功率	≤24W
	工作温度	-40~+65℃
	物理尺寸	189mm×169mm×133mm
	质量	≤3.5kg(不含天线和线缆)

惯组传感器外形尺寸如图5-18所示。

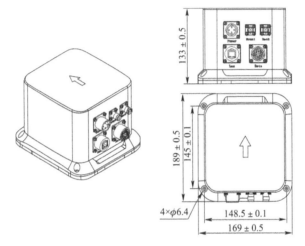

图5-18 惯组传感器外形尺寸(尺寸单位:mm)

5.2.2 城市轨道交通列车车载轨道波磨检测单元

轨道波磨检测单元由多个高精度2D传感器组成,利用激光测量的方式完成轨面波形磨耗原始数据的采集,并传送至多传感器数据采集设备。波磨单元结构设计图如图5-19所示。

波磨检测箱分为左波磨检测箱和右波磨检测箱,其中每个波磨检测箱内装有3个波磨3D测量组件。波磨主传感器如图5-20所示。

波磨主传感器的技术参数如下。

(1)典型特性。

波磨主传感器采用坚固的IP67级封闭外壳,工业用M12接头,使用灵活的触发接口。波磨主传感器提供激光保护/紧急停止功能的连接并且支持复杂的3D扫描功能,如自动启动等。波磨主传感器是内置集成激光线发生器的 3D 传感器,每条轮廓包含点数可达 2048 点,轮廓的扫描速度为 25kHz,采用集成高精度 3D 测量算法和 HDR-3D 轮廓技术的增强 3D 成像技术并且支持 GigE Vision 和 GenICam 标准。

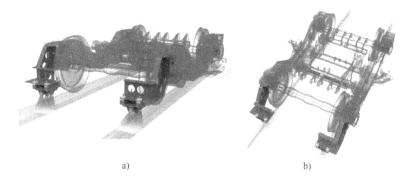

图 5-19 波磨单元结构设计图

图 5-20 波磨主传感器

(2)详细参数。

波磨主传感器的扫描速度:25000Hz;数据接口:GigE Vision/GenICam;动态范围:90dB(with HDR-3D),连接器为 M12;传感器采用的算法:MAX,TRSH,COG,FIR-PEAK;数字 I/O(输入/输出):光耦隔离输入(2x)/输出(2x),激光等级,触发,编码器(RS 442);电源参数:10~24V DC(最大 27V DC);功率:小于 6W;工作温度:0~+50℃(非凝结);抗冲击/振动为 2G/20-500Hz;防护等级为 IP67;PC 要求为 Gigabit Ethernet NIC;配置的软件环境:CX Explorer,GenlCam-API;适用于所有 Gige Vision 兼容图像处理库,如 HALCON、MATLAB、LABVIEW 等。

波磨主传感器参数见表 5-3。

波磨主传感器参数表　　　　　　　　表5-3

每条轮廓包含数据点数	2048	2048	2048	2048
X方向分辨率（mm）	0.006-0.006-0.006	0.016-0.019-0.021	0.027-0.031-0.034	0.044-0.049-0.054
Z方向分辨率（um）	0.14-0.15-0.16	0.47-0.66-0.86	0.85-1.15-1.47	1.43-1.89-2.41
工作距离(mm)	51.5	106	106	106
Z方向测量范围(mm)	6	40	40	40
视野FOV(mm)	11.5~12.5	33~44	56~70	90~110
默认激光安全等级	—	3R,660nm,25mW	3R,660nm,25mW	3R,660nm,25mW
可选激光安全等级	3R,405nm,25mW	3R,405nm,25mW	3R,405nm,25nm	3R,405nm,25mW
	3B,450nm,75mW	3B,450nm,75mW	3B,450nm,75mW	3B,450nm,75mW
	2M,405nm	3B,660nm,130mW	3B,660nm,130mW	3B,660nm,130mW
	—	2M,405nm	2M,660nm	2M,405nm
	—	2M,660nm	2M,405nm	2M,660nm
机械尺寸	规格4	规格1	规格1	规格1
质量(kg)	0.5	0.65	0.65	0.65

波磨主传感器外形尺寸如图 5-21 所示。

光电编码器尺寸图

5.2.3　城市轨道交通列车车载轨道速度检测单元

城轨列车车载轨道速度检测单元一般采用光电编码器。光电编码器安装在转向架轴端,随车轴同步转动,为整个系统提供外触发信号,使系统实现等距测量。光电编码器如图 5-22 所示。

5.2.4　城市轨道交通列车车载轨道数据采集分析与检测软件

数据采集分析部件完成线路轨道几何尺寸和波磨状态的数据采集和分析,主要包括数据合成及传输控制计算机、多传感器数据采集系统、多传感器电源、设备机柜及配套电缆等。

第5章 城市轨道交通列车车载轨道状态检测技术

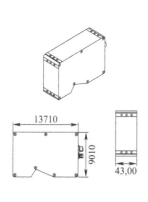

图5-21 波磨主传感器外形尺寸
（尺寸单位：um）

图5-22 光电编码器

数据采集分析部件完成采集后，可计算得出轨道几何状态、廓形、磨耗及波磨等结果，发送给轨道检测软件进行波形展示、超限结果运算和超限报表输出。

（1）数据合成及传输控制计算机。

数据合成及传输控制计算机对多传感器同步采集系统上传的数据进行处理分析。数据合成及传输控制计算机为高速（四核 CPU 主频不低于 3.4GHz）、高性能（内存不低于 4GB）、大容量（不低于 2TB）的工业服务器。

数据合成及传输控制算计技术参数表

其中，数据合成及传输控制计算机的电气接口为：2 个 USB 接口，2 个以太网口，2 个 cameralink 接口。

技术参数图

（2）多传感器数据采集系统。

多传感器同步采集系统主要用于处理 10 路 3D 测量组件、1 路惯组和 1 路光电编码器的数据。将 10 路 3D 数据（6 路波磨 3D 测量组件数据和 4 路轨检 3D 测量组件数据）和 1 路 485（惯组）数据合并处理为 1 路数据传输给数据合成及传输控制计算机。同时接收光电编码器的触发信号，将其处理后分发给各个 3D 测量组件。多传感器同步采集系统如图 5-23 所示。

多传感器同步采集系统数据输入接口参数为：GigE 和 RS 422（GigE 接口 10 个，RS 422 接口 1 个）；输入分辨率参数为：4096×64；数据输出接口为：Cameralink

151

多传感器同步采集系统尺寸图

（Cameralink base 1 路）；输出分辨率为：4096×65；数据输出方式为：轮询输出；GigE 最大帧频为：1000fps；RS-422 波特率为：921600；触发输入参数为：脉冲信号 12V（1 路输入）；触发输出参数为：触发输出（10 路输出）。多传感器同步采集系统电气规格工作电压为：DC 12V（可适应 10~13V）；功耗约 80W。

图 5-23　多传感器同步采集系统

(3) 多传感器电源机箱。

多传感器电源机箱为系统内其他设备提供电源，接收列车 DC 110V 电源后转换为 DC 48V、DC 24V 和 DC 12V。DC 48V 给数据合成及传输控制计算机供电；DC 24V 给惯组供电；DC 12V 给多传感器同步采集系统、波磨 3D 测量组件、轨检 3D 测量组件、光电编码器供电。多传感器电源机箱同时接收多传感器同步采集系统输出的触发信号，将触发信号分发给各个检测组件。多传感器电源机箱如图 5-24 所示。

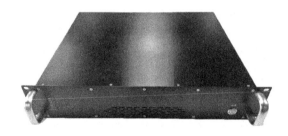

图 5-24　多传感器电源机箱

多传感器电源机箱技术参数如下：

①多传感器电源机箱的输入电压范围为 66~154V DC，共 14 路输出。每路独立输出，互不干扰，转换效率典型 85%。每路具有输出过流、短路保护功能。

②多传感器电源机箱具备输入输出指示灯，标准支架式安装，连接器布设在电

源机箱背板。

多传感器电源机箱参数见表5-4。

多传感器电源机箱参数 表5-4

项目		最小	典型	最大	单位	说明
一般特性						
输入电压		66	110	154	V DC	全负载范围
输出电压	VO1~VO10	23.28	24.00	24.72	V DC	输入全范围电压,输出满载;VO1~VO14每路独立输出,不共地
	VO11	11.64	12.00	12.36	V DC	
	VO12	23.28	24.00	24.72	V DC	
	VO13	11.64	12.00	12.36	V DC	
	VO14	46.56	48.00	49.44	V DC	
输出电压精度	VO1~VO14	—	—	±3.0	%	输入全范围电压,输出满载
额定电流	VO1~VO10	—	0.42	—	A	输入全范围电压
	VO11	—	0.83	—	A	输入全范围电压
	VO12	—	1.67	—	A	输入全范围电压
	VO13	—	8.3	—	A	输入全范围电压
	VO14	—	6.25	—	A	输入全范围电压
电压调整率	VO1~VO14	—	—	±1.0	%	输入全范围,满载
负载调整率	VO1~VO14	—	—	±2.0	%	额定输入电压,10%~100%负载
输出纹波与噪声	VO1~VO10	—	—	150	mV	额定输入电压,20MHz带宽
	VO11	—	—	100	mV	
	VO12	—	—	150	mV	
	VO13	—	—	100	mV	
	VO14	—	—	200	mV	
负载动态响应	过冲	—	—	±4.0	%Vo	25%~50%~75%负载阶跃;VO1~VO14每路独立测试
	恢复时间	—	—	300	μs	
效率		—	85	—	%	输入额定电压,输出额定负载

续上表

项目		最小	典型	最大	单位	说明
环境特性						
环境温度		-25	—	+70	℃	自然散热
储存温度		-40	—	85	℃	
温度系数		—	—	±0.02%	/℃	
相对湿度		—	—	95	%RH	
工作大气压		58	—	106	kPa	—
保护特性						
输出过流保护		—	有	—	—	额定输入电压
输出短路保护		—	有	—	—	间歇式,长期,撤销自恢复
安全可靠性						
隔离耐压	输入对输出	1500	—	—	V DC	2mA 漏电流,时间 60s,无击穿或闪络现象
	输入对壳	1050	—	—	V DC	
	输出对壳	1050	—	—	V DC	
绝缘电阻		100	—	—	MΩ	500V DC,输入、输出与壳间
MTBF		3×10^5	—	—	h	MIL-HDBK-217(25℃)

多传感器电源机箱尺寸图

数据采集软件

(4)轨道检测算法及展示软件。

轨道几何检测软件由数据采集、算法合成、超限识别、波形展示和检测状态报告输出等模块组成。

①数据采集系统。

该软件主要完成在实际检测过程中,对惯性测量器件及激光摄像组件的数据采集与同步,保证所有传感器数据稳定可靠地传输至轨检算法合成系统,不能出现丢帧、错帧等异常现象。

②算法合成系统。

算法合成系统是轨道几何检测系统的核心。该系统包含轨道几何算法合成及修正模型、前后端滤波器设计、数据异常处理等模块。通过该系统,原始传感器采集数据合成为轨道几何检测数据,输入至后面的超限识别软件以及轨道几何数据展示系统。

③超限识别模块。

轨道几何检测数据合成完毕后,需要输入至超限识别软件,按照不同的线路等级要求进行超限评判。目前我国铁路采用铁标中规定的轨道几何超限评判标准,城市轨道交通系统一般沿用该标准。在该标准中,线路按照运营速度等级进行评价,分1、2、3、4四个级别,分别对应关注、计划维修、紧急维修、停车限速四种处理方式。

④轨道检测波形分析浏览。

轨道几何数据展示系统包含轨道几何波形浏览展示、轨道检测超限分析及轨道检测状态报告等功能。波形分析软件浏览界面如图5-25所示。该软件可以实时显示轨道几何检测合成数据及钢轨断面廓形检测数据,并可以浏览历史中任意一次检测任务波形,以及对比当前检测波形与历史检测波形,便于用户观察线路变化。

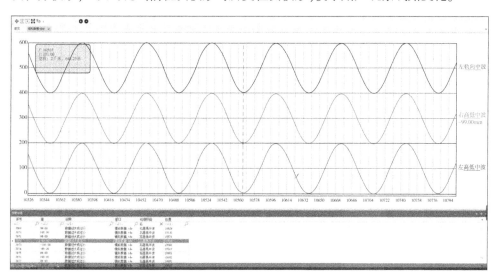

图 5-25　波形分析软件浏览界面

⑤轨道几何检测数据超限分析。

轨道几何状态参数的超限分析软件具有实时报警和自动分析功能,可以自动显示检测过程中线路存在的各类问题,并根据超限级别对用户进行展示。轨道几何检测数据超限分析软件主页面和超限数据实时展示界面分别如图5-26和图5-27所示。

⑥轨道检测状态报告。

检测车在检测过程中,具有实时处理各单项几何参数指标和轨道状态综合指标,并打印输出的能力;具有显示和打印几何记录数据、查看超限和曲线信息、在选定地点放大发现的超限信息并在该处进行轨道几何复查的能力。

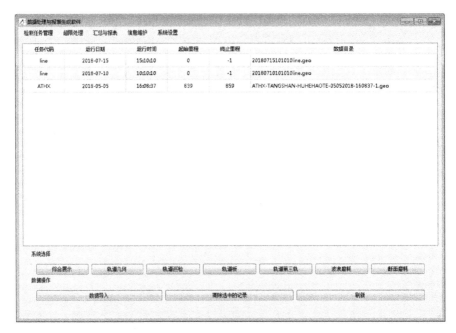

图 5-26　轨道几何检测超限分析软件主页面

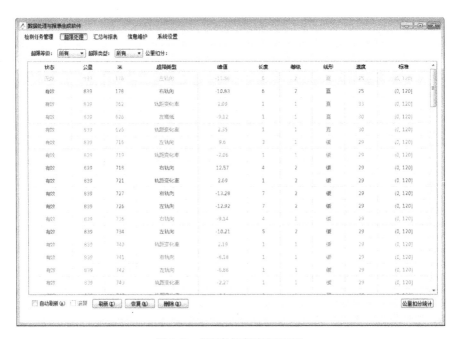

图 5-27　超限数据实时展示界面

第5章 城市轨道交通列车车载轨道状态检测技术

系统可实时打印下列轨道状态报告表：

a. 超限报告表：包括按照客户特有的动态超限规定打印超限的位置、轨道超限类型、峰值和长度、线形(圆/缓/直)、当时车速等。

b. 区段报告表：每公里的区段小结表(包括超限的类型、等级和长度的统计)和自定义长度的轨道区段的汇总统计报告表(包括超限类型、等级和长度的统计及扣分统计)。

c. 曲线报告：包括曲线起点与终点里程、曲线长度、平均半径、平均加宽、平均超高、平均正矢等。

上述各种报告由人工发出指令随时打印，可定制报告表的格式方案。

系统在一段线路检测完成后即可导出轨道几何检测报告。轨道几何检测报告如图5-28~图5-32所示。

图5-28 轨道几何检测报告(一)

轨道检测报告

轨道一级超限报告表								
超限位置		超限类型	峰值(mm或g)	长度(m)	超限等级	线形(直/缓/曲)	通过速度(km/h)	检测标准
公里	米							
96	230	大轨距	6.34	1	1	直	22	(120, 160]
96	238	大轨距	7.25	5	1	直	22	(120, 160]
96	241	大轨距	6.09	1	1	直	22	(120, 160]
96	248	大轨距	6.17	1	1	直	22	(120, 160]
96	255	大轨距	6.3	1	1	直	22	(120, 160]
96	274	大轨距	7.48	6	1	直	22	(120, 160]
96	287	大轨距	7.72	4	1	直	22	(120, 160]
96	305	大轨距	6.09	1	1	直	22	(120, 160]
96	308	大轨距	7.84	15	1	直	22	(120, 160]
96	326	大轨距	6.49	2	1	直	22	(120, 160]
96	330	大轨距	6.95	2	1	直	22	(120, 160]
96	333	大轨距	7.15	2	1	直	22	(120, 160]
96	340	大轨距	7.18	4	1	直	22	(120, 160]
96	344	大轨距	6.98	4	1	直	22	(120, 160]
96	362	大轨距	6.8	2	1	直	22	(120, 160]
96	377	大轨距	6.98	5	1	直	22	(120, 160]
96	401	大轨距	6.54	1	1	直	22	(120, 160]
96	405	大轨距	6.52	1	1	直	22	(120, 160]
96	412	大轨距	6.28	1	1	直	22	(120, 160]
96	414	大轨距	6.88	1	1	直	22	(120, 160]
96	473	大轨距	6.57	2	1	直	22	(120, 160]
96	488	大轨距	6.51	1	1	直	22	(120, 160]
96	492	大轨距	6.08	1	1	直	22	(120, 160]
96	519	左高低	6.85	1	1	直	22	(120, 160]
96	519	右高低	6.86	1	1	直	22	(120, 160]

第1页/共1页

图5-29 轨道几何检测报告(二)

轨道检测报告

<table>
<tr><td colspan="11" align="center">轨道质量指数(TQI)报告表</td></tr>
<tr><td rowspan="2">里程</td><td rowspan="2">超限</td><td colspan="2">轨向</td><td colspan="2">高低</td><td rowspan="2">水平</td><td rowspan="2">轨距</td><td rowspan="2">三角坑</td><td colspan="2">TQI</td><td rowspan="2">速度</td><td rowspan="2">标准</td></tr>
<tr><td>左</td><td>右</td><td>左</td><td>右</td><td>超标</td><td>数值</td></tr>
<tr><td>94.6</td><td>无</td><td>0.73</td><td>0.78</td><td>1.27</td><td>1.26</td><td>0.78</td><td>1.85</td><td>1.18</td><td>未超过</td><td>7.85</td><td>22</td><td>(120, 160]</td></tr>
<tr><td>94.4</td><td>有</td><td>0.82</td><td>0.89</td><td>1.47</td><td>1.47</td><td>0.93</td><td>3.22</td><td>1.02</td><td>超过20%</td><td>9.82</td><td>22</td><td>(120, 160]</td></tr>
<tr><td>94.2</td><td>无</td><td>0.94</td><td>1.10</td><td>1.81</td><td>1.81</td><td>1.27</td><td>1.36</td><td>1.40</td><td>超过20%</td><td>9.69</td><td>22</td><td>(120, 160]</td></tr>
<tr><td>94</td><td>无</td><td>1.29</td><td>1.30</td><td>2.09</td><td>2.09</td><td>1.33</td><td>1.30</td><td>1.02</td><td>超过20%</td><td>10.42</td><td>22</td><td>(120, 160]</td></tr>
<tr><td>93.8</td><td>无</td><td>0.93</td><td>1.02</td><td>1.89</td><td>1.89</td><td>1.18</td><td>1.35</td><td>1.33</td><td>超过20%</td><td>9.59</td><td>22</td><td>(120, 160]</td></tr>
<tr><td>93.6</td><td>无</td><td>0.81</td><td>0.97</td><td>2.00</td><td>2.00</td><td>1.40</td><td>1.35</td><td>0.71</td><td>超过20%</td><td>9.24</td><td>22</td><td>(120, 160]</td></tr>
<tr><td>93.4</td><td>无</td><td>0.97</td><td>0.96</td><td>2.15</td><td>2.15</td><td>1.21</td><td>1.14</td><td>0.62</td><td>超过20%</td><td>9.20</td><td>22</td><td>(120, 160]</td></tr>
<tr><td>93.2</td><td>无</td><td>0.74</td><td>0.71</td><td>1.57</td><td>1.57</td><td>0.71</td><td>1.36</td><td>0.40</td><td>未超过</td><td>7.06</td><td>22</td><td>(120, 160]</td></tr>
<tr><td>93</td><td>无</td><td>0.62</td><td>0.74</td><td>1.29</td><td>1.29</td><td>0.74</td><td>0.94</td><td>0.43</td><td>未超过</td><td>6.05</td><td>22</td><td>(120, 160]</td></tr>
<tr><td>92.8</td><td>无</td><td>0.77</td><td>1.00</td><td>1.48</td><td>1.48</td><td>0.93</td><td>1.20</td><td>0.53</td><td>未超过</td><td>7.39</td><td>22</td><td>(120, 160]</td></tr>
<tr><td>92.6</td><td>无</td><td>0.60</td><td>0.74</td><td>1.29</td><td>1.29</td><td>1.36</td><td>1.29</td><td>0.59</td><td>未超过</td><td>7.16</td><td>22</td><td>(120, 160]</td></tr>
<tr><td>92.4</td><td>无</td><td>0.75</td><td>0.95</td><td>1.43</td><td>1.43</td><td>0.84</td><td>0.95</td><td>0.47</td><td>未超过</td><td>6.82</td><td>22</td><td>(120, 160]</td></tr>
<tr><td>92.2</td><td>无</td><td>0.63</td><td>0.78</td><td>1.74</td><td>1.74</td><td>1.02</td><td>1.02</td><td>0.53</td><td>未超过</td><td>7.46</td><td>22</td><td>(120, 160]</td></tr>
<tr><td>92</td><td>无</td><td>0.85</td><td>0.97</td><td>2.24</td><td>2.24</td><td>1.30</td><td>0.82</td><td>0.99</td><td>超过10%</td><td>9.41</td><td>22</td><td>(120, 160]</td></tr>
<tr><td>91.8</td><td>无</td><td>1.40</td><td>1.37</td><td>1.95</td><td>1.95</td><td>1.49</td><td>1.22</td><td>0.81</td><td>超过20%</td><td>10.19</td><td>22</td><td>(120, 160]</td></tr>
<tr><td>91.6</td><td>无</td><td>1.28</td><td>1.53</td><td>2.36</td><td>2.36</td><td>1.12</td><td>1.17</td><td>0.74</td><td>超过20%</td><td>10.56</td><td>22</td><td>(120, 160]</td></tr>
<tr><td>91.4</td><td>无</td><td>0.78</td><td>0.82</td><td>1.43</td><td>1.43</td><td>0.96</td><td>0.84</td><td>0.84</td><td>未超过</td><td>7.10</td><td>22</td><td>(120, 160]</td></tr>
<tr><td>91.2</td><td>无</td><td>0.45</td><td>0.63</td><td>1.95</td><td>1.95</td><td>0.68</td><td>1.02</td><td>0.37</td><td>未超过</td><td>7.05</td><td>22</td><td>(120, 160]</td></tr>
<tr><td>91</td><td>无</td><td>0.53</td><td>0.64</td><td>1.77</td><td>1.77</td><td>0.93</td><td>1.30</td><td>0.47</td><td>未超过</td><td>7.41</td><td>22</td><td>(120, 160]</td></tr>
<tr><td>90.8</td><td>无</td><td>0.67</td><td>0.75</td><td>1.66</td><td>1.66</td><td>0.68</td><td>1.18</td><td>0.34</td><td>未超过</td><td>6.94</td><td>22</td><td>(120, 160]</td></tr>
<tr><td>90.6</td><td>无</td><td>0.62</td><td>0.81</td><td>1.81</td><td>1.81</td><td>0.99</td><td>0.98</td><td>0.50</td><td>未超过</td><td>7.52</td><td>22</td><td>(120, 160]</td></tr>
<tr><td>90.4</td><td>无</td><td>0.49</td><td>0.61</td><td>1.68</td><td>1.68</td><td>0.84</td><td>0.79</td><td>0.40</td><td>未超过</td><td>6.49</td><td>22</td><td>(120, 160]</td></tr>
<tr><td>90.2</td><td>无</td><td>0.98</td><td>1.33</td><td>2.25</td><td>2.25</td><td>1.58</td><td>1.29</td><td>0.99</td><td>超过20%</td><td>10.67</td><td>22</td><td>(120, 160]</td></tr>
<tr><td>90</td><td>无</td><td>0.63</td><td>0.80</td><td>1.47</td><td>1.47</td><td>0.71</td><td>0.89</td><td>0.43</td><td>未超过</td><td>6.40</td><td>22</td><td>(120, 160]</td></tr>
<tr><td>89.8</td><td>有</td><td>1.04</td><td>1.07</td><td>2.53</td><td>2.53</td><td>1.33</td><td>2.01</td><td>0.78</td><td>超过20%</td><td>11.29</td><td>22</td><td>(120, 160]</td></tr>
</table>

图 5-30 轨道几何检测报告(三)

轨道检测报告

<table>
<tr><td colspan="16" align="center">公里小结报告表</td></tr>
<tr><td rowspan="2">公里</td><td rowspan="2">检测长度</td><td colspan="4">高低</td><td colspan="4">轨向</td><td colspan="4">轨距</td><td colspan="4">水平</td><td colspan="4">三角坑</td><td rowspan="2">公里扣分</td><td rowspan="2">通过速度</td></tr>
<tr><td>4</td><td>3</td><td>2</td><td>1</td><td>4</td><td>3</td><td>2</td><td>1</td><td>4</td><td>3</td><td>2</td><td>1</td><td>4</td><td>3</td><td>2</td><td>1</td><td>4</td><td>3</td><td>2</td><td>1</td></tr>
</table>

<table>
<tr><th>公里</th><th>检测长度</th><th colspan="4">高低</th><th colspan="4">轨向</th><th colspan="4">轨距</th><th colspan="4">水平</th><th colspan="4">三角坑</th><th>公里扣分</th><th>通过速度</th></tr>
<tr><th></th><th></th><th>4</th><th>3</th><th>2</th><th>1</th><th>4</th><th>3</th><th>2</th><th>1</th><th>4</th><th>3</th><th>2</th><th>1</th><th>4</th><th>3</th><th>2</th><th>1</th><th>4</th><th>3</th><th>2</th><th>1</th><th></th><th></th></tr>
<tr><td>81</td><td>1000</td><td>0</td><td>0</td><td>0</td><td>0</td><td>0</td><td>0</td><td>0</td><td>0</td><td>0</td><td>0</td><td>0</td><td>9</td><td>0</td><td>0</td><td>0</td><td>0</td><td>0</td><td>0</td><td>0</td><td>0</td><td>9</td><td>20</td></tr>
<tr><td>85</td><td>1000</td><td>0</td><td>0</td><td>4</td><td>16</td><td>0</td><td>0</td><td>0</td><td>4</td><td>0</td><td>0</td><td>0</td><td>41</td><td>0</td><td>0</td><td>0</td><td>0</td><td>0</td><td>0</td><td>0</td><td>0</td><td>81</td><td>20</td></tr>
<tr><td>86</td><td>1000</td><td>0</td><td>0</td><td>0</td><td>8</td><td>0</td><td>0</td><td>0</td><td>0</td><td>0</td><td>0</td><td>1</td><td>42</td><td>0</td><td>0</td><td>0</td><td>0</td><td>0</td><td>0</td><td>0</td><td>0</td><td>55</td><td>20</td></tr>
<tr><td>87</td><td>1000</td><td>0</td><td>0</td><td>0</td><td>16</td><td>0</td><td>0</td><td>0</td><td>0</td><td>0</td><td>0</td><td>2</td><td>22</td><td>0</td><td>0</td><td>0</td><td>0</td><td>0</td><td>0</td><td>0</td><td>0</td><td>38</td><td>21</td></tr>
<tr><td>88</td><td>1000</td><td>0</td><td>0</td><td>6</td><td>44</td><td>0</td><td>0</td><td>0</td><td>0</td><td>0</td><td>0</td><td>1</td><td>27</td><td>0</td><td>0</td><td>0</td><td>0</td><td>0</td><td>0</td><td>0</td><td>0</td><td>106</td><td>21</td></tr>
<tr><td>89</td><td>1000</td><td>0</td><td>0</td><td>0</td><td>42</td><td>0</td><td>0</td><td>0</td><td>0</td><td>0</td><td>0</td><td>1</td><td>0</td><td>0</td><td>0</td><td>0</td><td>0</td><td>0</td><td>0</td><td>0</td><td>0</td><td>65</td><td>21</td></tr>
<tr><td>90</td><td>1000</td><td>0</td><td>0</td><td>0</td><td>28</td><td>0</td><td>0</td><td>0</td><td>0</td><td>0</td><td>0</td><td>1</td><td>60</td><td>0</td><td>0</td><td>0</td><td>0</td><td>0</td><td>0</td><td>0</td><td>0</td><td>93</td><td>21</td></tr>
<tr><td>91</td><td>1000</td><td>0</td><td>0</td><td>0</td><td>32</td><td>0</td><td>0</td><td>0</td><td>0</td><td>0</td><td>0</td><td>0</td><td>73</td><td>0</td><td>0</td><td>0</td><td>0</td><td>0</td><td>0</td><td>0</td><td>0</td><td>105</td><td>22</td></tr>
<tr><td>92</td><td>1000</td><td>0</td><td>0</td><td>0</td><td>16</td><td>0</td><td>0</td><td>0</td><td>0</td><td>0</td><td>0</td><td>0</td><td>62</td><td>0</td><td>0</td><td>0</td><td>0</td><td>0</td><td>0</td><td>0</td><td>0</td><td>78</td><td>22</td></tr>
<tr><td>93</td><td>1000</td><td>0</td><td>0</td><td>0</td><td>16</td><td>0</td><td>0</td><td>0</td><td>0</td><td>0</td><td>0</td><td>0</td><td>50</td><td>0</td><td>0</td><td>0</td><td>0</td><td>0</td><td>0</td><td>0</td><td>0</td><td>66</td><td>22</td></tr>
<tr><td>94</td><td>1000</td><td>0</td><td>0</td><td>0</td><td>16</td><td>0</td><td>0</td><td>0</td><td>0</td><td>0</td><td>0</td><td>1</td><td>37</td><td>0</td><td>0</td><td>0</td><td>0</td><td>0</td><td>0</td><td>0</td><td>0</td><td>58</td><td>22</td></tr>
<tr><td>95</td><td>1000</td><td>0</td><td>0</td><td>0</td><td>0</td><td>0</td><td>0</td><td>0</td><td>0</td><td>0</td><td>0</td><td>0</td><td>44</td><td>0</td><td>0</td><td>0</td><td>0</td><td>0</td><td>0</td><td>0</td><td>0</td><td>44</td><td>22</td></tr>
<tr><td>96</td><td>1000</td><td>0</td><td>0</td><td>2</td><td>0</td><td>0</td><td>0</td><td>0</td><td>0</td><td>0</td><td>0</td><td>0</td><td>63</td><td>0</td><td>0</td><td>0</td><td>0</td><td>0</td><td>0</td><td>0</td><td>0</td><td>81</td><td>22</td></tr>
<tr><td>97</td><td>1000</td><td>0</td><td>0</td><td>0</td><td>2</td><td>0</td><td>0</td><td>0</td><td>0</td><td>0</td><td>0</td><td>0</td><td>0</td><td>0</td><td>0</td><td>0</td><td>0</td><td>0</td><td>0</td><td>0</td><td>0</td><td>36</td><td>23</td></tr>
<tr><td>98</td><td>1000</td><td>0</td><td>0</td><td>0</td><td>22</td><td>0</td><td>0</td><td>0</td><td>0</td><td>0</td><td>0</td><td>0</td><td>52</td><td>0</td><td>0</td><td>0</td><td>0</td><td>0</td><td>0</td><td>0</td><td>0</td><td>74</td><td>23</td></tr>
<tr><td>99</td><td>1000</td><td>0</td><td>0</td><td>2</td><td>18</td><td>0</td><td>0</td><td>0</td><td>0</td><td>0</td><td>0</td><td>0</td><td>62</td><td>0</td><td>0</td><td>0</td><td>0</td><td>0</td><td>0</td><td>0</td><td>0</td><td>90</td><td>23</td></tr>
<tr><td>100</td><td>1000</td><td>0</td><td>0</td><td>0</td><td>44</td><td>0</td><td>1</td><td>0</td><td>4</td><td>0</td><td>0</td><td>1</td><td>70</td><td>0</td><td>0</td><td>0</td><td>2</td><td>0</td><td>0</td><td>0</td><td>0</td><td>230</td><td>23</td></tr>
<tr><td>101</td><td>1000</td><td>0</td><td>0</td><td>0</td><td>24</td><td>0</td><td>0</td><td>0</td><td>0</td><td>0</td><td>0</td><td>0</td><td>78</td><td>0</td><td>0</td><td>0</td><td>0</td><td>0</td><td>0</td><td>0</td><td>0</td><td>105</td><td>23</td></tr>
<tr><td>102</td><td>1000</td><td>0</td><td>0</td><td>2</td><td>46</td><td>0</td><td>0</td><td>0</td><td>0</td><td>0</td><td>0</td><td>1</td><td>50</td><td>0</td><td>0</td><td>0</td><td>1</td><td>0</td><td>0</td><td>0</td><td>0</td><td>115</td><td>23</td></tr>
<tr><td>103</td><td>1000</td><td>0</td><td>0</td><td>0</td><td>12</td><td>0</td><td>0</td><td>0</td><td>0</td><td>0</td><td>0</td><td>3</td><td>9</td><td>0</td><td>0</td><td>0</td><td>0</td><td>0</td><td>0</td><td>0</td><td>0</td><td>36</td><td>23</td></tr>
<tr><td>104</td><td>1000</td><td>0</td><td>0</td><td>0</td><td>8</td><td>0</td><td>0</td><td>0</td><td>0</td><td>0</td><td>0</td><td>0</td><td>89</td><td>0</td><td>0</td><td>0</td><td>0</td><td>0</td><td>0</td><td>0</td><td>0</td><td>97</td><td>23</td></tr>
<tr><td>105</td><td>1000</td><td>0</td><td>0</td><td>36</td><td>64</td><td>0</td><td>0</td><td>0</td><td>0</td><td>0</td><td>0</td><td>0</td><td>0</td><td>0</td><td>0</td><td>0</td><td>0</td><td>0</td><td>0</td><td>0</td><td>0</td><td>590</td><td>23</td></tr>
<tr><td>106</td><td>1000</td><td>0</td><td>0</td><td>4</td><td>47</td><td>0</td><td>0</td><td>0</td><td>0</td><td>0</td><td>0</td><td>0</td><td>8</td><td>0</td><td>0</td><td>0</td><td>0</td><td>0</td><td>0</td><td>0</td><td>0</td><td>137</td><td>23</td></tr>
</table>

图 5-31 轨道几何检测报告(四)

第5章 城市轨道交通列车车载轨道状态检测技术

区段总结报告表
该公里范围内超限个数/分数/TQI汇总

项目	四级	三级	二级	一级	个数			扣分			TQI							
											平均指数			超标段数			超标百分比		
				总计	个数/公里	百分比	总计	扣分/公里	百分比	左	总	右	左	总	右	左	总	右
高低	0	0	2	4	6	0.29	6.38	14	0.67	5.88	0.90	1.78	0.88	0	0	0	0	0	0
轨向	0	0	19	9	28	1.33	29.79	104	4.95	43.70	0.79	1.59	0.80	2	0	2	11.76	0	11.76
轨距	0	0	0	1	1	0.05	1.06	1	0.05	0.42	0.00	0.91	0.00	0	8	0	0	47.06	0
水平	0	0	0	1	1	0.05	1.06	1	0.05	0.42	0.00	0.86	0.00	3	0	0	17.65	0	0
三角坑	0	0	1	2	3	0.14	3.19	7	0.33	2.94	0.00	0.89	0.00	2	0	0	11.76	0	0
垂向加速度	0	0	0	5	5	0.24	5.32	5	0.24	2.10	0.00	0.00	0.00	0	0	0	0	0	0
横向加速度	0	0	9	15	24	1.14	25.53	60	2.86	25.21	0.00	0.00	0.00	0	0	0	0	0	0
总和	0	0	36	58	94	4.48	99.99	238	11.34	100.00	1.69	6.03	1.68	2	13	2	11.76	76.47	11.76

图 5-32 轨道几何检测报告(五)

系统提供中文版离线编辑软件,可实现对同一条线路任意时间检测数据的对比、编辑以及图纸及数据报告的打印的功能。编辑软件可在多台计算机上安装使用。数据报告包括:

a. 轨道几何超限报告(word 格式)。

b. 轨道质量指数报告(TQI)(word 格式)。

c. 区段总结报告(word 格式)。

d. 公里小结报告(word 格式)。

5.2.5 城市轨道交通列车车载轨道状态检测装备安装部位

(1)轨道几何、廓形检测梁可安装在车体下方(图 5-33)。

(2)数据采集分析部件可安装在车辆的设备柜内,也可在车底增加电器柜(图 5-34)。

(3)波形磨耗单元可安装在转向架位置(图 5-35)。

图 5-33 车体下方检测梁安装部位

图 5-34 车底电器柜安装部位

图 5-35 波形磨耗单元安装部位

第6章 城市轨道交通列车系统可信性评估

城轨列车系统是复杂的机电系统,系统中单个部件或子系统的故障,都可能通过部件或子系统间的相互作用关系将影响扩散到整个系统,从而放大故障效应,导致严重的事故或大面积延误,造成人员伤亡或财产损失。提高城轨列车系统可信性已经成为城轨列车系统提供安全、可靠、高品质运营服务的关键。因此,如何评估城轨列车系统可信性是亟待解决的关键问题。

本节将城轨列车系统可信性定义为:在不同运行条件下,城轨列车系统满足安全、可靠的服役性能的程度。可信性可以分为以下两种:在正常运行条件下的系统可信性;在非正常运行条件(故障影响)下的系统可信性。

本书主要考虑第二种情况,也就是故障影响下的系统可信性。故障影响下的系统可信性主要包括以下两方面:在非正常运行条件下,城轨列车系统在交付服务的过程中由于系统故障所导致的损失处于可接受范围内的可能性;在非正常运行条件下,城轨列车系统在保证安全的前提下,能够有效执行相关功能的能力。

6.1 列车系统拓扑网络建模

6.1.1 列车系统拓扑结构调研

B 型车是城市轨道交通系统中应用最广泛的车型之一。因此,本节选择以某地铁 B 型车为例进行拓扑结构分析。部件的提取规则如下:

(1)部件的相关运维信息(如故障频率、MTBF、可靠度等)能在实际运营维护中获取;

(2)在车辆维修章程(如各地铁运营企业的车辆维修管理办法、各车辆厂的维

修手册等)中,部件作为独立的最小单元参与车辆的检修;

(3)部件作为特定功能行为的整体参与系统的运行。

依据上述规则,分析和总结得到140个部件,部件名称见表6-1。

部 件 名 称　　　　　　　　　　　表6-1

节点	部件名称	节点	部件名称	节点	部件名称
v_1	主空气压缩机控制箱	v_{27}	客室门	v_{53}	灯带
v_2	主空气压缩机组	v_{28}	贯通道	v_{54}	侧顶板
v_3	辅助空气压缩机组	v_{29}	驾驶室骨架结构	v_{55}	制动速度传感器
v_4	总风缸	v_{30}	驾驶室电气柜	v_{56}	踏面清扫控制装置
v_5	电气控制电路	v_{31}	驾驶室操纵台	v_{57}	轮缘润滑控制装置
v_6	受电弓供风单元	v_{32}	驾驶室隔墙	v_{58}	轮缘润滑装置
v_7	风笛	v_{33}	牵引梁	v_{59}	踏面清扫磨子
v_8	车钩风笛供风单	v_{34}	缓冲梁	v_{60}	踏面清扫装置
v_9	车钩	v_{35}	侧墙	v_{61}	高度调整阀
v_{10}	压力开关	v_{36}	端墙	v_{62}	杆组件
v_{11}	刮雨器	v_{37}	车顶	v_{63}	止挡结构(二系)
v_{12}	压力表	v_{38}	底架	v_{64}	抗侧滚扭杆组成
v_{13}	操纵台	v_{39}	横梁	v_{65}	高度阀
v_{14}	辅助气路板	v_{40}	风道	v_{66}	牵引拉杆装置
v_{15}	空簧风缸	v_{41}	支撑	v_{67}	差压阀
v_{16}	制动风缸	v_{42}	地板	v_{68}	牵引中心销
v_{17}	制动控制装置	v_{43}	地板布	v_{69}	轴端速度传感器
v_{18}	数据存储器	v_{44}	空调柜	v_{70}	齿轮箱速度传感器
v_{19}	单车制动隔离开关	v_{45}	间壁	v_{71}	测速齿轮
v_{20}	空簧供风装置、基础制动	v_{46}	电气柜	v_{72}	横向加速度传感器
v_{21}	驾驶室门	v_{47}	座椅	v_{73}	齿轮箱吊杆
v_{22}	前窗	v_{48}	内装侧墙	v_{74}	构架(组成)
v_{23}	紧急逃生	v_{49}	插座(驾驶室预留)	v_{75}	枕梁
v_{24}	防爬装置	v_{50}	隔热材	v_{76}	轮盘
v_{25}	吸能装置	v_{51}	灭火器箱	v_{77}	车轮
v_{26}	车窗	v_{52}	中顶板	v_{78}	闸片

续上表

节点	部件名称	节点	部件名称	节点	部件名称
v_{79}	制动缸	v_{100}	蓄电池（Bat）	v_{121}	牵引电机速度传感器
v_{80}	制动夹钳	v_{101}	蓄电池充电器（BC）	v_{122}	温度传感器
v_{81}	车轴	v_{102}	照明设备	v_{123}	牵引控制单元（TCU）
v_{82}	轴箱盖	v_{103}	列车广播设备	v_{124}	牵引电机
v_{83}	轴箱轴承	v_{104}	车门控制装置	v_{125}	逆变器
v_{84}	齿轮箱主体	v_{105}	紧急通风逆变器	v_{126}	支撑电容
v_{85}	联轴节	v_{106}	废排单元	v_{127}	限压电阻
v_{86}	系垂向减振器	v_{107}	乘客信息显示系统（PIDS）	v_{128}	车顶高压电缆
v_{87}	轴箱弹簧	v_{108}	驾驶室显示器	v_{129}	避雷器
v_{88}	橡胶垫	v_{109}	列车无线通信设备（地面）	v_{130}	接地开关
v_{89}	定位节点	v_{110}	前窗加热	v_{131}	电流互感器
v_{90}	止挡结构	v_{111}	牵引电机冷却风机	v_{132}	牵引变流器
v_{91}	一系悬挂结构	v_{112}	辅助变流器（ACU）	v_{133}	牵引变流器冷却系统
v_{92}	转臂轴箱体	v_{113}	24V电源模块	v_{134}	主断路器
v_{93}	乘客空调	v_{114}	主空气压缩机	v_{135}	驾驶控制器
v_{94}	空调控制装置	v_{115}	辅助空气压缩机	v_{136}	列车自动保护（ATP）
v_{95}	时域混合调制设备	v_{116}	可编程逻辑控制单位（LCU）	v_{137}	轨道电路读取器（TCR）
v_{96}	远程数据传输设备	v_{117}	走行部检测	v_{138}	火灾报警控制器
v_{97}	中央控制单元（CCU）	v_{118}	继电器、接触器、断路器、指示灯、蜂鸣器	v_{139}	烟火报警器
v_{98}	输入输出单元	v_{119}	受电弓	v_{140}	空气弹簧组成
v_{99}	数据记录仪	v_{120}	升弓控制模块		

6.1.2 城轨列车系统拓扑网络构建实例

以城轨列车拓扑结构调研提取出的部件为节点，结合部件间的连接关系，构建系统拓扑网络模型 TN。

首先，依据现场调研和专家讨论结果构建城轨列车系统拓扑关联多重图，该多重图可扫描"二维码 城轨列车系统拓扑关联多

城轨列车系统拓扑关联多重图

重图"查阅。该图中,蓝色的连接线表示部件间存在机械连接,绿色的连接线表示部件间存在电气连接,红色的连接线表示部件间存在信息连接。

之后,将连接边合并后可得系统拓扑网络模型 TN。系统拓扑网络模型 TN 一共包含 140 个节点和 270 条边,包含了制动系统、转向架系统、TCMS、牵引系统、辅助供电系统、车体以及内装系统等子系统在内的部件,能够全面地表征城轨列车系统的拓扑结构。

城轨列车系统拓扑网络

6.2 列车系统功能簇划分

6.2.1 功能簇

城轨列车系统属于典型的复杂机电系统,具有部件规模庞大且系统结构较复杂,部件间高度关联且连接关系复杂的特点,直接对其进行研究存在计算复杂度较高的问题。城轨列车系统划分的本质其实是部件聚类的过程。当前,城轨列车系统部件聚类方法主要有两种思路——基于传统功能的聚类方法和基于网络的聚类方法。

基于传统功能(主要功能和辅助功能)的聚类方法得到的划分结果即传统意义上的子系统。城轨列车系统功能如图 6-1 所示。城轨列车系统根据旅客运输功能(主要功能)可细分为走行、牵引、制动、控制、供电子功能,则城轨列车系统可以对应划分为走行子系统、牵引子系统、制动子系统、控制子系统、供电子系统;另一方面,城轨列车系统还具备控制列车内部环境、提升旅客舒适性的旅客服务功能,该功能为系统的辅助功能,可以细分为通风换气、照明、温度调节和其他辅助子功能,则城轨列车系统可以继续划分出通风换气子系统、照明子系统、温度调节和其他辅助功能子系统。

对于城轨列车系统而言,部件间存在着多种连接关系,其连接强度也各不相同,因此系统的拓扑结构应具备小世界网络的特征,可以在拓扑上划分为多个社团结构。而基于网络的聚类方法(社团结构检测方法),主要目的是依靠网络节点之间的关系所提供的信息,检测出具有相似性的节点构成的集合。基于网络的聚类方法的优势在于结果受经验的影响小,较为客观,但其缺陷在于仅考虑了拓扑属性,而没有考虑部件和部件间连接关系的功能属性。

基于上述分析,为克服现有系统划分方法存在的缺陷,在系统拓扑网络的基础上,考虑节点与连接边的功能属性,本节依托基于优化的社团结构检测方法对城轨列车系统进行划分。划分出的社团结构节点集合不仅在结构上紧密结合,在功能实现上也是密切相关的。为与传统的社团结构区分,本节将综合考虑节点与连接边的功能属性所划分出的社团结构称为"功能簇"(Functional cluster)。

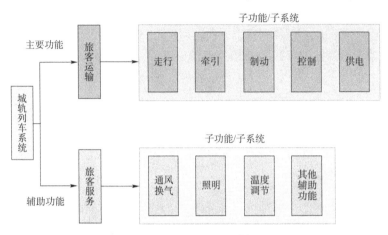

图 6-1　城轨列车系统功能

在脑功能网络中,也有类似的"功能簇"定义。脑功能网络的"功能簇"为聚集在一块的脑神经元细胞群,这样的集群与脑的特定活动联系紧密。而对于城轨列车系统,功能簇可以理解为在系统拓扑网络的基础上,综合考虑节点与连接边的功能属性聚类而成的节点集合。

一方面,系统拓扑网络模型可以划分为多个功能簇,系统的功能行为可以视为功能簇、簇间作用关系所涌现出的宏观行为;另一方面,功能簇由多个紧密结合的节点构成,组成该结构的节点、节点间作用关系所涌现出的特征决定该功能簇的功能行为。由此可见,划分功能簇能够清晰揭示城轨列车系统内部的工作原理,为系统故障传播模型的构建、系统可信性属性指标的评估提供基础。

6.2.2　城轨列车系统功能簇划分方法

1) 相关定义

在构建系统功能簇划分模型之前对所需的参数进行定义。

(1) 节点间功能相关强度。

定义 6-1　假设节点 v_o 和节点 v_d 为两个直接相连的节点,则从节点 v_o 到节点 v_d 的功能相关强度定义如式(6-1)所示。

$$FS_o^d = \lambda_o I_{od} \quad (6\text{-}1)$$

式中：λ_o——节点 v_o 的平均故障率（通过设计手册或其他资料获取）；

I_{od}——连接边 e_{od} 的综合连接强度。

从节点 v_o 到节点 v_d 的功能相关强度综合考虑了节点的功能属性（平均故障率）与连接边的功能属性（综合连接强度）两方面的因素，描述了节点之间在功能上的相关程度。

(2)功能路径长度。

定义 6-2 假设节点 v_a 和节点 v_b 为网络中任意两个节点，从节点 v_a 到节点 v_b 的可能的功能路径为 $FL_a^b = \{v_1, v_2, \cdots, v_n\}$，$v_1$ 为路径 FL_a^b 上的第一个节点 v_a，v_n 为路径 FL_a^b 上的最后一个节点 v_b，则从节点 v_a 到节点 v_b 的功能路径长度定义如式(6-2)所示。

$$FL_a^b = FS_1^2 \times FS_2^3 \times FS_3^4 \times \cdots \times FS_{n-1}^n = \prod_{i=1}^{n-1} FS_i^{i+1} \quad (6\text{-}2)$$

根据式(6-2)，节点之间的功能路径长度越大，则该路径包含的节点数越少（即拓扑距离越短），表明该路径上的节点之间的功能相关强度越大，在系统实际运行中的功能联系越紧密，节点通过该功能路径实现功能的概率就越大。相反，功能路径的长度越小，则该路径上的节点数越大（即拓扑距离越大），节点通过该功能路径实现功能的概率就越低。

(3)节点度。

定义 6-3 定义节点 v_a 与其他同处一个功能簇的其他节点之间的连接边数量为节点的入度，用 K_a^{in} 表示；定义节点 v_a 与所处功能簇外的其他节点之间的连接边数量为节点的出度，用 K_a^{out} 表示。节点 v_a 的节点度如式(6-3)所示。

$$K_a = K_a^{in} + K_a^{out} \quad (6\text{-}3)$$

2)城轨列车系统功能簇划分模型

在优化的社团结构检测方法中，Srinivas S 和 Rajendran C 等提出的混合整数线性规划模型相比于其他的社团检测方法，产生了更好 Silhouette 系数和模块度，在社团结构划分的速度和结果上具有明显优势，但该方法仅考虑了节点的结构相似性，忽略了节点与连接边的功能属性在社团结构检测中的作用。而功能路径长度可在系统拓扑网络的基础上，通过节点与连接边的功能属性描述节点之间在功能上的相关程度。因此，为从拓扑和功能的角度划分功能簇，本节在 Srinivas S 和 Rajendran C 等提出的模型基础上，用最长功能路径长度替换传统的最短路径长度，提出城轨列车系统功能簇划分方法。

由于系统拓扑关联网络的异质性,TN 可以被分为 N_{FC} 个功能簇 FC。假设每个功能簇都是互相分离且互不重叠的,则系统拓扑关联网络中的每个节点都只属于一个功能簇 FC。因此,功能簇之间的最大连接边数量为 $N_{FC}(N_{FC}-1)$,而每个功能簇 FC 内部可能的连接边数量为 $N_{FC}(N_{FC}-1)/2$。由于在划分过程中考虑了功能属性的影响,故同一个功能簇中的节点具有相同或相似的失效传播特征。

将节点 v_i 分配到一个给定的功能簇 FC,并用一个二进制变量 β_{ic} 表示这种分配关系。假设功能簇之中处于中心地位的节点是核节点,它是所处功能簇中其他节点之间的最长功能路径的公共节点,这意味着它与同一个功能簇中的其他节点连接紧密。假设节点 v_b 为核节点,则可以用一个二进制变量 β_{ab} 表示节点 v_b 是否与节点 v_a 有分配关系。若 $\beta_{ab}=1$,则节点 v_a 被分配到归属于核节点 v_a 的功能簇中;反之,若 $\beta_{ab}=0$,则节点 v_a 被分配到归属于其他核节点的功能簇中。

在 Srinivas S 和 Rajendran C 的模型基础上,用最长功能路径代替传统的最短路径,以 β_{ab} 为决策变量,构建式(6-4)的目标函数,最大化功能簇内部节点与核节点之间的最长功能路径长度的总和,使得功能簇内节点之间的功能相关性最大。

$$\max Q = \sum_{a=1}^{N}\sum_{b=1}^{N} \max(\mathrm{FL}_a^b) \times \beta_{ab} \tag{6-4}$$

式中:$\max(\mathrm{FL}_a^b)$——从节点 v_a 到节点 v_b 最长功能路径。

为划分满足需求的功能簇,式(6-4)需要满足以下几个约束条件。

约束条件 6-1:假设网络可以划分为 N_{FC} 个功能簇,由于每个功能簇中都有一个与之关联的核节点,则网络中核节点的数量应恰好等于功能簇的数量,如式(6-5)所示。显然,当 $\beta_{bb}=0$ 时,节点 v_b 为核节点。

$$\sum_{b=1}^{N} \beta_{bb} = N_{FC} \tag{6-5}$$

约束条件 6-2:为划分非重叠的功能簇,任一节点不能与多于一个的功能簇相关联,如式(6-6)所示。即功能簇内的一个节点应该只关联唯一一个核节点(或功能簇)。

$$\sum_{b=1}^{N} \beta_{ab} = 1 \quad \forall a = \{1,2,\cdots,N_{FC}\} \tag{6-6}$$

约束条件 6-3:只有当给定节点是核节点时,它才能被其他节点所关联,如式(6-7)所示。比如,当节点 v_b 本身不是所处功能簇的核节点($\beta_{bb}=0$)时,其他任意节点都不可能与之相关联($\beta_{ab}=0$)。

$$\beta_{ab} \leqslant \beta_{bb} \quad \forall a=\{1,2,\cdots,N_{FC}\}, \forall b=\{1,2,\cdots,n\} \tag{6-7}$$

约束条件 6-4:在将节点集分配到与这些节点相关联的核节点时,应确保核节点处于功能簇的中心。式(6-8)确保了分配后的功能簇中核节点与其邻居节点的平均最长功能路径距离,大于或等于所有与核节点相关联的其他所有节点的平均最长功能距离。

$$\overline{FL_b} \geq \frac{\sum_{\substack{a=1 \\ a \neq b}}^{N} [\max(FL_a^b) \times \beta_{ab}]}{\sum_{a=1}^{N} \beta_{ab}} \quad \forall b = \{1,2,\cdots,n\} \quad (6-8)$$

式中:$\overline{FL_b}$——从核节点 v_b 到其邻居节点的平均最长功能路径长度。

约束条件 6-5:决策变量 β_{ab} 只能取 0 或 1,如式(6-9)所示。也就是说,对于节点 v_a,其他任意节点 v_b 要么是与之相关联的核节点($\beta_{ab}=1$),要么不是与之相关联的核节点($\beta_{ab}=0$)。

$$\beta_{ab} \in \{0,1\} \quad \forall a,b \quad (6-9)$$

综上,所构建的系统功能簇划分模型如模型(6-10)所示。

$$\begin{cases} \max Q = \sum_{a=1}^{N} \sum_{\substack{a=1 \\ a \neq b}}^{N} \max(FL_a^b) \times \beta_{ab} \\ \sum_{b=1}^{N} \beta_{bb} = N_{FC} \quad \forall b \\ \sum_{b=1}^{N} \beta_{ab} = 1 \quad \forall a,b \\ \beta_{ab} \leq \beta_{bb} \quad \forall a,b \\ \overline{FL_b} \geq \frac{\sum_{\substack{a=1 \\ a \neq b}}^{N} \max(FL_a^b) \times \beta_{ab}}{\sum_{\substack{a=1 \\ a \neq b}}^{N} \beta_{ab}} \quad \forall b \\ \beta_{ab} \in \{0,1\} \quad \forall a,b \end{cases} \quad (6-10)$$

3) 基于分支定界法的系统功能簇划分模型求解

由于式(6-10)中所有的决策变量 β_{ab} 都只能取 0 或 1,因此该模型为 0-1 整数线性规划模型,其解空间为一组离散可行解(非凸集)。对于系统拓扑关联网络,如果网络中有 N 个节点,则有模型有 $N \times N$ 个决策变量,决策变量有 $2^{N \times N}$ 种可能的取值,对搜索空间中的所有解进行穷举耗时长且效率低。现有文献中提出了很多求解离散优化问题的方法,其中,分支定界算法可通过逐步将原问题分解为子问题并采用不同的修剪方法来消除子问题的分支,从而找到最优解。采用分支定界算法对模型(6-10)进行求解,针对 0-1 整数线性规划模型(6-10)的分支定界算法的伪代码如下所示。

分支定界算法伪代码

算法参数: β_{ab} $\forall a,b$ ——决策变量

Q ——目标函数的值

$s^* = \{\beta_{ab}\}$ $\forall a,b$ ——模型的最优解

β_{ab}^* $\forall a,b$ ——模型取最优解时,决策变量 β_{ab} 的取值

Q^* ——模型取最优解时,目标函数 Q 的取值

$P^S = \{p_1,p_2,p_3,\cdots,p_k,\cdots\}$ ——子问题集

p_k ——子问题集中的第 k 个子问题

$s_k = \{\beta^k{}_{ab}\}$ $\forall a,b$ ——子问题 p_k 的最优解

$s_k = \{\beta^k{}_{ab}\}$ $\forall a,b$ ——对于子问题 p_k,模型取最优解时,决策变量 β_{ab} 的取值

Q_k ——对于子问题 p_k,模型取最优解时,目标函数 Q 的取值

1:不考虑决策变量的 0-1 整数约束条件(约束条件 6~10),将所提出的优化模型初始化为一个子问题,即 $P^S \leftarrow R$。

2:将最优目标函数的值 Q^* 设置为零,即 $Q^* \leftarrow 0$。

3:While 子问题集不为空,即 $P^S \neq \varnothing$, **Do** \

4:选取一个子问题 $p_k \in P^S$,求解其最优解 s_k 和目标函数值 Q_k。

5: **If** $Q_k < Q^*$, **Then**

6:将 p_k 从子问题集中移除,即 $P^S \leftarrow P^S / p_k$。

7: **Else**

8: **If** s_k 中所有决策变量均满足约束条件 6~10, **Then**

9:更新最优解和目标函数值,即 $s^* \leftarrow s_k$ 和 $Q^* \leftarrow Q_k$。

10: **Else**

11:选取子问题 p_k 中不满足约束条件 6~10 的一个决策变量 β_{ab},将 p_k 划分为两个子问题:令 $\beta_{ab}=1$,划分子问题 p_k^1;令 $\beta_{ab}=0$,划分子问题 p_k^2。即 $p_k^1 = p_k \cup \{\beta_{ab}=0\}$ 和 $p_k^2 = p_k \cup \{\beta_{ab}=0\}$。更新子问题集 P^S,即 $P^S \leftarrow P^S \cup \{p_k^1, p_k^2\} \setminus \{p_k\}$。

12: **End If**

13: **End If**

14: **End While**

15: **Return** 最优解 s^* 和最优目标函数值 Q^*。

综上,系统划分方法需要先确定式(6-10)的输入参数——网络的节点数(N)、节点间的功能相关强度($FS_a^b, \forall a, b$)、任意两个节点间的最长功能路径长度[$\max(FL_a^b), \forall a, b$]、功能簇数量($N_{FC}$);然后通过上述分支定界算法求解模型式(6-10)获得输出——网络的功能簇及其核节点($\beta_{ab}, \forall a, b$)。显然,功能簇由最优解中决策变量($\beta_{ab}, \forall a, b$)的值表示,所有与核节点相关联的节点 v_a 构成一个功能簇。因此,核节点为 v_b 的功能簇中的节点数量可以用 $\sum_a \beta_{ab}$ 表示。

4)功能簇拓扑性质分析

为分析功能簇的拓扑性质,便于后续对故障传播模型、系统可信性属性指标评估的研究,下文介绍簇密度、平均聚类系数、中心势三个拓扑指标。

(1)簇密度(社团密度)。

簇密度描述了网络簇的连接方式,可以通过簇内存在的连接边数量和簇内最大可能存在的连接边数量之比来计算,如式(6-11)所示。

$$D_i = \frac{N_{edge}(C_i)}{N_{edge}^{max}(C_i)} \tag{6-11}$$

式中:C_i——已划分簇结构网络的第 i 个簇;

D_i——簇 C_i 的簇密度;

$N_{edge}(C_i)$——簇 C_i 内部存在的连接边数量;

$N_{edge}^{max}(C_i)$——簇 C_i 内部最大可能存在的连接边数量。

(2)平均聚类系数。

假设节点 v_a 归属于簇 C_i,则节点 v_a 的聚类系数可以定义为节点 v_a 与其同属簇 C_i 的邻居节点间存在的边数与总的可能存在的边数的比 CC_a,如式(6-12)所示

$$CC_a = \frac{E_a(C_i)}{E_a^{max}(C_i)} \tag{6-12}$$

式中:C_i——已划分簇结构网络的第 i 个簇;

CC_a——节点 v_a 的聚类系数;

$E_a(C_i)$——节点 v_a 与其同属簇 C_i 的邻居节点间存在的边数;

$E_a^{max}(C_i)$——节点 v_a 与其同属簇 C_i 的邻居节点间最大可能存在的边数。

节点 v_a 的聚类系数反映了节点 v_a 与同属簇 C_i 的邻居节点间的连接紧密程度。簇 C_i 的平均聚类系数指的是归属于簇 C_i 的所有节点聚类系数的平均值 ACC_i,如式(6-13)所示。

$$\mathrm{ACC}_i = \frac{\sum_{v_a \in C_i} \mathrm{CC}_a}{|C_i|} \tag{6-13}$$

式中：C_i——已划分簇结构网络的第 i 个簇；

ACC_i——簇 C_i 的平均聚类系数；

CC_a——归属于 C_i 的节点 v_a 的聚类系数；

$|C_i|$——归属于 C_i 的节点数量。

(3) 中心势 (Centralization)。

一个簇的中心指的是在归属于该簇的节点中，中心性值最大的节点；中心势反映簇的中心 v_{center} 与其他节点 v_a 的中心性值的差距。可将核节点视为其所在簇的中心。标准化后的中心势 X_i 取值范围为 $0 \sim 1$，如式(6-14)所示。

$$X_i = \frac{\sum_{v_a \in C_i} \left| X(v_{\mathrm{center}}) - X(v_a) \right|}{\max \left[\sum_{v_a \in C_i} \left| X(v_{\mathrm{center}}) - X(v_a) \right| \right]} \tag{6-14}$$

式中： C_i——已划分簇结构网络的第 i 个簇；

X_i——簇 C_i 的中心势；

v_{center}——簇 C_i 的中心；

X 函数——节点 v 的中心性值，中心性可以是度、介数、接近度等中心性测度。

6.2.3 城轨列车系统功能簇划分

1) 城轨列车系统功能簇划分

下面在上文所构建的城轨列车系统拓扑网络模型的基础上，对城轨列车系统的功能簇进行划分。

首先，确定系统拓扑网络中所有连接边的综合连接强度，根据设计资料中的部件固有可靠性，计算拓扑网络中相邻节点的功能相关强度。部分相邻节点的功能相关强度见表6-2。

表6-2 部分相邻节点的功能相关强度

节点 v_a	节点 v_b	功能相关强度 FS_a^b	功能相关强度 FS_b^a
v_1	v_2	0.06432	0.10553
v_2	v_4	0.10553	0.07729
v_3	v_6	0.1049	0.06847

续上表

节点 v_a	节点 v_b	功能相关强度 FS_a^b	功能相关强度 FS_a^b
v_4	v_6	0.08641	0.01462
v_4	v_8	0.08641	0.04037
v_4	v_{12}	0.08641	0.04825

依据式(6-2)遍历计算所有的功能路径长度,依据式(6-3)计算每个节点的节点度,本节将城轨列车划分为 7 个子系统[转向架系统、制动系统、牵引系统、车内(内装)系统、车体(车外)系统、TCMS、辅助供电系统],设定参数 $N_{FC}=7$,最终构建的系统功能簇划分模型如式(6-15)所示。

$$\begin{cases} \max Q = \sum_{a=1}^{140}\sum_{\substack{b=1\\a\neq b}}^{140} \max(FL_a^b) \times \beta_{ab} \\ \sum_{b=1}^{140} \beta_{bb} = 7 \quad \forall b \\ \sum_{b=1}^{140} \beta_{ab} = 1 \quad \forall a,b \\ \beta_{ab} \leq \beta_{bb} \quad \forall a,b \\ \overline{FL_b} \geq \dfrac{\sum_{\substack{a=1\\a\neq b}}^{140}(\max(FL_a^b) \times \beta_{ab})}{\sum_{\substack{a=1\\a\neq b}}^{N} \beta_{ab}} \quad \forall b \\ \beta_{ab} \in \{0,1\} \quad \forall a,b \end{cases} \quad (6\text{-}15)$$

利用分支定界算法求解式(6-15),得到划分结果,见表 6-3。

城轨 B 型车系统功能簇划分结果 表 6-3

功能簇	核节点	节点数	包含节点
FC_1	v_5	20	$\{v_1,v_2,v_3,v_4,v_5,v_6,v_7,v_8,v_9,v_{10},v_{11},v_{12},v_{13},v_{14},v_{15},v_{16},v_{17},v_{18},v_{19},v_{20}\}$
FC_2	v_{91}	38	$\{v_{55},v_{56},v_{57},v_{58},v_{59},v_{60},v_{61},v_{62},v_{63},v_{63},v_{64},v_{65},v_{66},v_{67},v_{68},v_{69},v_{70},v_{70},$ $v_{71},v_{72},v_{73},v_{74},v_{75},v_{76},v_{77},v_{78},v_{79},v_{80},v_{81},v_{82},v_{83},v_{84},v_{85},v_{86},v_{87},v_{88},v_{89},$ $v_{90},v_{91},v_{140}\}$
FC_3	v_{125}	9	$\{v_{121},v_{122},v_{123},v_{124},v_{125},v_{126},v_{127},v_{132},v_{133}\}$

续上表

功能簇	核节点	节点数	包含节点
FC_4	v_{93}	13	$\{v_{92},v_{93},v_{94},v_{95},v_{96},v_{97},v_{98},v_{99},v_{135},v_{136},v_{137},v_{138},v_{139}\}$
FC_5	v_{112}	19	$\{v_{100},v_{101},v_{102},v_{103},v_{104},v_{105},v_{106},v_{107},v_{108},v_{109},v_{110},v_{111},v_{112},v_{113},v_{114},v_{115},v_{116},v_{117},v_{118}\}$
FC_6	v_{38}	30	$\{v_{21},v_{22},v_{23},v_{24},v_{25},v_{25},v_{26},v_{27},v_{28},v_{29},v_{30},v_{31},v_{32},v_{33},v_{34},v_{35},v_{36},v_{37},v_{38},v_{39},v_{47},v_{48},v_{49},v_{50},v_{119},v_{120},v_{128},v_{129},v_{130},v_{131},v_{134}\}$
FC_7	v_{45}	11	$\{v_{40},v_{41},v_{42},v_{43},v_{44},v_{45},v_{46},v_{51},v_{52},v_{53},v_{54}\}$

从表6-3中可以看出，在划分出的7个功能簇中，节点数最多的是FC_2，有38个节点；节点数最少的是FC_3，有9个节点。根据功能簇划分结果绘制的网络图可扫描二维码"本节提出的城轨列车功能簇划分结果"、二维码"系统设计人员划分结果"、二维码"基于Srinivas S方法的社团结构划分结果"查阅，每一种颜色的节点代表属于一个不同的功能簇；每个功能簇中，节点大小较大的节点为归属于该功能簇的核节点。

本节提出的城轨
列车功能簇划分结果

系统设计人员
划分结果

基于Srinivas S方法的
社团结构划分结果

为验证功能簇划分结果的合理性，将城轨列车功能簇划分结果与系统设计人员划分结果、基于Srinivas S方法的社团结构划分结果相对比，可以得到：

(1)本节提出的城轨列车功能簇划分结果中存在部分节点在设计过程中单独考虑的情况，难以将其划分到具体的子系统中。例如，节点v_{119}（受电弓）和节点v_{120}（升弓控制装置）、节点v_{138}（火灾报警控制器）和节点v_{139}（烟火报警器）均没有被划分到具体的子系统中，反而单独成一个节点集合。

系统设计人员划分结果可以合理地将所有节点都分配到功能簇中。以节点v_{119}（受电弓）和节点v_{120}（升弓控制装置）为例，受电弓和升弓控制装置均归属于功能簇FC_6。在功能簇FC_6中，节点v_{119}（受电弓）和节点v_{120}（升弓控制装置）除了彼此相互连接之外，节点v_{119}（受电弓）还与节点v_{128}（车顶高压电缆）相连接，节点v_{120}（升弓控制装置）与节点v_{31}（驾驶室操纵台）相连接。在城轨列车系统实际运行过程中,升弓控制装置接收驾驶室操纵台的"升弓"或"降弓"指令,控制受电弓的升降操作;受电弓通过与车顶高压电缆之间的连接,为城轨列车各个子系统提供所需的电能。可以看出,受电弓和升弓控制装置与功能簇 FC_6 中的其他节点在功能上紧密联系,因此,将节点 v_{119}(受电弓)和节点 v_{120}(升弓控制装置)划分到功能簇 FC_6 是符合运营实际的。

在基于 Srinivas S 方法的社团结构划分结果中,虽然也将所有的节点均分配到社团中,但是这种划分方法仅仅是拓扑上的划分,并没有考虑社团内部节点在功能上的联系。例如,受电弓与升弓控制装置被分别划分到社团 FC_7 和社团 FC_6 中,然而由前面的分析可知,受电弓与升弓控制装置在功能上是紧密相连的,这是由于该方法没有考虑节点与连接边的功能属性。

(2) 系统设计人员划分结果中,存在部分节点与其他节点虽然同时归属于同一个子系统,但是它们之间不存在连接关系的情况。例如,在牵引系统中,节点 v_{128}(车顶高压电缆)、节点 v_{129}(避雷器)、节点 v_{130}(接地开关)、节点 v_{131}(电流互感器)和节点 v_{134}(主断路器)通过连接关系形成了一个节点集合,但该节点集合与牵引系统剩下的节点[牵引控制单元(TCU)、牵引电机、逆变器]并没有任何直接连接关系。在这种情况下对列车系统进行功能结构分析显然是不合理的。本节提出不存在上述情况,是由于功能簇的划分是在系统拓扑网络的基础上综合考虑节点和连接边的功能属性进行的,能够合理地对系统进行分解。

综上,由城轨列车系统设计人员所依据经验划分的子系统没有考虑系统的拓扑结构,难以准确描述系统内部的功能行为;基于 Srinivas S 方法所划分的社团结构只考虑了拓扑属性,忽略了节点与连接边的功能属性,社团结构内部的节点之间在功能上联系不紧密。以上两种方法对系统的划分均存在不合理之处,而本节提出的城轨列车功能簇划分方法能对系统进行较为合理的分解,结果符合运营实际,是进一步研究系统故障传播模型和系统可信性属性的基础。

2) 城轨列车系统功能簇特征分析

分别根据式(6-11)、式(6-12)和式(6-13)对功能簇的社团密度、平均聚类系数和中心势进行计算并归一化,为后续的研究提供基础。功能簇拓扑属性计算结果如图 6-2 所示。图 6-2a)给出了功能簇的社团密度的结果。其中,功能簇 FC_5 的社团密度最大,功能簇 FC_7 的社团密度最小。除功能簇 FC_5 和 FC_7 之外,大部分功能簇的社团密度均处于 0.1~0.3 之间,划分后各个功能簇之间的社团密度分布较为均匀。图 6-2b)给出了功能簇的平均聚类系数的结果。其中,功能簇 FC_3 的平均聚类系数最大,功能簇 FC_1 的平均聚类系数最小。图 6-2c)给出了功能簇的中心势的结果(中心性测度为度中心性)。其中,功能簇 FC_7 的中心势最大,功能簇 FC_6 的中心势最小。

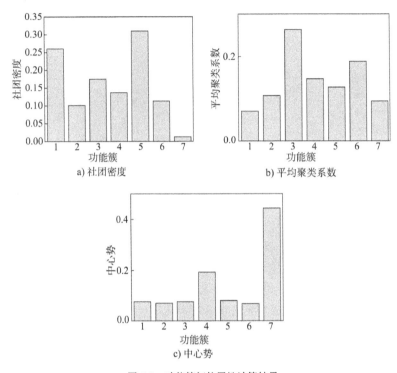

图 6-2 功能簇拓扑属性计算结果

从上述计算结果可以看出,各个功能簇的社团密度、平均聚类系数和中心势值的分布并不均匀,这意味着功能簇的拓扑重要性存在差异,不同功能簇在拓扑网络中处于不同的地位,功能簇呈现异质性特征。

6.3 故障传播模型

6.3.1 基本假设

为了构建故障传播模型,首先提出以下基本假设:

假设 1:处于失效或故障状态的部件会向其他部件传输可以量化的风险,即故障以风险形式,能够通过部件间的物理连接关系,向其他部件传播。

假设2：当故障在系统中传播时，部件具备一定的自我修复能力。

假设3：将系统中的所有部件分为正常和故障两种状态。当处于正常状态时，部件不会向外传播风险，但会受其他处于故障状态的部件影响；当处于故障状态时，部件对外传播风险。

假设4：部件在故障传播过程中具备一定的风险承受能力，当风险在部件内部积累到超过一定的故障阈值时，才具有发生事故的可能性。此时，该部件才具备向外传播风险的能力。

6.3.2 故障传播建模

首先，假设故障状态的部件向其他部件传播的风险可以视为一种可以量化的能量，并且这种能量在正常状态的部件内部不断积累直到超过一个提前设定的阈值时，才会发生风险事故，也就是发生故障，此时部件从正常状态转换为故障状态，同时向外传播风险。因此，本节在灾害蔓延动力学模型中引入故障阈值F。故障阈值F的作用可以从以下两方面描述：

（1）弱化节点自身对相邻部件的影响。假设只有当部件处于故障状态时，才会通过节点间的物理连接关系向其他节点传播风险。也就是说，只有当节点自身积累的风险值大于故障阈值F时，才有向其他相邻节点传播的能力。

（2）弱化节点的相邻节点对该节点的影响。当处于故障状态的相邻节点向该节点传播风险时，故障阈值F相当于减少了一定的风险接受量。据此，本节提出城轨列车系统故障传播动力学方程，如式(6-16)所示。

$$\frac{\mathrm{d}X_a(t)}{\mathrm{d}t} = -\frac{X_a(t)}{\tau_a} + \Theta \left[\sum_{b \in \mathrm{FC}_i, b \in \Gamma_a, \beta_{ab}=0} \frac{o_1 \mathrm{FS}_b^a [X_b(t-1) - F_b]}{(o_1 + o_2 + o_3) f(K_b^{\mathrm{in}})} \mathrm{e}^{-\eta} + \sum_{c \in \Gamma_a, \beta_{ac}=1} \frac{o_2 \mathrm{FS}_c^a [X_c(t-1) - F_c]}{(o_1 + o_2 + o_3) f(\mathrm{CC}_c)} \mathrm{e}^{-\eta} + \sum_{d \notin \mathrm{FC}_i, d \in \Gamma_a} \frac{o_3 \mathrm{FS}_d^a [X_d(t-1) - F_d]}{(o_1 + o_2 + o_3) f(K_d^{\mathrm{out}})} \mathrm{e}^{-\eta} \right] + \lambda_a(t)$$

(6-16)

式中：$X_k(t)$——运营里程为t万km时，节点v_k所累积的风险量，$k = a, b, c$；

F_k——节点v_k的故障阈值，可由专家经验获得，$k = b, c, d$；

τ_a——节点v_a的自修复因子；

FC_i——节点v_a所归属的第i个功能簇；

Γ_a——节点 v_a 的邻居节点集合;

FS_o^d——从节点 v_o 到节点 v_d 的功能相关强度 $d=a, o=b,c,d$;

K_b^{in}——节点 v_b 与功能簇 FC_i 内的其他节点之间的连接边数量;

K_d^{out}——节点 v_d 与功能簇 FC_i 外的其他节点之间的连接边数量;

CC_c——在功能簇 FC_i 中,节点 v_c 的聚类系数;

$\lambda_a(t)$——运营里程为 t 万 km 时,节点 v_a 自身的故障率;

o_i——表征不同类型的节点对其邻居节点影响程度的常数,$i=1,2,3$。

在式(6-17)中,$X_a(t)$ 可能的取值情况有三种,具体如下:

(1) 若 $X_a(t)=0$,则说明在运营里程为 t 万 km 时,节点 v_a 不存在风险,也不对外传播风险,处于正常状态。

(2) 若 $0<X_a(t)\leq F_a$,则说明在运营里程为 t 万 km 时,节点 v_a 积累了一定的风险量,但没有超过故障阈值 F_a。此时,节点 v_a 也处于正常状态,不对外传播风险。

(3) 若 $X_a(t)>F_a$,则说明在运营里程为 t 万 km 时,节点 v_a 所积累的风险量超过了自身的故障阈值 F_a。此时,节点 v_a 处于故障状态,存在对外传播风险的可能性。由于网络中功能簇之间存在异质性,普通节点与核节点之间也存在异质性,风险传播的主要动力和阻力主要来自以下三个方面:

①节点自身的修复能力。

式(6-17)的右侧第一项表示当节点自身累积的风险量大于 0 时,由于列车系统通常采用定期检修为主、状态修相结合的维修方式,认为节点自身具备一定的自我修复能力,能够化解部分风险。节点自身修复能力可以表示为式(6-17)。

$$\frac{dX_a(t)}{dt} = -\frac{X_a(t)}{\tau_a} \tag{6-17}$$

其中,τ_a 为节点 v_a 的自修复因子。自修复因子 τ_a 表征的是节点 v_a 的风险化解能力。τ_a 越大,说明节点 v_a 化解风险的时间越长,自身修复能力越弱。

②节点间的风险传播。

本节认为风险的传播过程不仅与节点自身在功能簇的地位有关,还与故障节点传播风险的损耗情况有关。因此,节点自身积累的风险量不是简单的加和,通常可以通过一个非线性的光滑单调递增函数来表征其他邻居节点对当前节点传播风险量的影响。参考神经网络模型中的 Sigmoid 函数定义节点接收到的其他节点的故障传播影响,如(式6-18)所示。

$$\Theta(x) = \frac{1-e^{-\alpha x}}{1+e^{-\alpha(x-F_a)}} \tag{6-18}$$

式中：α——增益参数，取 10；

F_a——节点 v_a 的故障阈值。

由于城轨列车系统具有部件数量庞大、结构复杂、部件间存在着多种耦合作用关系的特点，在实际运营中，获取确定阈值的数据非常困难，单个节点的故障阈值通常难以确定。结合前述调研内容，经与一线运维工程师深入讨论沟通后，得到如表 6-4 所示的故障阈值及专家打分规则。

故障阈值及专家打分规则 表 6-4

故障阈值（F_a）	专家打分规则
0.1	理论上或在实际运维工作中，经常或较多次出现该部件发生由其他部件导致的失效（故障）
0.3	在实际运维工作中，较多次出现该部件发生由其他部件导致的失效（故障）
0.5	在实际运维工作中，曾多次出现该部件发生由其他部件导致的失效（故障），具有一定的普遍性
0.7	在实际运维工作中，较少次出现该部件发生由其他部件导致的故障。
0.9	理论上或在实际运维工作中，没有或极少出现该部件发生由其他部件导致的故障

式（6-16）表明，当 $x=0$ 时，无论 α 和 F_a 如何取值，$\Theta(x)$ 的取值均为 0。这意味着处于正常状态的节点，不具备对外传播风险的能力。另外，$\Theta(x)$ 的自变量加和公式表示与节点 v_a 相邻的故障节点向其传播风险的总量，但是，该加和公式仅统计风险量大于故障阈值的部分。

式（6-17）中的 $\Theta(x)$ 的自变量加和公式由三部分组成，分别表示同一个功能簇中的非核节点与核节点对节点 v_a 的影响，以及其他功能簇的节点对节点 v_a 的影响，参数 o_1、o_2 和 o_3 为常数，代表不同类型的节点对外传播风险时，对其邻居节点的影响程度。对节点影响最大的为归属于同个功能簇的核节点，其次是归属于同个功能簇的其他普通节点，影响最小的是其他功能簇中的节点。因此，取 $o_1=0.3$，$o_2=0.5$，$o_3=0.2$。

a. 式（6-16）中 $\Theta(x)$ 加和公式的第一部分，反映的是同一个功能簇中的非核节点（普通节点）对外传播风险时，对其邻居节点 v_a 的影响。例如，FC_1 中处于故障状态的节点 v_1 对同属 FC_1 的节点 v_2 的影响。

用引入了额外的权值 a 和 b 的函数 $f(x)$ 来反映节点对其邻居节点的影响程度，其定义如式（6-19）所示。

$$f(x) = \frac{ax}{1+bx} \tag{6-19}$$

$e^{-\eta}$ 是故障传播过程中的耗损函数,反映的是一个时间步长内,节点间传播风险的耗损程度。η 为传播的强度,取值越小,风险的耗损越少,取值为0.01。

b. 式(6-16)中 $\Theta(x)$ 加和公式的第二部分,反映的是同一个功能簇中的核节点故障时,对其邻居节点 v_a 的影响。例如,图6-3中,FC_3 中处于故障状态的核节点 v_3 对同属 FC_3 的节点 v_4 的影响。

c. 式(6-16)中 $\Theta(x)$ 加和公式的第三部分,反映的是一个功能簇中的节点对外传播风险时,对相邻功能簇中的节点 v_a 的影响。在这种情况下,无论传播风险的节点是普通节点还是核节点,都视作普通节点。图6-3为邻居节点的故障传播影响示意图,其中,FC_2 中处于故障状态的核节点 v_5 对同属 FC_4 的节点 v_6 的影响。

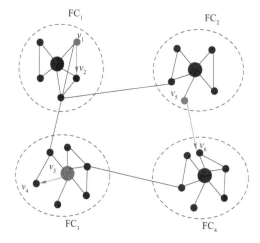

图6-3 邻居节点的故障传播影响示意图

③节点自身的故障率。

节点自身的故障率也会对节点自身的状态造成影响。因此,式(6-16)右侧第三项表明节点的故障率对风险传播的影响。节点的故障率可以通过历史运营故障数据获取,通常服从指数分布、威布尔分布或正态分布。

综上,本节提出的列车系统故障传播模型描述了故障以风险量的形式在系统中传播的过程,体现了各节点风险量随时间变化而不断变化的情况。该模型综合考虑了节点自身的修复能力、不同类型节点的风险传播、节点自身的故障率、风险在传播过程中的损耗等因素,因此具有较高的普适性,可为系统可信性的评估提供基础。

6.4 列车系统故障传播分析

6.4.1 运营故障数据分析

对城轨列车系统进行运营故障数据分析,可得到各个部件的故障概率分布。这是部件使用可靠度计算的基础,也是系统可信性评估的关键。以某城轨列车的运营故障数据为基础,统计部件的故障概率。下文给出部件故障概率的统计方法,为后续的分析提供数据支持。

首先,通过调研获取的故障数据包含故障编号、车辆编号、故障部件、故障日期、故障描述、故障时运营里程等。在对数据进行初步统计后发现,存在部分部件数据量偏少的问题。为使数据量达到较理想的规模,在对数据进行处理时,将不同列车不同车辆的相同部件视为同一个部件,对相似的故障数据进行归并。经处理后,大部分部件的故障记录数量在 60~80 条;故障记录较多的部件,比如刮雨器有 312 条故障记录;数据记录较少的部件,比如驾驶室门,也有 25 条数据。

部分初步处理后的运营故障数据

以部件故障时的运营里程为部件寿命,利用 Minitab17 软件采用最小二乘法对部件寿命进行拟合。拟合结果可能包含以下三种情况:

(1)若部件寿命服从指数分布,则该部件在运营里程为 t 时的故障概率为 λ。

(2)若部件寿命服从威布尔分布,则该部件在运营里程为 t 时的故障概率如式(6-20)所示,为部件寿命服从两参数威布尔分布时的故障概率。

$$\lambda(t) = \frac{m}{\eta}\left(\frac{t}{\eta}\right)^{m-1} \qquad (6\text{-}20)$$

式中:m——两参数威布尔分布的形状参数;

η——两参数威布尔分布的比例参数。

式(6-21)为部件寿命服从三参数威布尔分布时的故障概率。

$$\lambda(t) = \frac{m}{\eta}\left(\frac{t-\gamma}{\eta}\right)^{m-1} \qquad (6\text{-}21)$$

式中:m——三参数威布尔分布的形状参数;

η——三参数威布尔分布的比例参数;

γ——三参数威布尔分布的位置参数。

(3)若部件寿命服从正态分布,则该部件在运营公里为 t 时的故障概率 $\lambda(t)$ 如式(6-22)所示。

$$\lambda(t) = \frac{1}{\sqrt{2\pi}\sigma} e^{-\frac{1}{2}\left(\frac{t-\mu}{\sigma}\right)^2} \tag{6-22}$$

式中:μ——正态分布的位置参数;

σ——正态分布的尺度参数。

通过将拟合结果与上述三种经验分布进行比较,可以获得各个部件的最优分布。表 6-5 列出了部分部件的故障分布拟合结果。

部分部件的故障分布拟合结果　　　　表 6-5

部件	最优分布	参数
牵引电机	两参数威布尔	$m = 2.73654$ $\eta = 36.9972$
受电弓	两参数威布尔	$m = 3.8012$ $\eta = 31.0032$
牵引控制单元(TCU)	两参数威布尔	$m = 2.1697$ $\eta = 25.2013$
电流互感器	三参数威布尔	$m = 2.7025$ $\eta = 25.0432$ $\gamma = 0.0297$

根据拟合出的各个部件寿命分布类型,可以计算出系统中各个部件的失效概率 $\lambda_i(t)$,图 6-4 给出了城轨列车系统中牵引电机和受电弓两个部件的失效概率密度函数分布。

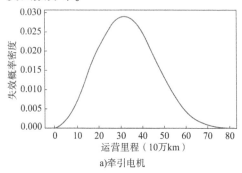
a)牵引电机

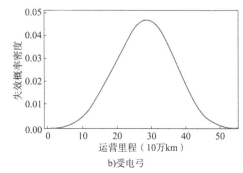
b)受电弓

图 6-4　失效概率密度分布图

6.4.2 城轨列车系统故障传播分析实例

本节基于功能簇划分结果,结合系统故障传播模型,分析城轨列车系统可能发生故障节点和故障传播的路径。

首先,根据前述的故障阈值专家打分规则,结合故障记录,经与工程师进行深入讨论,确定节点的故障阈值,部分结果见表6-6。

部分节点的故障阈值　　　　　　　　　　　　　　　　　表6-6

节点编号	故障阈值(F_a)	节点编号	故障阈值(F_a)
v_1	0.5	v_8	0.5
v_2	0.3	v_9	0.7
v_3	0.3	v_{10}	0.7
v_4	0.5	v_{11}	0.3
v_5	0.3	v_{12}	0.9
v_6	0.7	v_{13}	0.9
v_7	0.5	v_{14}	0.7

取 $\tau=4$、$a=4$ 和 $b=3$,结合故障传播模型,利用 Matlab 软件进行仿真,可得到运营里程为 20 万 km 时系统故障传播路径(表6-7),可以发现,故障传播的起始节点通常为核节点。

运营里程为 20 万 km 时系统故障传播路径　　　　　　　表6-7

路径编号	故障传播路径	路径编号	故障传播路径
1	$v_{91} \to v_{89}$	5	$v_{112} \to v_{39} \to v_{117}$
2	$v_{91} \to v_{83} \to v_{81}$	6	$v_{52} \to v_{53}$
3	$v_5 \to v_{17} \to v_{20}$	7	$v_{112} \to v_{92}$
4	$v_{38} \to v_{39} \to v_{117}$	8	$v_{112} \to v_{133}$

扫描二维码"运营里程为 20 万 km 的列车系统故障传播图"可查阅故障传播路径的示意图,其中红色的节点表示故障的节点,红色的线条表示传播路径。可以看出,城轨列车系统中节点发生故障传播后,影响的节点数量较少,一般故障传播路径长度处于 1~2 范围内。这是由于在对城轨列车系统进行设计与维护时,通常会采取冗余设计、提升部件自身可靠性等保护策略,以防止故

运营里程为 20 万 km 的列车系统故障传播图

障的传播,提高系统的可信性。

不同运营里程时的城轨列车系统故障传播图

扫描二维码"不同运营里程时的城轨列车系统故障传播图"可查阅不同运营里程系统可能发生故障的节点和故障传播的情况。可以看出,随着运营里程的不断增加,故障的节点和故障传播的情况也随之变化。但是,发生故障的节点数和故障传播路径的长度并不会显著增加。大部分情况下,路径长度均保持在1~3范围内。这是由于系统在运营过程中,采用计划修为主、状态修相结合的维修方式对列车进行维护,系统中的部件也会定期进行维护和更换,以提高系统的可信性。

6.5 面向故障传播的列车系统可信性属性计算方法

6.5.1 列车系统可靠度计算方法

在网络理论中,网络可靠度是指在规定时间和条件下,系统完成所规定的正常通信功能的概率(能力)。通常,网络可靠度测度可以分为端可靠度(Terminal reliability)、渗流可靠度(Percolation reliability)和效能可靠度(Efficiency reliability)三种。

(1)端可靠度。

端可靠度指的是输出节点与输入节点之间维持正常通信功能的概率,可以分为端端可靠度、K-端可靠度和全端可靠度等。端端可靠度假设节点之间的连接边存在正常工作与失效两种状态,则端端可靠度为从节点 s 到节点 t 能够成功传输指定流量要求的概率。K-端可靠度被定义为考虑到网络连接边可能发生故障的情况下,节点子集 K 中的节点之间能够相互保持正常通信的概率。全端可靠度指的是网络中的一个特殊节点与所有其他节点保持正常通信的概率。随着网络规模的不断扩大,端可靠度的计算是一个 N-P 难问题;另外,对于列车系统而言,很难区分其输出节点与输入节点。

(2)渗流可靠度。

渗流可靠度是根据渗流理论,利用相关的统计物理技术进行计算得到的网络可靠度。渗流可靠度假设节点间的失效是相互独立的,具有相同的可靠度。本节基于渗流理论,研究网络中故障节点的比例与网络通信能力 C 的关系。网络系统在 t 时刻的渗流可靠度的计算公式如式(6-23)所示。

$$R_s(t) = \sum_{i=[N\times\alpha]}^{N} C_N^i R(t)^i [1-R(t)]^{N-i} \qquad (6\text{-}23)$$

式中：$R_s(t)$——网络的渗流可靠度；

C_N^i——故障节点总数为 N、第 i 个故障节点对应的网络通信能力；

$R(t)$——节点的可靠度；

N——故障节点的总数；

i——第 i 个故障节点；

α——网络的渗流阈值。

然而，对于城轨列车系统而言，渗流可靠度并没有考虑节点的拓扑属性和连接边属性的影响。

（3）效能可靠度。

效能可靠度衡量的是信息在网络中交换的效率，是网络保持连通性的能力。全局效能可靠度是较常用的效能可靠度，其定义如式（6-24）所示。

$$\text{GER}(G) = \frac{E(\overline{G})}{E(G)} \qquad (6\text{-}24)$$

式中：$\text{GER}(G)$——全局效能可靠度；

G——当前研究的网络；

$\overline{G}$——网络 G 中部分节点故障后形成的子网；

$E(G)$——网络 G 的全局效能，其定义如式（6-25）所示。

$$E(G) = \frac{\sum_{i\neq j\in G} \varepsilon_{ij}}{N(N-1)} = \frac{1}{N(N-1)} \sum_{i\neq j\in G} \frac{1}{d_{ij}} \qquad (6\text{-}25)$$

式中：ε_{ij}——节点 i 与节点 j 之间相互通信的效能；

d_{ij}——节点 i 与节点 j 之间的最短路径。

则全局效能可靠度可表示为：

$$\text{GER}(G) = \frac{\frac{1}{N_{\overline{G}}(N_{\overline{G}}-1)} \sum_{i\neq j\in \overline{G}} \frac{1}{d_{ij}}}{\frac{1}{N(N-1)} \sum_{i\neq j\in G} \frac{1}{d_{ij}}} \qquad (6\text{-}26)$$

网络中不同的功能簇具有不同的拓扑性质和可靠度，而上述三种网络可靠度计算方法均没有考虑网络中功能簇的异质性。因此，下文基于全局效能可靠度定义功能簇的效能可靠度；在功能簇效能可靠度的基础上，依托系统故障传播模型，结合功能簇的结构重要度，提出系统可靠度的计算方法。

(4) 功能簇效能可靠度。

效能可靠度是从网络保持连通性功能的能力的角度来分析系统可靠度。而功能簇的本质为系统拓扑网络的一个子网络,其功能保持程度也应该可以通过效能可靠度来分析。由于不同的功能簇具有不同的可靠度,为体现这种区别,首先定义运营里程为 t 万 km 时,功能簇的效能可靠度,如式(6-27)所示。

$$\text{FCER}[\text{FC}_i(t)] = \frac{\text{FCE}[\text{FC}_i(t)]}{\text{FCE}(\text{FC}_i)} \quad (6\text{-}27)$$

式中:$\text{FCER}[\text{FC}_i(t)]$——运营里程为 t 万 km 时,功能簇 FC_i 的效能可靠度;

$\text{FC}_i(t)$——运营里程为 t 万 km 时,功能簇 FC_i 中部分节点故障后,剩余节点形成的子网络;

$\text{FCE}[\text{FC}_i(t)]$——运营里程为 t 万 km 时,子网络 $\text{FC}_i(t)$ 的效能。

在式(6-26)中所表征的传统全局效能可靠度考虑的是网络在故障传播的前后节点间平均最短路径的变化,反映了网络在拓扑上的连通程度。定义功能簇 $\text{FC}_i(t)$ 的效能,如式(6-28)所示。

$$\text{FCE}[\text{FC}_i(t)] = \frac{1}{N[\text{FC}_i(t)]\{N[\text{FC}_i(t)]-1\}} \sum_{a \neq b \in \text{FC}_i(t)} \text{FCE}_{ab}(t) \quad (6\text{-}28)$$

式中:$N[\text{FC}_i(t)]$——$\text{FC}_i(t)$ 中的节点数量;

$\text{FCE}_{ab}(t)$——运营里程为 t 万 km 时,节点 v_a 与节点 v_b 之间相互通信的效能,定义如式(6-29)所示。

$$\text{FCE}_{ab}(t) = \frac{1}{L_{ab}(t)} \quad (6\text{-}29)$$

式中:$L_{ab}(t)$——运营里程为 t 万 km 时,节点 v_a 与节点 v_b 之间的最短路径。

可得到功能簇的效能可靠度,如式(6-30)所示。

$$\text{FCER}_{\text{FC}_i}(t) = \frac{\dfrac{1}{N[\text{FC}_i(t)]\{N[\text{FC}_i(t)]-1\}} \sum_{a \neq b \in F_i(t)} \dfrac{1}{L_{ab}(t)}}{\dfrac{1}{N(\text{FC}_i)[N(\text{FC}_i)-1]} \sum_{a \neq b \in \text{FC}_i} \dfrac{1}{L_{ab}(t)}} \quad (6\text{-}30)$$

(5) 系统可靠度。

簇密度、平均聚类系数、中心势可反映功能簇的拓扑重要度,据此,提出功能簇结构重要度的定义,如式(6-31)所示。

$$\text{FCSI}_i = \gamma_1 D_i + \gamma_2 \text{ACC}_i + \gamma_3 X_i \quad (6\text{-}31)$$

式中:FCSI_i——功能簇 FC_i 的结构重要度;

D_i——功能簇 FC_i 的簇密度;

ACC_i——功能簇 FC_i 的平均聚类系数;

X_i——功能簇 FC_i 的中心势;

$\gamma_1, \gamma_2, \gamma_3$——分别表示功能簇 3 个拓扑指标的权重,$\gamma_1 = 0.3, \gamma_2 = 0.3, \gamma_3 = 0.4$。

以功能簇的结构重要度为权重,结合功能簇效能可靠度,定义系统可靠度,如式(6-32)所示。

$$R_{TN}(t) = \sum_{i=1}^{N_{FC}} FCSI_i \times FCER_i(t) \quad (6\text{-}32)$$

式中:$R_{TN}(t)$——运营里程为 t 万 km 时,拓扑网络 TN 的系统可靠度;

N_{FC}——拓扑网络 TN 划分的功能簇数量;

$FCER_i(t)$——运营里程为 t 万 km 时,功能簇 FC_i 的效能可靠度;

$FCSI_i$——功能簇 FC_i 的结构重要度。

6.5.2 列车系统安全度计算方法

系统安全度研究的是系统中部件故障所可能导致的人员伤亡或财产损失处于在可接受范围内的问题。本节依托系统故障传播模型,研究不同节点对功能簇的影响程度,结合功能簇可能故障后果,提出功能簇安全度的定义;在功能簇安全度的基础上,结合功能簇的结构重要度,提出表征系统安全度的计算方法。

对于不同的部件,其故障后导致的后果是不同的,对安全度的影响也是不同的。因此,结合专家经验和《危险品 爆炸品摩擦感度试验方法》(GB/T 21566—2008),分析和总结出部件故障后果等级(表 6-8),用于描述部件故障后导致的后果严重程度。部件故障后果等级可以分为"特大""重大""次要""轻微"四个等级,为便于研究,将其进行量化:如果故障后果等级为"特大",可量化为 SC = 0.8;如果故障后果等级为"重大",可量化为 SC = 0.6;如果故障后果等级为"次要",可量化为 SC = 0.4;如果故障后果等级为"轻微",可量化为 SC = 0.2。

部件故障后果等级　　　　　　　　　　表 6-8

等级	量化值	故障后果描述
特大	SC = 0.8	造成多人死亡,和/或是多方面的严重伤害,和/或对环境的较多损害
重大	SC = 0.6	主要系统失效或故障,和/或是单个严重伤害,和/或对环境产生明显的损害
次要	SC = 0.4	较小的系统损害和/或对环境的较明显的损害
轻微	SC = 0.2	可能存在的较小的系统损害

假设在运营里程为 t 万 km 时，功能簇中 FC_i 的故障节点集合为 $\Delta_i(t)$，则功能簇可能的故障后果量化值 $SC_{FC_i}(t)$ 如式(6-33)所示。

$$SC_{FC_i}(t) = \sum_{v_a \in \Delta_i} SC_a + \sum_{v_a \in \Delta_i} \sum_{v_b \in \Gamma_a} \left[\frac{X_b(t)}{F_b} FS_a^b \times SC_b \right] \tag{6-33}$$

式中：$\Delta_i(t)$——在运营里程为 t 万 km 时，功能簇 FC_i 中的故障节点集合；

$X_b(t)$——在运营里程为 t 万 km 时，节点 v_b 所累积的风险量；

F_b——节点 v_b 的故障阈值；

Γ_a——功能簇 FC_i 中，故障节点 v_a 邻居节点中处于正常状态的节点集合。

式(6-34)中，右侧第一项表征的是处于故障状态的节点的故障后果。式(6-34)右侧第二项，是受故障节点影响的邻居中处于正常状态的节点集合 F_a 的可能故障后果。F_a 中的节点 v_b 虽处于正常状态，但受节点 v_a 的影响，节点 v_b 自身也累积了一定的风险量。此时，节点 v_b 自身累积的风险量小于故障阈值，但仍存在发生故障的可能性。

据此，定义功能簇安全度 $S_{FC_i}(t)$ 如式(6-34)所示。

$$S_{FC_i}(t) = 1 - \frac{SC_{FC_i}(t)}{\sum_{v_a \in FC_i} SC_a} \tag{6-34}$$

其中，$S_{FC_i}(t)$ 表示在运营里程为 t 万 km 时，功能簇 FC_i 可能的故障后果；$\sum_{v_a \in FC_i} SC_a$ 表示功能簇 FC_i 中所有节点均故障时的故障后果。因此，式(6-35)右侧第二项表示的是在运营里程为 t 万 km 时，故障节点所可能导致的损失对功能簇的影响程度。

相应地，与系统可靠度类似，以功能簇的结构重要度为权重，定义系统安全度 $S_{TN}(t)$ 如式(6-35)所示。

$$S_{TN}(t) = \sum_{i=1}^{N_{FC}} FCSI_i \times S_{FC_i}(t) \tag{6-35}$$

6.5.3 基于组合赋权法的列车系统可信性评估方法

基于组合赋权法的列车系统可信性评估方法主要采用多指标融合方法。多指标融合方法主要包含主观赋权法、客观赋权法、组合赋权法。

(1) 主观赋权法。

主要依靠专家对相关指标的重要性的理解，从而对指标进行赋权。主观赋权法适用于定量信息较少的情况，操作简单，但此方法过于依赖主观信息，专家的经验对结果的准确性影响较大。常用的主观赋权法有层次分析法(Analytic Hierarchy Process,AHP)、专家打分法等。

①层次分析法(AHP)。

AHP 的基本思想是考虑评价指标的内容,利用 1~9 标度法比较同层次的指标因素,构造 n 阶归一化指标决策矩阵 C,$C = (c_{ij})$,由式(6-36)得到主观权重系数 w_i。

$$w_i = \sum_{j=1}^{n} \tilde{c}_{ij} \tag{6-36}$$

其中,$\tilde{c}_{ij}$ 由式(6-37)计算得到。

$$\tilde{c}_{ij} = \frac{c_{ij}}{\sum_{i=1}^{n} c_{ij}} \tag{6-37}$$

②专家打分法。

专家打分法依据多个专家的丰富的经验对不同的评价指标权重进行打分,经处理后得到各个指标的权重,具体方法如下:

假设 $q \cdot n$ 位专家对 q 项评价指标 x_i 的指标权重分别进行评价,得到权重系数矩阵 A,如式(6-38)所示:

$$A = \begin{pmatrix} a_{11} & a_{12} & \cdots & a_{1n} \\ a_{21} & a_{22} & \cdots & a_{2n} \\ \cdots & \cdots & \cdots & \cdots \\ a_{q1} & a_{q2} & \cdots & a_{qn} \end{pmatrix} \tag{6-38}$$

计算各指标权重的算术平均值如式(6-39)所示:

$$\overline{a_i} = \frac{1}{n} \sum_{j=1}^{n} a_{ij} \tag{6-39}$$

最后对上述权重算术平均值 $\overline{a_i}$ 进行规范化得到最终的权重系数 a_i:

$$\overline{a_i} = \frac{1}{n} \sum_{j=1}^{n} a_{ij} \tag{6-40}$$

(2)客观赋权法(Objective weighting method)。

客观赋权法通过对评价指标进行数学运算,从而获得各指标的信息权重。客观赋权法主要利用指标值所包含的信息量进行权重系数的确定,但是其往往忽略了各评价指标之间的独立性。常见的客观赋权法有变异系数法、信息熵法等方法。

①变异系数法。

变异系数法利用各评价指标值之间的变异程度计算变异系数,从而得到各评价指标权重系数。变异系数法具体方法如下：假设有 n 个评价对象 $A_i(i=1,2,\cdots,n)$，p 个评价指标 $x_i(i=1,2,\cdots,p)$，x_{ij} 表示评价对象 A_i 在评价指标 x_j 下的评价值。

利用式(6-41)和式(6-42)分别计算各评价指标的均值 $\overline{x_j}$ 和方差 S_j^2。

$$\overline{x_j} = \frac{\sum_{i=1}^{n} x_{ij}}{n} \tag{6-41}$$

$$S_j^2 = \frac{\sum_{i=1}^{n}(x_{ij} - \bar{x}_j)^2}{n-1} \tag{6-42}$$

计算归一化的变异系数 w_j。

$$w_j = \frac{\dfrac{S_j}{x_j}}{\sum_{j=1}^{p} \dfrac{S_j}{x_j}} \quad j=1,2,\cdots,p \tag{6-43}$$

②信息熵法。

信息熵法的具体内容如下：假设有 n 个评价对象和 m 个评价指标，标准化评价矩阵为 $\boldsymbol{A} = (a_{ij})_{n \times m}$，则第 i 个评价指标的第 j 个评价对象指标值权重如式(6-44)所示。

$$p_{ij} = \frac{a_{ij}}{\sum_{i=1}^{n} a_{ij}} \tag{6-44}$$

相应地，第 j 个评价指标的熵值如式(6-45)所示。

$$e_j = -\sum_{i=1}^{n} \frac{p_{ij}\ln p_{ij}}{\ln m} \quad j=1,2,\cdots,m \tag{6-45}$$

则第 j 个评价指标的权重如式(6-46)所示，其中 $\sum_{j=1}^{m} w_j = 1$。

$$w_j = 1 - \frac{e_j}{\sum_{j=1}^{m}(1-e_j)} \tag{6-46}$$

上述方法均有明显的优缺点。一方面，主观赋权法得到的指标的相对重要性一般来源于人们的常识，它能反映决策者和专家对评价指标的专业认知和经验判断水平。但由于决策者和专家对经验信息的依赖程度高，使得结果较为主观，随机性较大，决策的准确性和可靠度较差。另一方面，客观赋权法的赋权准则较为客观，基本思想是利用数学模型来计算评价指标的权重系数。然而，由于权重计算过程中几乎完全依赖数据，忽略了决策者和专家的专业经验，有时会导致权重系数的合理性较低。

综上所述,主观赋权法和客观赋权法各有其缺点,但其具有一定的互补性,将主观赋权法和客观赋权法相结合的组合赋权法不仅可以避免导致结果不准确的人为主观因素,还可以充分反映各指标本身的重要性。因此,本节利用主观赋权法和客观赋权法相结合的组合赋权法,确定系统可信性指标的综合权重系数。

(3)组合赋权法。

组合赋权法的基本思想是:首先分别采用不同的主观赋权法和客观赋权法计算各指标的权重;然后,利用最大偏差法和单一约束法计算各赋权方法的权值;最后,计算各指标的综合权重系数。具体步骤如下:

步骤1:标准化指标评价决策矩阵,得到标准化决策矩阵 C,如式(6-47)所示。

$$C = (c_{ij})_{m \times n} \tag{6-47}$$

式中:m——评价对象的数量;

n——评价指标的数量。

步骤2:分别选取 q 种指标赋权法对指标进行赋权,其中包含 p 种主观赋权法和 $q-p$ 种客观赋权法:

①选取 p 种主观赋权法加权指标,加权向量 u_k 如式(6-48)所示。

$$u_k = (u_{k1}, u_{k2}, \cdots, u_{kn}) \quad k = 1, 2, \cdots, p \tag{6-48}$$

加权向量应满足式(6-49),即用第 k 种主观加权法加权第 j 个指标。

$$\left. \begin{array}{l} \sum u_{kj} = 1 \\ u_{kj} \geq 0 \quad j = 1, 2, \cdots, n \end{array} \right\} \tag{6-49}$$

②选取 $q-p$ 种主观赋权法加权指标,加权向量 v_k 如式(6-50)所示。

$$v_k = (v_{k1}, v_{k2}, \cdots, v_{kn}) \quad k = p+1, p+2, \cdots, q \tag{6-50}$$

加权向量 v_k 应满足式(6-51),即用第 k 种客观加权法加权第 j 个指标。

$$\left. \begin{array}{l} \sum v_{kj} = 1 \\ v_{kj} \geq 0 \quad j = 1, 2, \cdots, n \end{array} \right\} \tag{6-51}$$

步骤3:构建组合加权模型,用距离描述指标加权方法的偏差。

①计算组合赋权法和主观赋权法的偏差 ϕ_i^k,如式(6-52)所示。

$$\phi_i^k = \sum_{j=1}^{n} [(w_j - u_{kj})z_{ij}]^2 \quad k = 1, 2, \cdots, p \tag{6-52}$$

②计算组合赋权法和客观赋权法的偏差 ϕ_i^k,如式(6-53)所示。

$$\phi \kappa_i^k = \sum_{j=1}^{n} [(w_j - v_{kj})z_{kj}]^2 \quad k = p+1, p+2, \cdots, q \tag{6-53}$$

③使组合权重更合理以及欧式距离的总和最小。

$$\begin{cases} \min\left[\mu\sum_{k=1}^{p}\alpha_k\left(\sum_{i=1}^{m}\varphi_i^k\right)+(1-\mu)\sum_{k=p+1}^{q}\alpha_k\left(\sum_{i=1}^{m}\varphi_i^k\right)\right] \\ \sum_{j=1}^{n}w_j=1 \\ w_j\geqslant 0 \quad j=1,2,\cdots,n \\ \sum_{k=1}^{p}\alpha_k=1 \\ \sum_{k=p+1}^{q}\alpha_k=1 \end{cases} \quad (6\text{-}54)$$

式中：μ——表征主观赋权法与客观赋权法偏好的参数；

$\alpha_k(k=1,2,\cdots,p)$——表征 p 种主观赋权法权重的参数；

$\alpha_k(k=p+1,p+2,\cdots,q)$——表征 $q-p$ 种客观赋权法权重的参数。

步骤4：计算主观赋权法和客观赋权法的权重 α_k。基于离差最大化和单一约束构建最优标准化加权向量，如式(6-55)所示。

$$W_k=\alpha_1W_1+\alpha_2W_2+\cdots+\alpha_lW_l \quad k=1,2,\cdots,l \quad (6\text{-}55)$$

式中：W_k——第 k 种赋权法的加权向量；

α_k——第 k 种赋权法的权重，计算公式如式(6-56)所示。

$$\alpha_k=\frac{\boldsymbol{C}_3W_k}{\sum_{k=1}^{l}(\boldsymbol{C}_3W_k)} \quad k=1,2,\cdots,l \quad (6\text{-}56)$$

其中，$\boldsymbol{C}_3=0.5(\boldsymbol{C}_1+\boldsymbol{C}_2)$，$\boldsymbol{C}_1$ 按式(6-41)计算得到，$\boldsymbol{C}_2$ 按式(6-57)计算得到。

$$\boldsymbol{C}_1=\begin{pmatrix}\sum_{i=1}^{m}\sum_{i_1=1}^{m}|c_{i1}-c_{i_11}| \\ \sum_{i=1}^{m}\sum_{i_1=1}^{m}|c_{i2}-c_{i_12}| \\ \cdots \\ \sum_{i=1}^{m}\sum_{i_1=1}^{m}|c_{im}-c_{i_1m}|\end{pmatrix}^{\mathrm{T}} \quad (6\text{-}57)$$

$$\boldsymbol{C}_2=\left(\sum_{i=1}^{m}c_{i1},\sum_{i=1}^{m}c_{i2},\cdots,\sum_{i=1}^{m}c_{in}\right) \quad (6\text{-}58)$$

步骤5：结合式(6-56)、式(6-57)和式(6-58)，采用最小二乘法计算组合权重 $\boldsymbol{Z}$，如式(6-59)所示。

$$Z = \begin{pmatrix} \mu \sum_{k=1}^{p} \alpha_k u_{k1} + (1-\mu) \sum_{k=p+1}^{q} \alpha_k v_{k1} \\ \mu \sum_{k=1}^{p} \alpha_k u_{k2} + (1-\mu) \sum_{k=p+1}^{q} \alpha_k v_{k2} \\ \vdots \\ \mu \sum_{k=1}^{p} \alpha_k u_{kn} + (1-\mu) \sum_{k=p+1}^{q} \alpha_k v_{kn} \end{pmatrix} \quad (6\text{-}59)$$

式中：μ——偏好参数，取 0.6；

α_k——第 k 种赋权法的权重；

μ——主观赋权法的加权系数；

v——客观赋权法的加权系数。

(4) 城轨列车系统可信性评估方法实例。

选用组合赋权法对列车系统可信性进行评估，具体方法如下：

步骤 1：建立系统可信性评价矩阵。

评价对象集为 $T=(t_1,t_2,\cdots,t_n)$，其中 t_1、t_2、$\cdots$、t_n 分别对应列车走行公里为 0.5 万 km、$\cdots$、30 万 km 时的情况，以列车系统可靠度 R_{TN}、系统安全度 S_{TN} 为评价指标 C_1 和 C_2。据此，构建评估矩阵 C，如式(6-60)所示。

$$C = (c_{ij})_{n \times 3} = \begin{matrix} & C_1 & C_2 \\ t_1 \\ t_2 \\ t_3 \\ \vdots \\ t_n \end{matrix} \begin{pmatrix} c_{11} & c_{12} \\ c_{21} & c_{22} \\ c_{31} & c_{32} \\ \vdots & \vdots \\ c_{n1} & c_{n2} \end{pmatrix} \quad (6\text{-}60)$$

步骤 2：将评估矩阵 C 规范化。指标 C_1 和 C_2 均为效益型指标，利用式(6-61)进行规范化。

$$c_{ij} = \frac{\min c_{ij}}{c_{ij}} \quad (6\text{-}61)$$

步骤 3：选用组合赋权法，计算各个指标的组合加权向量 Z，最终得到系统可信度矩阵。

上述方法可以计算出系统可靠度的值，但是系统可信度值的大小并不能反映出系统的可信程度。因此，需要将计算得到的可靠度 D 与可信性等级进行比较，评定系统的可信性水平。

在《可信性管理 应用指南 可信性要求规范指南》(GB/T 36657—2018)、《可靠性管理》(IEC 60300)等相关标准的基础上,经与专家讨论,将城轨列车系统可信性分为"很可信""比较可信""一般可信""较不可信""极不可信"5个等级,见表6-9。

表6-9 城轨列车系统可信性指标等级

等级	一级	二级	三级	四级	五级
可信程度	很可信	比较可信	一般可信	较不可信	极不可信
系统可靠度 D 取值	(0.95,1]	(0.85,0.95]	(0.75,0.85]	(0.6,0.75]	(0,0.5]

6.6 列车系统可信性评估

6.6.1 系统可靠度计算

以不同运营里程下系统故障传播情况为数据基础,分别计算7个功能簇的可靠度,结果如图6-5所示。

基于功能簇可靠度,计算功能簇的结构重要度,结果如图6-6所示。从图6-6可以看出,结构重要度较大的功能簇为 FC_7,它们的结构重要度值分别为0.2096;而结构重要度最小的功能簇 FC_2,它的结构重要度值为0.0903;除此之外大部分功能簇的结构重要度处于0.1~0.17范围内。这表明不同功能簇对系统可靠度的影响不同。

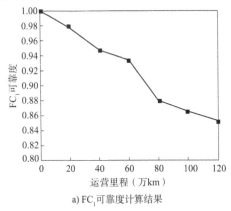

a) FC_1 可靠度计算结果

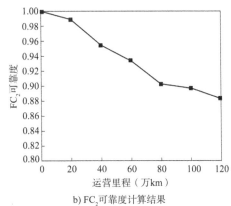

b) FC_2 可靠度计算结果

图 6-5

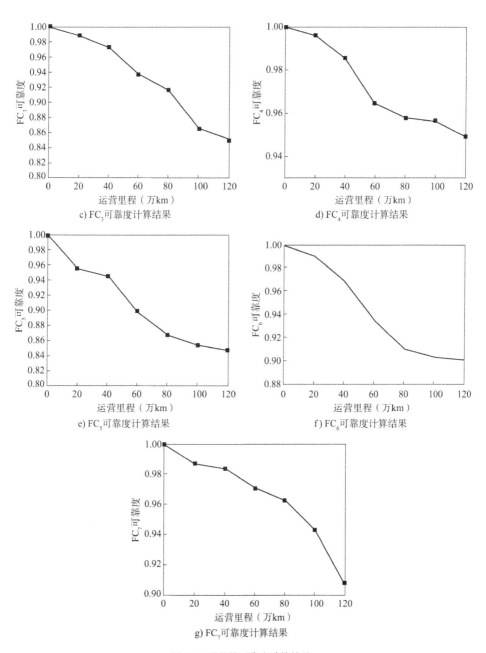

图 6-5 功能簇可靠度计算结果

根据功能簇可靠度的计算结果,计算系统可靠度,结果如图 6-7 所示。

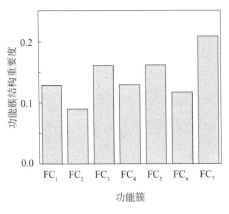

图6-6 功能簇结构重要度计算结果

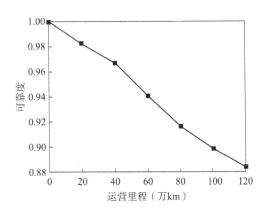

图6-7 系统可靠度计算结果

6.6.2 系统安全度计算

首先,经与专家讨论,获取系统节点故障后果,其中部分结果见表6-10。

表6-10 部分节点故障后果

节点	故障后果	节点	故障后果
v_1	$SC_1 = 0.8$	v_4	$SC_4 = 0.6$
v_2	$SC_2 = 0.8$	v_5	$SC_5 = 0.6$
v_3	$SC_3 = 0.6$	v_6	$SC_6 = 0.4$

以不同运营里程下系统故障传播情况为数据基础,结合节点的故障后果,计算功能簇可能的故障后果及每个功能簇的安全度,并结合功能簇的结构重要度,得到系统安全度,结果如图6-8所示。

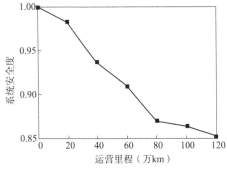

图6-8 系统安全度计算结果

6.6.3 系统可信性评估

根据系统可靠度和安全度的计算结果,构建归一化后的决策矩阵 C,如式(6-62)所示。

$$C = \begin{matrix} t_0 \\ t_1 \\ t_2 \\ t_3 \\ t_4 \\ t_5 \\ t_6 \end{matrix} \begin{pmatrix} C_1 & C_2 \\ 1 & 1 \\ 0.9848 & 0.9823 \\ 0.9639 & 0.9371 \\ 0.9362 & 0.9103 \\ 0.9100 & 0.8699 \\ 0.8995 & 0.8637 \\ 0.8884 & 0.8523 \end{pmatrix} \quad (6-62)$$

接着,分别用两种主观赋权法(AHP 和专家打分法)和两种客观赋权法(变异系数法和信息熵法)计算评价指标 C_1 和 C_2 的权重系数。评价指标的加权系数见表6-11。

评价指标的加权系数   表6-11

指标	AHP	专家打分法	变异系数法	信息熵法
C_1	0.5512	0.5	0.3477	0.5273
C_2	0.4488	0.5	0.6523	0.4727

利用式(6-56)计算四种赋权法的相对重要性系数 a_k,结合式(6-53)、式(6-54)和式(6-55),由式(6-60)计算组合权重 Z,结果如式(6-63)所示。

$$Z = \begin{pmatrix} 0.5384 \\ 0.4616 \end{pmatrix} \quad (6-63)$$

最后,基于组合权重 Z 计算不同运营里程下的系统可靠度。图 6-9 给出了不同运营里程下系统可靠度变化趋势,并依据城轨列车系统可信性指标等级,评估不同运营里程下列车的可信性。

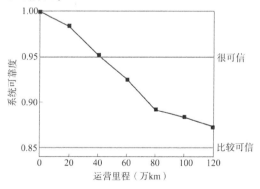

图 6-9 不同运营里程下系统可靠度变化趋势

从结果可以看出,随着运营里程的不断增加,城轨列车的可靠度也会随之变化。运营里程为 0～40 万 km 时,列车可信性处于"很可信"水平;运营里程为 40 万～120 万 km 时,列车系统处于"比较可信"的水平。一方面,系统可信性是可靠度和安全度综合的结果,而本节所提出的可信性属性计算方法考虑了与部件功能特性密切相关的运营故障数据。因此,系统可信性会随着运营里程的增加而呈现下降趋势。另一方面,列车系统会定期进行保养与维护,因此列车系统可信性会维持在"比较可信"的水平之上,系统可靠度不会呈现快速下降的线性趋势。

为验证本节所提出方法的合理性,将该方法与 AHP、专家打分法、变异系数法、信息熵法进行对比。例如,运营里程为 120 万 km 时,用本节方法、AHP、专家打分法、变异系数法、信息熵法计算得到的系统可靠度如图 6-10 所示。可以看出,不同的方法所计算得到的系统可靠度有细微差别,这是由于不同的赋权方法的计算难度、主观因素的影响程度不同导致的。但是这 5 种方法得到的系统可信性评估结果是相同的,均为"比较可信"。

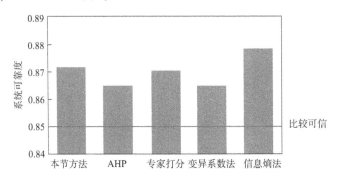

图 6-10　运营里程为 120 万 km 时的系统可靠度

第7章 城市轨道交通列车信息传输及关键部件状态在线监测与评估预警系统

7.1 列车信息传输系统

本章针对城轨复杂无线环境中的监测信息可信传输需求,对业务数据传输机制、安全保障、可靠性保障进行分析。同时,为解决载运工具监测信息在多制式网络中的融合传输与准确识别问题,本章以信息传输需求和城市轨道交通环境条件为出发点,研究高适用性的最优组网技术,以对主流宽带无线通信系统的实现研究为基础,选择适合城轨列车运行特点和在途信息传输要求的基础实现,以所构建的系统业务和传输模型为指导,以组网可行、性能最优、持续演进为重点,搭建城轨列车车地传输子系统。

7.1.1 列车监测(检测)信息可信传输体系架构

可信性是一个包含许多不同的属性的通用概念。针对不同用户服务需求,通常会用不同的关键属性对其进行评价。

可用性:可用性为系统所提供的正确服务能力,用于强调对于一般故障的避免能力。可用性主要关注的并不是该系统到目前为止运行了多久,而是在用户需要时,系统可以提供正确服务的能力。

可靠性:可靠性为系统连续提供正确服务的能力,即在一定时间区间内,系统正确运行并提供正确服务的能力,用于强调对于一般类型故障的避免能力。

安全性:安全性为系统在某事件或事故发生后,保障该事件或事故不对系统和环境造成灾难性后果的能力,用于强调对于特定类别故障的(如灾难性故障)避免能力。

机密性:机密性为保证系统内未经用户授权的服务信息不被泄露的能力。

完整性:完整性为保证系统硬件部分可以提供完整服务的能力,这里的完整服务不局限于互联网领域内信息内容的完整。

可维护性:可维护性为系统内软硬件可以进行修复和升级的能力。

在进行可信性的描述时,不同的用户可以根据其自身需求的不同,对以上属性进行某种形式上的组合、强调或者省略,以达到精确描述系统可信性的目的。

城轨企业的需求为:基于城轨列车实时采集的基本信息,如关键部件的温度、加速度、压力、振动频率等关键数据,通过车地传输网将信息传输至智能运营平台,以实现智能运营对列车系统的准确感知以及调度。为了实现该需求,基于上述可信性的定义,面向车地通信、车车通信以及地面与数据中心传输三个业务需求,本节根据车载感知子系统与地面分析子系统之间建立了可信传输体系架构(图7-1)。

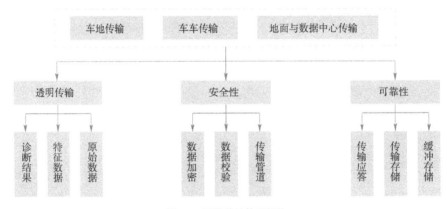

图7-1 可信传输体系架构

(1)车地无线传输子系统对车载感知子系统与地面分析子系统间的数据进行透明传输。传输时优先传输诊断结果,其次传输特征数据,最后传输原始数据。传输数据类型见表7-1。

传输数据类型　　　　　　　　　　　　　　　　　　表7-1

数据类型	优先级	说明
诊断结果	1	(1)在线实时传输。 (2)无线链路中断时进行车载缓存,链路恢复后优先传输

续上表

数据类型	优先级	说明
特征数据	2	(1)完成报警数据传输后,在无线链路还有传输带宽时传输。 (2)无线链路中断时进行车载缓存,链路恢复后按优先传输
原始数据	3	(1)正线在无诊断结果或特征数据时进行原始数据传输。 (2)车辆入库后根据设置的时段或数据量进行传输

(2)安全性:子系统采用数据加密、数据校验和传输管道机制防范无线传输过程中的非法入侵、数据截取、数据篡改。系统在车载通信网关与地面通信网关间通过动态加密的业务数据身份识别码和 IP(网际互联协议)隧道方式建立 P2P(点对点)的传输管道。

(3)可靠性:子系统设置了传输应答、数据重复等机制保证数据传输可靠性。当出现传输链路中断时,可对传输数据进行缓冲存储,待网络链路恢复后按信息优先级顺序进行续传。

7.1.2 列车监测(检测)信息可信传输策略控制技术

(1)城轨列车复杂无线环境中的监测信息可信传输。

针对城轨复杂无线环境中的监测信息可信传输需求,本书编写组开展了传输基础技术、传输策略的研究,具体包括:采用基本卷积码的方式,保障码元的检纠错能力;采用码元中加扰码的方式,提高信道的可靠性和保密性;采用 IPSec(网络安全协议),保护 IP 数据包的安全;通过采用数据包筛选技术及受信任通信技术的实施来防御网络攻击;采用网络接入认证技术,实现本地认证、本地授权的安全功能,防止非法用户入侵。采用优先级变换算法、网络带宽分配算法、传输质量控制算法,无线链路冗余备份算法等保证高优先级信息的传输。监测信息可信传输原理图如图 7-2 所示。

(2)城轨列车载运工具综合安全状态信息传输组网。

为解决载运工具监测信息在多制式网络中的融合传输与准确识别问题,本书编写组以信息传输需求和城市轨道交通环境条件为出发点,研究高适用性的最优组网技术;以对主流宽带无线通信系统的研究为基础,选择适合城轨列车运行特点和在途信息传输要求的研究结果,构建系统业务和传输模型;以所构建的模型为指导,以组网可行、性能最优、持续演进为重点,实现城轨列车车地传输子系统,其架构如图 7-3 所示。

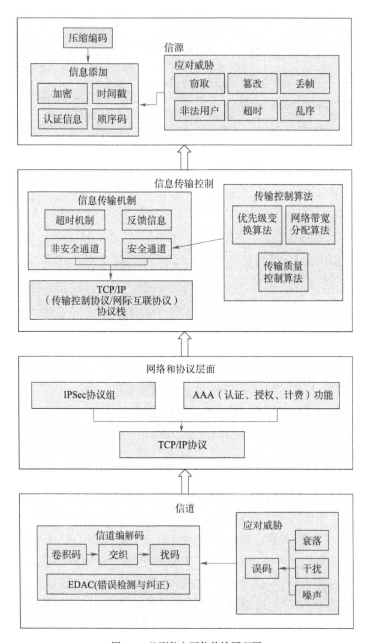

图 7-2　监测信息可信传输原理图

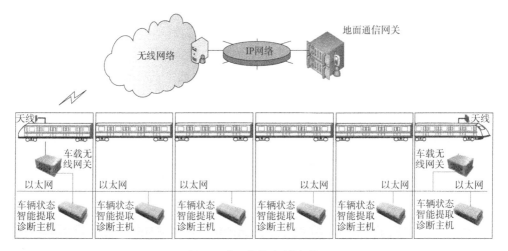

图 7-3　车地传输子系统架构

7.1.3　列车监测(检测)信息可信传输设备研制及部署

1)城轨列车监测(检测)数据传输需求与方式

(1)数据传输需求。

车地无线传输的城轨列车监测(检测)数据包括列车实时位置、监测告警消息、轴箱/齿轮箱/电机温度等数据,这些数据的数据量级、传输实时性及优先级见表 7-2。

各类数据的数据量级、传输实时性及优先级　　表 7-2

序号	数据类型	数据量级 (1~4级从小到大)	传输实时性及优先级 (1~4级从高到低)
1	列车实时位置	1	1
2	监测告警消息	1	1
3	轴箱/齿轮箱/电机温度	2	2
4	轴箱/齿轮箱/电机振动、电机电流样本数据	4	4
5	牵引/制动/辅助/车门等状态数据	3	2
6	蓄电池数据	2	2
7	气体检测数据	2	2
8	司机行为视频监测数据	3	2
9	轨道检测数据	3	3

(2)数据传输方式。

根据数据传输内容、传输实时性及优先级要求,确定高优先级数据在列车运行期间实时传输、大数据量级、低优先级数据可在列车回库后下传的总体原则。在此基础上提出车地无线传输监测(检测)数据的可选方案。

方案1:地铁既有无线传输通道,Wi-Fi(区间) + Wi-Fi(库内)。

采用地铁既有无线传输通道的方式,可以避免由于通信运营商网络布局引起的4G信号覆盖及信号强弱不满足要求的问题、公网数据接入专网不满足要求的问题。由于本节研究的某地铁线路区间既有无线传输通道带宽限制,为保证既有无线传输业务不受影响,不采用该方案。

方案2:公网4G(区间) + Wi-Fi/公网4G(库内)。

在区间采用公网4G传输方式,优先传输列车位置、告警信息、数据量级较小的监测数据,部分大数据量级、低优先级的监测数据可在列车回库后利用库内既有Wi-Fi和公网4G进行短时、大带宽的传输。

不同运营商所采用的制式及相应的4G频段见表7-3。

不同运营商所采用的制式及相应的4G频段   表7-3

运营商及网络制式	4G频段
中国电信 TD-LTE(分时长期演进制式)	2370~2390MHz(20M)、2635~2655MH(20M)
中国移动 TD-LTE	1880~1900MHz(20M)、2320~2370MHz(50M)、2575~2635MHz(65M)
中国联通 TD-LTE	2300~2320MHz(20M)、2555~2575MHz(20M)
中国电信 FDD-LTE(长期演进制式)	1755~1785MHz(30M)、1850~1880MHz(30M)
中国联通 FDD-LTE	1955~1980MHz(25M)、2145~2170MHz(25M)

由于TD-LTE为时分系统,在相同频段带宽配置下,上下行峰值速率方面TD-LTE均低于FDD-LTE。TD-LTE理论下行速率是100Mbit/s,理论上行速率是50Mbit/s。实际使用过程中,受终端、网络覆盖情况的影响,传输速率大概为下行50Mbit/s、上行5Mbit/s。FDD-LTE理论下行速率是150Mbit/s,理论上行速率是80Mbit/s。

由于公网4G传输带宽及稳定性受4G信号覆盖情况影响,为了保证列车运行采用公网4G传输能满足系统实时监测数据下传需求,对本节研究的某地铁线路上下行双向的公网4G场强及传输带宽进行了实地测试。经测试,联通4G通道全线覆盖及传输效果较好,因此确定采用联通4G通道作为区间传输通道。

考虑到无线传输链路可能存在不稳定性,本节研究的系统支持丢包数据重发以及链路中断定时重连机制,保证4G传输链路稳定以及上传运行数据不丢失。为了尽量保证数据包传输可靠性和减小数据服务器接收数据的压力,每个数据包大小限制在1kB以内(根据经验,1kB的数据包完全可以满足需求)。

2)城轨列车车载(地面)通信网关设备研制与安装部署

(1)车载通信网关。

①设备功能。

车载通信网关通过公网、Wi-Fi等网络制式,实现车地无线通信功能。系统支持多链路聚合功能、业务优先级控制和存储转发功能。

②技术指标。

车载通信网关控制中央处理器(Central Processing Unit,CPU)采用英特尔处理器,主频1.91GHz;内存采用2GB的美光工业级内存板,系统的可靠性较高。

车载通信网关采用工业级电子硬盘,该硬盘具备不小于64GB的数据存储能力,存储的可靠性较高;车载通信网关工业以太网交换单元具备不少于4路的100M/1000M工业以太网数据接口;车载通信网关工业以太网端口支持IEEE 802.1q VLANs;车载通信网关支持中国移动TD-SCDMA、TD-LTE制式,中国联通WCDMA、TD-LTE、LTE-FDD制式,中国电信CDMA2000、TD-LTE、LTE-FDD制式,WLAN网络制式等;车载通信网关支持远程网络设备管理功能。

③设备数据接口。

车载通信网关设备数据接口为100M/1000M工业以太网接口;数据协议为TCP/IP协议。车载通信网关采用CAT7类低烟无卤屏蔽工业以太网线连接。车载通信网关物理接口采用抗震型工业M12连接器。

④设备射频接口。

车载通信网关的信道单元和宽频天线之间采用射频同轴电缆连接,电缆长度不超过12m。

⑤设备结构安装。

车载通信网关采用铝合金盒式结构,可支持电气屏柜、侧顶板活门内、座椅下方等多处的托架或壁挂安装;车载通信网关质量1.7kg;车载天线满足车顶安装要求;车载天线采用防风、防雨、防晒、防尘、防振设计;车载天线采用IP66防护等级。

⑥设备使用环境。

车载通信网关设备满足恶劣使用环境要求;工作环境温度范围为 -25~70℃;工作环境空气相对湿度范围为 0~95%(40℃时)。

⑦设备试验。

车载通信网关设备的高低温湿热、振动冲击等型式试验,如图 7-4 所示。

a) 高低温湿热试验

b) 振动冲击试验

c) 浪涌试验

d) 辐射发射试验

图 7-4 车载通信网关型式试验

车载通信网关安装图纸

(2)地面通信网关。

①设备功能。

地面通信网关对列车号与 IP 地址之间的对应关系进行管理;地面通信网关对车载感知子系统与地面分析子系统之间无线通信通道进行维护和管理,并提供安全保障与数据加密服务。

②技术指标。

地面通信网关支持中国移动 4G 网络接入并可扩展支持其他运营商的 3G、4G 及自建 Wi-Fi 网络接入;地面通信网关支持 IP 管道传输;地面通信网关支持双路同传与信息校验,支持同时在线列车数量不少于 50 列;地面通信网关支持注册的列车数量不少于 50 列;地面通信网关在网络良好情况下的网关注册延时≤2s。

第 7 章 城市轨道交通列车信息传输及关键部件状态在线监测与评估预警系统

车载天线安装示意图

(3) 城轨列车车载/地面通信网关设备安装部署。

通过与车辆供应商、运营单位等进行多方探讨和实地勘察,最终确定了车载通信网关、车顶天线的安装实施方案。车载通信网关和车载天线在 1 号车厢、6 号车厢及车顶各安装 1 套。车载通信网关与所在车厢的车辆状态智能提取诊断主机之间采用以太网线缆连接。车载通信网关与所在车厢的车顶天线之间采用同轴电缆连接,电缆长度不大于 12m。车载通信网关安装示意图如图 7-5 所示。

图 7-5　车载通信网关安装示意图

7.2　列车关键部件健康状态在线监测与评估预警系统

本章基于数据挖掘和神经网络对关键部件进行寿命预测,研究涵盖载运工具移动感知网络、车地传输子系统、列车综合安全状态展示与评测预警平台在内的城轨列车综合安全状态主动监测与评估预警系统设计,实现了列车状态在线监测、列车走行部地面监测、轨道状态在线监测功能。

7.2.1　列车关键部件健康状态评估预警技术

(1) 基于数据挖掘的关键部件寿命预测。

针对列车关键部件健康参数综合评估预测问题,研究同类关键部件在离散条件下的健康参数、服役寿命关联性。

对于轮对等监测对象,该类对象随着使用时间会呈现出逐渐衰退的趋势,由于该类部件的刚度数据存在易测量且与损伤累计呈负相关的特点,可根据当前指标直接评估出部件当前的损伤状态,该类部件指标测量相对准确且对数据量要求较低,可通过多对象历史测量数据进行统计,建立损伤的过程与外部各个影响因素的关系,从而建立预测模型,预测出部件指标的变化规律,实现对该类部件的预测。

对于轴承、电机、齿轮箱等监测对象,因其本身结构的特性,存在指标较多且在非运行中难以测量的特点,可在部件运行过程中进行长时间监测。对同类多个部件进行大量特征数据采集,建立历史知识数据库;基于设备实际状态、各指标关系,对数据进行不断的训练、学习,调整模型权值和阈值,反映设备状态与各指标之间的非线性关系;建立动态预测模型,根据当前实际采集数据对模型不断进行调整,进行寿命预测。下面以走行部轴箱状态评估与寿命预测为例说明。

① 数据采集、传输与特征提取(图 7-6)。

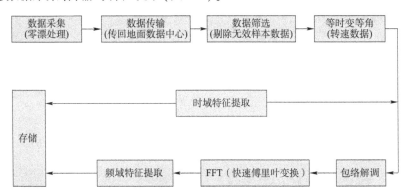

图 7-6 数据采集、传输与特征提取

② 数据筛选。

城轨列车在行驶过程中,电机带动齿轮箱,齿轮箱带动车轴,车轴最外端的轴承在转动过程中,滚动体绕轴公转又自转,同时轴承内圈也随着轴不断的公转,因此滚动体对轴承内圈的最大应力点不断变化。而轴承的外圈并不会产生自转和公转,最大的应力接触点始终在以轮轴做垂线的外圈下端中心处。忽略温度、润滑等条件,轴承的外圈长期受到变幅载荷的应力和冲击,所以轴承的外圈寿命最短,一旦外圈受损,轴承便不能再正常工作。因此,预测轴承外圈寿命即可预测轴箱寿命。以时域特征为筛选条件找出在相同工况环境下的振动频域特征,可消除不同工况下对振动信号带来的干扰。

③ 数据挖掘与寿命预测。

数据采集、传输与特征提取

在完成数据筛选后,对外圈特征一倍幅值区域进行绘图。

通过对轴箱外圈进行数据挖掘,对其进行多项式拟合,得到不同服役时间的轴承外圈特征频点幅值曲线模型。该模型可实现针对轴箱的轴承外圈特征频率幅值来测算轴箱寿命情况。例如,某列车服役三年,但其中某一个轴箱的轴承外圈特征频率幅值对应的模型推算服役时间为 4 年(剩余寿命为 1 个月),这就说明该轴箱的劣化速度高于平均劣化速度,此时就要及早关注并安排检修维护。

(2)基于神经网络的特征提取方法的关键部件寿命预测。

①轴承劣化的四个阶段及特征。

轴承在运转过程中,会由于疲劳原因慢慢劣化。典型的轴承故障发展历程如图 7-7 所示,滚动轴承的劣化不是一个线性过程,而是一个指数过程。在不同的劣化阶段,故障信息出现在不同的频带范围内,所以要采用不同的故障检测方法。目前工业领域普遍认为轴承的劣化历程可以分为四个阶段。

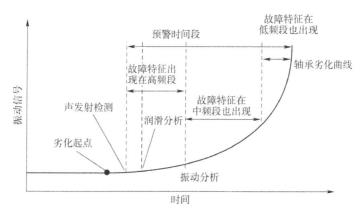

图 7-7 典型的轴承故障发展历程

第 1 阶段为轴承失效初期。这个阶段轴承最先在次表面形成微观裂纹或晶格的错位,而轴承表面则看不到裂纹或者微小剥落,在振动信号的低频段不会形成比较明显的冲击信号,用传统的加速度传感器不能拾取到故障信号,但是次表面的微观裂纹或者晶格的错位会产生声发射信号或者应力波信号。因此,在这个阶段轴承的故障特征主要体现在超声频率段,可以通过声发射传感器或者基于共振的加速度传感器对故障信号进行拾取,其主要表现为测得的信号峰值或者能量值变大。

轴承劣化第 1 阶段的振动信号特征示意图

第 2 阶段为轴承失效发展期。在这个阶段,轴承的微观劣化开始由次表面向表面扩展,并在轴承的接触表面产生裂纹或微小剥落等损伤点。当轴承元件表面与这些损伤点接触时,就会形成一定频率的冲击脉冲。根据傅里叶变换可知,短时的冲击信号在频域上是一个宽频信号,这个冲击信号会激起轴承的高频固有频率零部件发生共振,通过加速度传感器能将这部分信号拾取到,利用包络解调技术能观察到轴承的故障特征频率,到了第二阶段的末期还能观察到故障特征频率的倍频。

轴承劣化第 2 阶段的振动信号特征示意图

在这个阶段,轴承的故障特征频率暂时被淹没在低频段的噪声中,因此在故障特征频率段观察不到很清晰的故障特征频率。

轴承劣化第3阶段的振动信号特征示意图

第3阶段为轴承失效快速发展期。在这个阶段,随着轴承损伤的加速发展,损伤点对轴承接触面的冲击越来越强烈,在共振频率段解调出来的轴承故障特征频率的倍频越来越多,而且其周期性冲击的能量大小已经足以直接通过振动信号的功率谱观察出来,这个时候可以直接在振动信号的功率谱上清晰地看到轴承的故障特征频率,并且其倍频有越来越多的趋势。

轴承劣化第4阶段的振动信号特征示意图

第4阶段为轴承失效末期。在这个阶段,轴承的剩余寿命很短,损伤点可以通过肉眼观察到,轴承运动的噪声变得特别大,温度急速升高。此时功率谱上可以清晰看到轴承的故障特征频率及其倍频,如果损伤点交替进入载荷区,还能在故障特征频率旁边看到明显的调制边频。在第4阶段的末期,频谱上谱线变得不是很清晰,在功率谱上会形成突出的"茅草堆",另外高频振动的能量可能不升反降。如果发现高频的监测量开始下降,说明轴承的剩余寿命较短。

综上所述,从轴承劣化的4个阶段可以看出,轴承故障特征频率出现的频率段以及故障特征频率是否出现倍频、是否出现边频都在一定程度上反映了轴承的劣化情况,从频率和时间的关系来看轴承的劣化有从高频到低频移动的趋势,先是超声频率段测得的信号产生变化,随着轴承劣化的发展,共振频率段的信号通过一定的分析方法可以观察到轴承的故障特征频率,最后在1kHz以内的低频段信号的功率谱上可观察到故障特征频率。这说明随着轴承故障的发展,其故障特征将逐渐从高频段向低频段移动。

神经网络提取特征后的分类情况

②基于劣化特征和神经网络的寿命预测(图7-8)。

将快速谱相关(Fast_SC)图作为原始输入,经过灰度处理与尺寸缩放后作为神经网络输入;轻量级神经网络作为特征自适应提取工具,进行特征自筛;利用支持向量机(SVM)分类器进行寿命阶段划分;以历史诊断正确率作为分类权值对分类结果进行加权处理;结合故障诊断结果综合计算轴承剩余寿命。

寿命阶段分类结果

在实际应用中,由于第4阶段轴承故障十分严重、剩余寿命较短,故将第3阶段与第4阶段合为一个阶段。

在输入图像预处理、神经网络特征提取、轴承寿命阶段划分、分类结果加权、故障诊断结果接入、综合评判轴承寿命等方面,本节所提模型的测试效果达到预期设想,满足工程应用要求。训练过程如图7-9所示。

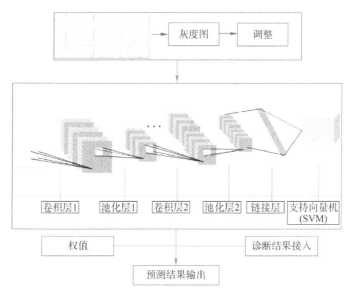

图 7-8 基于劣化特征和神经网络的寿命预测步骤

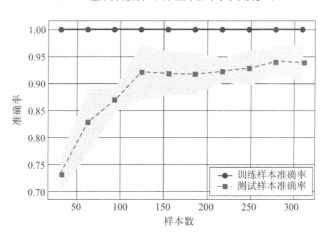

图 7-9 训练、预测过程

7.2.2 列车关键部件健康状态在线监测与评估预警系统设计

本书编写组完成了包含监测感知子系统、车地无线传播子系统、地面分析子系统的城轨列车关键部件健康状态在线监测与评估预警系统的设计,系统整体框架图如图 7-10 所示。

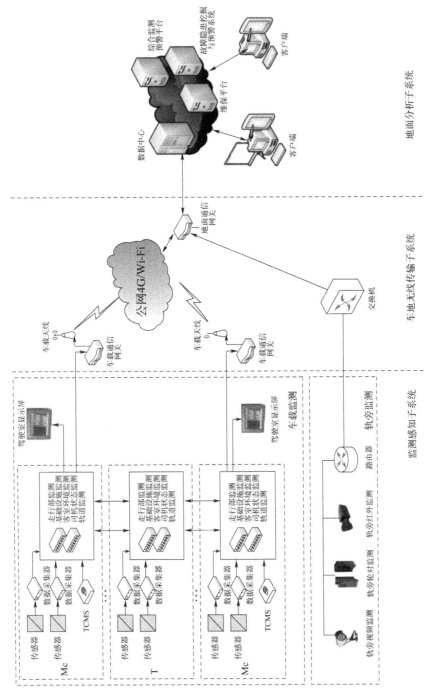

图7-10 系统整体架构图

7.2.3 列车关键部件健康状态在线监测与评估预警系统实现

系统采用树形结构对列车各部件系统及相关功能进行呈现和人机交互，提供基于浏览器/服务器(B/S)架构的列车状态查询、列车故障警示呈现、轨道状态查询、列车关键部件工作状态分析等终端应用操作，可实现面向列车的状态感知、自主诊断、智能维保。

(1) 列车状态在线监测。

系统可以显示列车运行位置，可以和车辆状态监测系统联动，以不同形式可视图和颜色，"位置化"地呈现不同部件或系统的当前健康状态。系统可实时显示和查找历史故障，通过故障条目可以联动到所监测的车辆状态，以不同形式可视图和颜色，"位置化"地呈现不同部件或系统的当前状态。系统能以曲线图的形式，显示部件或系统相关部件的阈值和状态，同时显示历史数据信息。

列车运行
在线监测

在线监测状态
实时呈现

走行部关键部件
振动监测波形图

设备状态曲线图
及历史信息

客室环境监测

(2) 列车走行部地面检测。

系统可呈现列车走行部地面检测的总体状态、异常及超限告警，并可根据车号、时间、检测项点对历史检测数据进行查询。

走行部地面
检测总体状态

走行部地面检测
异常总体查询

轮对尺寸检测

车底车侧图像
检测查询

车底车侧图像
检测异常告警

车底温度检测
查询

(3)轨道状态在线检测。

系统可显示轨道状态总体情况,如区间内检测异常则相应区间显示红色,否则显示绿色;通过筛选上下行区间和时间,可查询当天各检测项点波形图,并可根据公里标进行定位;通过筛选线路号和时间,可查询该时间范围内,不同区间的检测项点值;通过筛选线路号、时间、检测项点等条件,可查询超限报警的历史情况。

轨道健康状态总体　　轨道几何尺寸检测波形图　　轨道波磨检测波形图　　轨道廓形检测结果查询　　轨道检测超限报警查询

附 录

1900—2020 年不同事故场景调查数据 附表1

年份	国家	事故简述	事故场景
1953	法国	列车起火	火灾
1953	澳大利亚	前后列车相撞	碰撞
1962	日本	列车追撞前面脱轨通勤列车,随后与对向列车再冲撞	碰撞
1969	中国	机车短路引起火灾	火灾
1971	加拿大	列车与隧道端头相撞引起电路短路,造成座椅起火	碰撞/火灾
1972	德国	列车起火	火灾
1973	法国	列车起火	火灾
1975	美国	隧道照明线路被拉断,列车起火	火灾
1975	英国	列车制动系统失灵撞向隧道尽头	碰撞
1975	美国	隧道的照明线路被切断	火灾
1976	加拿大	列车起火	火灾
1977	法国	天花板坠落引发火灾	火灾
1978	德国	列车起火	火灾
1979	美国	电路短路引发大火	火灾
1979	法国	乘客车厢发生短路	火灾
1979	美国	变压器火灾引发爆炸	火灾
1979	美国	油箱起火	火灾
1980	英国	列车起火	火灾
1980	美国	列车起火	火灾
1981	俄罗斯	电路引起火灾	火灾
1981	德国	列车起火	火灾
1982	美国	传动装置故障引发火灾	火灾
1982	美国	列车起火	火灾
1982	英国	电路短路引起火灾	火灾
1983	日本	变电所整流器故障起火	火灾
1983	德国	电路着火	火灾

续上表

年份	国家	事故简述	事故场景
1984	德国	列车座椅着火	火灾
1984	英国	列车起火	火灾
1985	法国	车厢着火	火灾
1985	日本	机车下部轴承破损发热起火	火灾
1987	英国	列车起火	火灾
1991	瑞士	机车电路短路	火灾
1991	德国	列车起火	火灾
1991	美国	列车脱轨导致火灾	脱轨/火灾
1991	美国	列车脱轨	脱轨
1995	阿塞拜疆共和国	机车电路故障	火灾
1995	阿塞拜疆共和国	机车电路故障	火灾
1995	英国	列车起火	火灾
1995	日本	乘客释放自制神经毒气	毒气
1995	日本	地震	自然灾害
1996	白俄罗斯	车站踩踏	踩踏
1998	俄罗斯	列车起火	火灾
1999	韩国	列车起火	火灾
1999	德国	列车相撞	碰撞
2000	日本	列车意外脱轨	脱轨
2000	美国	列车意外脱轨	脱轨
2000	美国	电缆故障引发火灾	火灾
2000	日本	列车脱轨	碰撞
2001	英国	列车起火	火灾
2001	中国	大客流拥挤踩踏	踩踏
2001	中国	台风引起水灾事故	水灾
2001	巴西	列车起火	火灾
2003	中国	机械故障引发火灾	火灾
2003	中国	扶梯故障引起踩踏事故	踩踏
2003	英国	部分地铁停电	停电
2003	英国	列车脱轨	脱轨

续上表

年份	国家	事故简述	事故场景
2003	澳大利亚	列车脱轨	脱轨
2003	英国	机械故障引发火灾	火灾
2003	韩国	列车起火	火灾
2003	英国	地铁停电	停电
2004	中国	电器故障	停电
2004	中国	触电网故障引发停电	停电
2004	西班牙	列车相撞	碰撞
2005	中国	设备故障	设备故障
2005	日本	列车脱轨	脱轨
2005	中国	列车起火	火灾
2005	泰国	列车相撞	碰撞
2005	日本	列车脱轨	脱轨
2005	英国	爆炸	爆炸
2005	中国	列车连挂车钩发生碰撞	碰撞
2005	中国	车门未开启到位,列车撞列检库门	碰撞
2005	中国	列车脱轨	脱轨
2006	西班牙	脱轨并倾覆	脱轨/倾覆
2006	意大利	列车相撞	碰撞
2006	中国	火灾	火灾
2006	中国	列车无法正常牵引	故障
2006	中国	制动设备失灵	故障
2006	中国	车站地下管道发生漏水事故	水灾
2006	俄罗斯	隧道顶部被施工的混凝土桩贯穿,行经该处的列车被撞	火灾
2006	西班牙	列车脱轨	脱轨
2007	日本	供电故障	停电
2007	中国	停电	停电
2007	委内瑞拉	列车相撞	碰撞
2007	中国	火灾事故	火灾
2008	中国	扶梯事故引发踩踏	踩踏
2008	中国	地铁建设工地	坍塌

续上表

年份	国家	事故简述	事故场景
2009	美国	列车相撞	碰撞
2009	美国	列车追尾	追尾
2010	俄罗斯	车厢爆炸	爆炸
2010	中国	接触网故障引发停电	停电
2010	中国	扶梯逆行引发踩踏	踩踏
2010	美国	列车脱轨	脱轨
2011	中国	电梯故障引发踩踏	踩踏
2011	中国	扶梯故障引发踩踏	踩踏
2011	中国	信号故障导致列车追尾	设备故障
2012	中国	受电弓故障	设备故障
2012	中国	信号设备受到干扰	信号干扰
2012	巴西	列车相撞	碰撞
2012	韩国	供电线路起火	火灾
2013	中国	列车脱轨	脱轨
2014	韩国	列车空调设备起火	火灾
2014	中国	乘客跌落站台	挤压
2014	美国	列车脱轨	脱轨
2014	美国	列车脱轨	脱轨
2014	俄罗斯	列车脱轨	脱轨
2015	中国	顶灯接线短路引起车厢起火	火灾
2015	美国	车厢起火	火灾
2016	中国	水灾事故	水灾
2019	中国	列车脱轨	脱轨
2020	中国	桥隧维保施工设备侵线	设备故障
2020	美国	列车脱轨	脱轨
2020	韩国	信号器故障引起车辆追尾	碰撞

参 考 文 献

[1] 林帅.基于拓扑的高速列车系统可靠性与安全性评估方法[D].北京:北京交通大学,2018.

[2] 毕利锋.基于网络模型的复杂机电系统可靠性评估[D].北京:北京交通大学,2016.

[3] 王淑君.基于网络模型的复杂机电系统关键部件辨识方法[D].北京:北京交通大学,2017.

[4] 周宇.面向齿轮箱关键部件的故障诊断与运维问题研究[D].北京:北京交通大学,2017.

[5] ZHAO X,QIN Y,HE C,et al. Rolling Element Bearing Fault Diagnosis under Impulsive Noise Environment Based on Cyclic Correntropy Spectrum[J]. Entropy,2019,21(1):50.

[6] LI M,WANG Y H,JIA L M,et al. Risk propagation analysis of urban rail transit based on network model[J]. ALEXANDRIA ENGINEERING JOURNAL,2020,59(3):1319-1331.

[7] LIN S,WANG Y,JIA L. System Reliability Assessment Based on Failure Propagation Processes[J]. Complexity,2018,2018:9502953.

[8] LIN S,JIA L,WANG Y,et al. A New Function-Topology-Based Method for Assessing Passive Safety of Mechatronics Systems[J]. IEEE ACCESS, 2020, 8:9312-9324.

[9] LI M,WANG Y H,JIA L M. A Research Into the Reliability of Equipment-Integrated System Regarding High-Speed Train Based on Network Model[J]. IEEE ACCESS,2019,7:186328-186339.

[10] KRUMMENACHER G,ONG C S,KOLLER S,et al. Wheel Defect Detection With Machine Learning[J]. IEEE Transactions on Intelligent Transportation Systems,2018,19(4):1176-1187.

[11] LIN S,JIA L,WANG Y. Safety Assessment of Complex Electromechanical Systems Based on Hesitant Interval-Valued Intuitionistic Fuzzy Theory[J]. International Journal of Fuzzy Systems,2019,21(8):2405-2420.

[12] 王艳辉,李曼,史浩.基于 MPPS 模型的机电系统故障传播路径搜索方法(英文)[J]. Journal of Central South University,2018,25(9):2199-2218.

[13] LIN S,WANG Y H,JIA L M,et al. Intuitionistic Mechanism for weak components identification method of complex electromechanical system[J]. Journal of Intelligent and Fuzzy Systems,2018,34(1):583-598.

[14] WANG Y,BI L,LIN S,et al. A complex network-based importance measure for mechatronics systems[J]. Physica A-Statistical Mechanics and Applications,2017,466:180-198.

[15] LIN S,JIA L,ZHANG H,et al. A method for assessing resilience of high-speed EMUs considering a network-based system topology and performance data[J]. Proceedings of The Institution of Mechanical Engineers Part O-Journal of Risk and Reliability,2021,235(5):877-895.

[16] LIN S,WANG Y H,JIA L M,et al. Reliability assessment of complex electromechanical systems:A network perspective[J]. Quality and Reliability Engineering International,2018,34(5):772-790.

[17] CHEN X,WANG Z,ZHANG Z,et al. A Semi-Supervised Approach to Bearing Fault Diagnosis under Variable Conditions towards Imbalanced Unlabeled Data[J]. Sensors,2018,18(7):2097.

[18] WANG N,WANG Z,JIA L,et al. Adaptive Multiclass Mahalanobis Taguchi System for Bearing Fault Diagnosis under Variable Conditions[J]. Sensors,2019,19(1):26.

[19] 何志超,王艳辉,安超,等.基于拓扑网络模型的高速列车转向架系统中薄弱部件辨识方法[J].安全与环境工程,2021,28(2):72-79.

[20] 程中国.地铁车辆轮对外形尺寸在线检测系统[J].城市轨道交通研究,2021,24(09):228-231.

[21] 邬春晖,夏志成,高一凡,等.城轨列车走行部地面检测系统研究与设计[J].都市快轨交通,2021,34(4):69-74.

[22] 陈双,邢宗义,王露,等.基于激光位移传感器的城轨车辆轮对尺寸在线检测技术[J].广西大学学报(自然科学版),2017,42(2):611-617.

[23] 王露,邢宗义,陈双,等.基于自动提取分段点的车轮外形轮廓拟合方法[J].广西大学学报(自然科学版),2017,42(2):618-626.

[24] 王贵,邢宗义,蒋杰,等.基于 NARX 神经网络的轨道垂向不平顺估计[J].广

西大学学报(自然科学版),2016,41(2):426-433.
[25] 邢宗义,俞秀莲,程晓卿,等.基于证据理论的城轨车辆走行系融合故障诊断[J].机电工程,2014,31(12):1569-1573.
[26] 姜洪权,高建民,陈富民,等.基于网络特性的分布式复杂机电系统脆弱性分析[J].计算机集成制造系统,2009,15(4):791-796.
[27] 姜洪权,王金宇,高建民,等.面向复杂系统故障溯源的SDG-FG模型建模方法[J].计算机集成制造系统,2015,21(3):749-757.
[28] 王林,罗晓龙.地铁探伤机车轮对驱动装置的设计开发[J].技术与市场,2022,29(3):74-76.
[29] 林帅,贾利民,王艳辉.基于区间直觉犹豫模糊集的高速列车系统关键部件辨识[J].控制理论与应用,2019,36(2):295-306.
[30] 邢宗义,冒玲丽,廖贵玲,等.基于PSO-SVM模型的城轨列车轮对尺寸预测[J].沈阳工业大学学报,2014,36(4):411-415.
[31] 王贵,邢宗义,王晓浩,等.基于扩展卡尔曼滤波的轨道垂向不平顺估计[J].铁道标准设计,2016,60(7):14-19.
[32] 郭磊,王艳辉,祝凌曦.动车组转向架系统故障模式及影响分析[J].铁道机车车辆,2013,33(6):97-100.
[33] 崔晓飞,姚德臣,杨建伟,等.地铁轮对复合故障对车辆动力学性能的影响[J].铁道机车车辆,2021,41(2):121-128.
[34] 林帅,王艳辉,贾利民,等.基于改进多色集合的动车组转向架系统故障传播模型研究[J].铁道学报,2019,41(7):34-42.
[35] 王艳辉,王淑君,李曼,等.基于改进FP-Growth算法的CRHX型动车组牵引系统关联失效模型研究[J].铁道学报,2016,38(9):72-80.
[36] 王艳辉,李莉洁,贾利民,等.基于关联设备系统拓扑关系描述的可靠性计算方法及应用[J].铁道学报,2014,36(8):32-37.
[37] 王长庚,邢宗义,黄文.一种新的地铁车辆轮对尺寸在线检测系统[J].铁路计算机应用,2016,25(5):62-65.
[38] 林帅,贾利民,王艳辉,等.复杂机电系统关键部件辨识方法及应用[J].系统工程理论与实践,2017,37(7):1892-1902.
[39] 贾利民,林帅.系统可靠性方法研究现状与展望[J].系统工程与电子技术,2015,37(12):2887-2893.
[40] 林帅,贾利民,王艳辉,等.基于Choquet积分的复杂机电系统可靠性测度及应

用[J].应用基础与工程科学学报,2018,26(1):214-227.

[41] 王正.轮对预测性维护[J].智慧轨道交通,2021,58(5):18.

[42] 李莉洁,贾利民,王艳辉,等.基于Copula-network的相依部件系统可靠性计算[J].中国安全科学学报,2016,26(6):63-68.

[43] 宗刚,张超,刘文芝.网络视角下高速列车部件维修关系网络复杂性研究[J].中国铁道科学,2013,34(3):105-108.

[44] 宗刚,张超,王华胜.基于复杂网络理论的高速列车牵引系统部件可靠性研究[J].中国铁道科学,2014,35(1):94-97.

[45] 邢宗义,陈岳剑,王晓浩,等.基于构架点头角速度的轨道垂向长波不平顺在线检测[J].中国铁道科学,2015,36(4):32-39.

[46] 杨玲,高军伟.基于机器视觉的轮对踏面检测技术[J].自动化与仪表,2021,36(8):43-46.